本书是"2009 年度江苏省高校哲学社会科学基金资助项目:09SJB880033"、"2009 年江苏省教育科学'十一五'规划课题:C－b/2009/01/018"的研究成果。本研究同时得到江苏政府留学奖学金和江苏省高校"青蓝工程"资助。

高校社科文库
University Social Science Series

教育部高等学校
社会科学发展研究中心

汇集高校哲学社会科学优秀原创学术成果
搭建高校哲学社会科学学术著作出版平台
探索高校哲学社会科学专著出版的新模式
扩大高校哲学社会科学学科科研成果的影响力

黄 华/著

我国高职院校国际交流与合作研究

A Study on International Exchange and Cooperation of Chinese Higher Vocational and Technical Institutes

光明日报出版社

图书在版编目（CIP）数据

我国高职院校国际交流与合作研究 / 黄华著 . -- 北京：光明日报出版社，2011.4
（2024.6 重印）

（高校社科文库）

ISBN 978 - 7 - 5112 - 1046 - 3

Ⅰ.①我… Ⅱ.①黄… Ⅲ.①高等职业教育—国际交
流—研究—中国 ②高等职业教育—国际合作—研究—中国
Ⅳ.①G719.21

中国版本图书馆 CIP 数据核字（2011）第 045038 号

我国高职院校国际交流与合作研究
WOGUO GAOZHI YUANXIAO GUOJI JIAOLIU YU HEZUO YANJIU

著　者：黄 华

责任编辑：田 苗 王 婧　　　　责任校对：李剑楠 海 宁
封面设计：小宝工作室　　　　　责任印制：曹 净

出版发行：光明日报出版社

地　址：北京市西城区永安路 106 号，100050

电　话：010-63169890（咨询），010-63131930（邮购）

传　真：010-63131930

网　址：http://book.gmw.cn

E - mail：gmrbcbs@gmw.cn

法律顾问：北京市兰台律师事务所龚柳方律师

印　刷：三河市华东印刷有限公司

装　订：三河市华东印刷有限公司

本书如有破损、缺页、装订错误，请与本社联系调换，电话：010-63131930

开　本：165mm×230mm

字　数：314 千字　　　　　　印　张：17.50

版　次：2011 年 4 月第 1 版　　印　次：2024 年 6 月第 2 次印刷

书　号：ISBN 978 - 7 - 5112 - 1046 - 3 - 01

定　价：78.00 元

我国高职院校跨越发展的战略选择（代序）

戚业国

　　高等职业教育是高等教育发展到一定阶段的产物，体现了大学功能分化与逐步从社会边缘走向社会中心的历程。

　　现代大学起源于中世纪的古典大学，大学形成后以探究传播高深学问为理想、培养"有修养有智慧的人"，虽然古典大学的学生在就业市场更有竞争力，但当时大学并不把"有用性"作为自己的追求。17世纪末出现分科教授，19世纪初创办柏林大学，大学出现了实验室，转而培养"有学问的人"。19世纪后期美国创办的赠地学院开创了大学与经济社会发展结合、服务社会需要先河，大学开始进入"为需要的人提供一切需要的教育"的时代。由此大学的三大职能逐步清晰，大学直接与社会经济发展联系起来。

　　二战后美国的《退伍军人再适应法案》把高等教育作为调节社会就业的手段，以社区学院为代表的高等职业教育迅速发展起来，成为推动高等教育走向普及的重要力量，同时高等教育的发展也推动了经济社会的快速提升。到今天，在世界范围内高等职业教育成为高等教育中占有比例最大的组成部分（院校数和在校生数），同时高等职业教育也成为推动经济社会发展、促进就业的重要力量，发展高等职业教育已经成为普遍共识。

　　我国的高等职业技术教育从上世纪80年代初沿海中心城市的短期职业大学起步，经过三十年的快速发展，取得了令人瞩目的成就，成为实现中国高等教育大众化的生力军，院校数、在校生数在高等教育中都已经居于首位。但现实中我国高等职业教育大而不强，真正有竞争力的院校少，缺乏社会吸引力，对经济社会发展的贡献有待提高。如何在满足人民群众教育需求、推动经济社会发展中实现自身的发展，这是我国高等职业院校面临的战略选择。

我国高等职业教育的发展属于"后发外生型"，是在伴随改革开放学习借鉴西方经验过程中形成的。中国改革开放的经验告诉我们，通过国际交流与合作，学习西方高等职业教育经验、引进西方发达国家的课程与技术是推动我国高等职业教育跨越发展的根本出路。现实中一批高职院校通过这样的道路实现了跨越式发展，已经居于高职教育的前列。

　　高职院校在国际交流与合作中推动自身的发展，首先需要学习借鉴西方高等职业教育的思想理念，体现高职教育的"高等教育"属性和"职业教育"特点，明确高等职业教育在高等教育体系中的定位，坚持应用性和实践性的导向，以适应社会需要、服务经济社会发展、促进学生就业为自己的目标与追求。

　　其次，高等职业教育的国际合作必须坚持以我为主的原则，学习借鉴一切优秀的经验，但必须结合实际，把国际合作与交流作为促进自身发展的途径和手段，避免为合作而合作，防止在合作中失去自我主体性和主动性。国际交流合作要始终结合中国经济与社会发展的实际情况，以推动我国高等职业教育发展、提升高职院校的核心竞争力、促进现代化建设作为准则。

　　第三，充分引进借鉴国外的培养模式和课程。西方发达国家在培养高职人才中有了相当的积累，尤其在培养模式与课程建设中富有经验，我国高职院校在这些方面与之差距很大，应当充分利用国际交流与合作缩小这样的差距，学习借鉴一切优异的经验与做法服务我国高职教育发展。

　　第四，高职院校推进国际交流合作应当充分考虑国际就业与职业发展的特点，充分利用国际性的职业资格证书、国际认证等促进我国高职教育跨越发展，实现与国际高职教育接轨，努力培养适应国际市场竞争、国际就业需要的人才。

　　我国高职院校三十年发展的实践证明，推动国际交流与合作是实现我国高职院校跨越式发展的重要途径与方法。虽然我国高职院校越来越自觉地意识到国际交流与合作对院校发展、人才培养的作用，但相关方面的系统研究比较少，我国高职院校国际交流与合作的经验有待总结，对高职院校国际交流合作中的问题缺乏理论层次的探讨，这些已经制约着我国高职院校国际交流合作的进一步发展。

　　黄华同志的著作《我国高职院校国际交流与合作研究》是在其博士论文的基础上修改完成的，论文结合自己的工作，对我国改革开放以来高职院校国际交流与合作的历程、高等教育国际交流合作的理论问题进行了研究，总结了可以借鉴的国际上成功的经验，全面调查掌握了我国高职院校国际交流与合作的现状，对推动高职院校国际交流与合作提出可操作的建议。

全书以"历史回顾—国际比较—现状分析—个案研究—对策建议"为研究路径和逻辑线路展开。回顾、梳理了中国高职院校国际交流与合作三十年来的发展，从政府、社会和高职院校三个层面分析了高职院校国际交流与合作的动力机制，总结了影响我国高职院校国际交流合作的七个因素。论文比较了美国、新加坡、印度、中国台湾地区高等职业教育发展过程中国际交流与合作的作用，并采用问卷调查、深度访谈等研究方法发现了一些我国高职院校国际交流与合作中以往没有注意到的新特点。论文还对三所比较成功的院校进行了个案研究，并就如何有效地促进我国高职院校国际交流与合作，从政府层面、高职院校层面和各方联动机制层面，提出了诸多针对性的建议。

这样的一部书稿虽然还有不少可以继续深入研究的地方，但作为我国高职院校国际交流合作中少有的系统研究，书稿提供的理论分析视角与研究框架、调查发现和政策建议对推动我国高职院校借助国际交流合作实现跨越式发展具有重要的现实意义。

作为一位高职院校国际交流合作的管理者，黄华同志在四年时间里完成这样的一部书稿是很不容易的，边工作、边读书，不断追求上进，其中的辛酸与快乐只有她自己才能体会。始终如一的坚持、忍耐、执着，伴着泪水她坚持下来了！作为她的博士导师，这样的精神也经常感染和激励着我。有了博士学习这四年痛苦与快乐的磨练，相信黄华同志能够承担更大责任、面对更大困难，也一定会取得更大成功，我们期待着！

戚业国

2011 年元旦于丽娃河畔

CONTENTS 目 录

导　言

第一节　选题缘由与相关文献综述

一、选题缘由

中国高等职业技术教育体系是从中国改革开放开始形成并发展起来的。30年来，中国的经济发展取得了令人瞩目的成就，高等职业技术教育也从无到有取得了跨越式发展，成为实现中国高等教育大众化的生力军。改革开放政策的实施使中国走上了借鉴国外先进经验、实现本国现代化的道路。这种借鉴当然也包括高职教育领域，因此中国的高职教育从诞生之初就具备了开放、开拓的品质，国际交流与合作一直是中国高职教育的一项重要内容。刘建同曾评价，"我国职业教育的快速发展，一方面确确实实得益于我国经济社会发展的实际需要，另外一方面也得益于学习借鉴其他国家的发展职业教育的有益经验。可以说，这样一些学习借鉴活动使我们国家在改革开放职业教育的时候，一方面得到外部的一些支持，有了一个较高的起点和参照标准，也少走了一些弯路"。①

中国的高职院校从 1980 年 13 所沿海中心城市的短期职业大学发展到 2009年的 1207 所高职（专科）院校，覆盖了全国所有 31 个省、自治区和直辖市，为经济社会发展提供了大量一线技能型人才，所取得的成就有目共睹。当前，高职院校的进一步发展面临五个课题：一是国内经济结构急需转型，由此带来的产业升级要求高职院校主动承担起适应社会需求的使命；二是来势汹涌的经

---

① 　许海东：《国际合作：职业教育推动之轴》，《教育与职业》，2008 年第 10 期，第 32 页。

济全球化要求高职院校培养的人才不但能服务地方，还要具有全球意识和进入国际劳动力市场的能力；三是广大人民群众对于优质高等教育的渴望，对于获得国内外劳动力市场竞争力的渴望促使高职院校站在更高的平台，提供更优质的教育产品；四是随着第一轮教育部高职高专人才培养工作水平评估的结束，绝大多数高职院校已经完成了硬件建设、规模扩张的外延发展，内涵提升、能力建设、特色发展是摆在当前每一所高职院校面前的紧要任务，越来越多的高职院校自觉将自己置身于世界职教体系的背景下思考未来的发展目标；五是中国加入 WTO 后，教育服务贸易给广大高职院校带来了挑战也带来了机遇，一方面要面对来自国外教育机构的竞争，另一方面也打开了高职院校走出国门之路。以上五点都涉及到国际交流与合作。为此，我们需要在新的历史背景下，探讨国际交流与合作对于促进高职院校进一步发展的作用，并为高职院校提供相应的战略选择。

三十年来，国际交流与合作对中国高职教育的发展发挥了显著作用，高职院校丰富的国际交流与合作的实践也证明了这是一条有效提升学校办学实力的途径。但在院校层面的实践中，依然存在一些矛盾和困惑，如：国际交流与合作在学校发展中的定位？不同院校国际交流与合作处于什么状态？高职院校国际交流与合作的不同发展阶段遇到什么瓶颈？有哪些发展策略和路径？如何在国际交流与合作中既吸收采借他国先进经验，又保持自身的本土特色？发挥国际交流与合作的作用需要哪些保障措施？世界各国各地高职类院校国际交流与合作所取得的经验哪些对我国的高职院校可以形成借鉴？……

回答和解决好这些问题，必将对高职院校进一步开展好国际交流与合作产生积极意义，也对深层次的高职院校发展起到推动作用。

二、研究的意义

当前，研究国际交流与合作对于高职院校发展的作用具有较强的现实与理论针对性。合理描述和评判我国高职院校国际交流与合作的历史、现状和未来具有重要的理论和实践意义。

1. 有助于为我国高职院校发展的战略选择提供依据。当前，中国上千所高职院校中已经涌现出一批办学质量好、社会声誉高的佼佼者，还有相当一批院校正在寻求比较优势，积累能量，蓄势待发。整体来看高职院校已经走过了规模扩张的阶段，进入了质量立校、特色发展的时期。在中国加入 WTO 的背景下，谁能充分利用好国内国际两种资源，两个市场，谁就能抢得先机。本研究可以为高职院校进一步发展的战略选择提供理论和实践参考。

2. 有助于丰富高等教育国际化的理论研究。高等教育国际化是一个动态的过程，概念本身就处于不断变化和丰富的过程之中。中国高职院校在国际化进程中的各种实践活动，其特点、模式、发展路径、经验和问题都是对高等教育国际化的理论研究的贡献。

3. 有助于贯彻人才强国战略，更好地培养适应全球化发展趋势的社会经济发展需要的高素质技能型人才。在新的历史时期，党中央、国务院提出人才强国战略，除了要培养一大批拔尖创新人才，还要造就数以亿计的高素质劳动者、数以千万计的专门人才。加强高职院校国际交流与合作研究，对于提高专门人才的培养质量，在高职院校层面贯彻人才强国战略具有一定意义。

三、国内外文献综述

1. 国内相关研究

根据中国学术期刊网关键词检索，发现与"教育国际交流与合作"相关的学术论文有上百篇。从发表的时间看，80 年代末开始有零星的文章，到 90 年代末这个现象并未显著改观，直到 21 世纪，尤其是 2002 年以后，相关的期刊文章才逐渐丰富起来。归纳现有研究成果，主要有以下几方面：

（1）有关教育国际交流合作的背景、动因及现状研究

教育国际交流与合作，有其深刻的时代背景，也是各国国际交往的重要组成部分。顾明远认为，国际教育关系是国家外交政策的一个重要方面。它对留学生的流动方向、学者交流、教育援助、外语教育、教科书的编写以及文凭的等值与相互承认等问题都会产生直接影响。[①] 江彦桥在对中国对外教育政策进行梳理和分析的基础上，提出中国对外教育政策的目标、决策模式和决策过程。[②] 李敏博士跳出中国自身的视域，从"双边"和"多边"的维度，甚至从西方国家利益集团的立场，分析、探讨中国一百多年来，是如何调整、制定和推行不同历史时期的教育国际交流政策，其中的价值取向与实现价值目标的策略。[③] 周满生以中国正式加入 WTO 为背景，对照教育服务贸易承诺表，指出中国的教育国际输入与输出的发展现状与政策调整方向。[④]

教育国际交流与合作的动因一直是广大研究者的兴趣点之一。很多学者针

---

① 顾明远，薛理银著：《比较教育导论——教育与国家发展》，人民教育出版社 1996 年版。
② 江彦桥：《我国对外教育政策研究》，华东师范大学博士学位论文，2008 年。
③ 李敏：《教育国际交流：挑战与应答》，华东师范大学博士学位论文，2008 年。
④ 周满生：《WTO 框架下的教育输入与输出和中国政府的教育立法与政策调整》，《集美大学学报》2006 年第 6 期，第 6~12 页。

对国际交流与合作中的具体表现形式分析其动因。如：阿特巴赫① （Altbach）用推拉理论研究学生个体出境留学的动因；崔庆玲②从中国古老文明的魅力、强劲的发展势头和低廉的价格来分析来华留学生的动因；杨辉③从教育经济学的角度分析消费者对中外合作办学的需求动因；顾建新④则用推拉理论分析跨国教育在不同层面的推拉因素；李梅⑤提出了学生境外求学的内外部因素互动模式。研究者普遍认同改革开放、和平发展的政策与经济全球化的背景是中国高等教育国际合作交流的外部动因。⑥

有研究者指出，中国通过教育交流与合作，解决了许多教育自身和我国社会经济发展中的难题。⑦ 有研究者总结了教育领域的国际合作与交流经历了"两个不怕"、"三个面向"、"引进来、走出去"、"WTO 后融入世界"的从封闭、半封闭到全方位开放的历程。⑧ 随着中国综合国力的增强，体现在教育国际交流与合作中一个很明显的变化是：以前中国更多的是主动走出去寻求与他国的合作与交流，而现在越来越多的外国政府和大学来到中国，主动寻求与中国开展教育合作与交流。⑨ 但总体上讲，"中国教育交流中的输出与输入不平衡，是位居世界前列的教育输入国和较弱的教育输出国"⑩。

（2）高校国际交流合作的作用和功能

1996 年由雅克·德洛尔任主席的国际 21 世纪教育委员会向联合国教科文组织提交的报告《教育——财富蕴藏其中》中谈到："大学聚集了与知识的发展和传播相结合的所有传统职能：研究，革新，教学和培训，以及继续教育。

---

① 菲利普·阿特巴赫著，人民教育出版社教育室译：《比较高等教育：知识、大学与发展》，人民教育出版社 2001 年版。

② 崔庆玲：《来华留学教育的历史发展及原因分析》，《高等教育研究》2006 年第 6 期，第 4～6 页。

③ 杨辉：《市场供给与中外合作办学》，《教育科学》2003 年第 6 期，第 52～55 页。

④ 顾建新著：《跨国教育发展理念与策略》，学林出版社 2008 年版。

⑤ 李梅著：《高等教育国际市场：中国学生的全球流动》，上海教育出版社 2008 年版。

⑥ 江彦桥：《高等教育国际交流合作篇》，《中国高等教育学会组编．改革开放 30 年中国高等教育发展经验专题研究》，教育科学出版社 2008 年版，第 72～79 页。

⑦ 李春红：《20 世纪 80 年代以来我国教育市场对外开放进程回眸》，《辽宁教育研究》，2005 年第 2 期，第 43～45 页。

⑧ 周满生，滕珺：《走向全方位开放的教育国际合作与交流》，《教育研究》，2008 年第 11 期，第 11～18 页。

⑨ 周一，邓明茜：《发展国际合作与交流，提升教育品质和实力——访教育部国际合作与交流司司长张秀琴》，《世界教育信息》，2009 年第 8 期，第 10～14 页。

⑩ 李梅著：《高等教育国际市场：中国学生的全球流动》，上海教育出版社 2008 年版，第 34 页。

最近几年变得越来越来重要的另一项职能即国际合作，亦应增加到这些职能之中"①。陈昌贵认为大学除了最初的三种功能即培养人才、开展科学研究和提供社会服务外，国际合作是其第四种功能。② 唐玉光③也持同样观点。沈广斌则反对这种观点，他认为国际合作是世界高等教育国际化潮流下高等学校的必然选择，国际合作只是高校完成自身使命的一种手段或途径。④

高等教育国际交流与合作目的之一是利用、开发国际性教育资源。除了国外高等教育机构外，外国政府和国际组织是另一种国际性教育资源。加拿大学者许美德（Ruth Hayhoe）认为，20 世纪 80 年代世界银行在中国推行的一系列教育计划，使中国大学至少发生了两方面变化：一是知识的组织方面，国外专家在中国学校的工作及中国教师到国外的学习和研究，使知识领域或专业更加开放，选修学习得到鼓励，课程缩短，实验与自修被加强，大学的研究功能得到加强和提高；二是知识的传递方面，世界银行的资助，使各学院拥有了许多自主发展的权利，它们可以按照自己的计划发展。⑤ 德国学者亨兹认为，世界银行的贷款计划促进了中国高教效率观念的形成与效率的提高。内部效率的提高表现在正视浪费率和教育质量，包括教育投资与成果。外部效率指如何满足经济系统对合格劳动力的需求等。⑥

（3）高校国际交流与合作实践形态的研究

这一类研究文献很多，研究者绝大多数是具体工作的实践者。众多研究者把目光聚集在单个高校的个案研究，尤以研究型大学为主。研究主要集中在高校国际交流与合作的内容、渠道、模式、措施和策略等。也有部分研究者将研究范围扩大到一个地区，如有学者专门对上海市高校国际交流与合作进行调查研究，指出各层次高校有待解决的共性问题，不同类型高校的个性问题。同时指出，发展不平衡、外国留学生生源层次低、语言文化等客观环境、经费与学

---

① 联合国教科文组织：《教育——财富蕴藏其中》，教育科学出版社 1996 年版，第 124 页。

② 陈昌贵：《国际合作：高等学校的第四职能》，《高等教育研究》，1998 年第 5 期，第 11～15页。

③ 唐玉光：《国际化——知识经济时代大学的新职能》，《高等师范教育研究》2000 年第 5 期，第 18～24 页。

④ 沈广斌：《"国际合作：高等学校第四职能"述评》，《江苏高教》2000 年第 6 期，第 11～16页。

⑤ Ruth Hayhoe, *China's Universities and Open Door*, Armonk. NY：M. E. Sharpe, Inc. 1989, pp. 157～190.

⑥ 转引自丁刚：《中国教育的国际研究》，上海教育出版社 1996 年版，第 243 页。

校实力等问题是短期内难以突破的瓶颈问题。① 有学者以华南师范大学、华南理工大学、中山大学为个案，分析了中国广州地区高校国际化发展的历程。②还有论者分析了中国西部地区高校在西部大开发的背景下的国际交流与合作的进展。③

部分研究关注的是中外高校两个具体主体之间的交流与合作，如有研究者指出中俄两国高校国际交流与合作在各自的高等教育改革和高校发展中具有重要的现实意义和广阔的发展前景。④ 另有论者分析了中国——东盟高等教育国际合作与交流存在组织障碍和环境障碍，并提出了一些现实的构想。⑤

有研究者针对目前全国高校国际交流合作的总体情况，归纳认为存在地区性不平衡和不同类型高校之间不平衡两个特点。具体而言是重点高校高于普通院校，综合类大学高于专业类大学，教育部属院校高于其他院校，医学类（中医）的高校国际化程度最高。⑥

（4）有关大学国际化评价指标的研究

近年来有关大学国际化指标的问题渐渐成为一个热点。陈学飞认为高等教育国际化包含了国际化的教育观念、学生培养目标、课程、人员交流、共享教育资源与合作研究工作等方面。⑦ 李盛兵构建了一个包括7个一级指标和18个二级指标的大学国际化的评价指标体系。⑧ 陈昌贵和王璐早前归纳了七项指标：教育观念、师资队伍、学生构成、教学过程、办学条件和信息、办学和科研、

① 闫温乐：《上海市高校国际交流与合作的问题及对策研究》，上海师范大学硕士学位论文，2006年。

② Rui Yang, *Third Delight*：*The Internationalization of Higher Education in China*，New York & London：Routledge 2002.

③ 马相明：《西部地区高校国际交流与合作现状及思考》，《西安航空技术高等专科学校学报》，2008年第3期，第30~32页。

④ 王常颖：《中俄高校国际交流与合作问题探析》，《黑龙江高教研究》2009年第4期，第59~61页。

⑤ 唐拥军，杨波：《中国——东盟高等教育国际合作与交流的障碍与对策》，《东南亚纵横》2004年第10期，第38~43页。

⑥ 王璐，曹云亮：《广东高等教育国际化发展的特点及问题分析》，《高教探索》2006年第2期，第48~51页。

⑦ 陈学飞：《高等教育国际化：跨世纪的大趋势》，福建教育出版社2002年版，第11~15页。

⑧ 李盛兵：《大学国际化评价指标体系初探》，《华南师范大学学报（社会科学版）》，2005年第12期，第113~116页。

成果交流国际化。① 在此基础上，陈昌贵等学者通过对中国 26 所研究型大学国际化情况的调查，进一步提出了研究型大学国际化的五项指标：战略规划与组织机构、人员构成与交流、教学与科学研究、相关条件与设施、成果交流。②

（5）有关高等教育国际交流与合作不同领域的研究

在高等教育国际交流与合作的各领域中，讨论最多的是对跨国（境）教育（国内研究更多称为中外合作办学）的研究。从早期的经验介绍到问题梳理再到理论探析，期刊文章、硕博士论文和专著近年来如雨后春笋般涌现。其中有一些长期关注此领域并颇有建树的研究者，如：国家教育发展研究中心副主任周满生，他在《从教育服务贸易到跨境教育——第二届教育服务贸易论坛侧记》③ 和《教育跨境提供研究——国际教育服务贸易的最新进展及相关政策解析》④ 中介绍了各国跨境教育的主要形式、跨境教育的相关理念与政策目标及跨境教育的多样化发展趋势。张民选教授在《教育服务贸易的产物："无边界"高等教育》中具体阐述了跨境高等教育的含义、类型及面临的问题。⑤ 徐小洲教授在《亚太地区跨国教育的发展态势与政策回应——中国、澳大利亚、马来西亚的案例比较》中着重分析了亚太地区的跨境教育大国的情况。⑥ 上海教科院张秋萍、谢仁业对以欧美国家为代表的教育输出国的合作模式和以发展中国家为代表的输入教育模式进行了详细论述。⑦ 王剑波的《跨国高等教育理论与中国的实践》⑧ 是第一部以跨国教育为题的博士论文；顾建新的《跨国教育发展理念与策略》⑨ 是一篇以理论分析见长的著作；2009 年冯国平博

---

① 王璐，陈昌贵：《高等学校国际化水平评估指标体系构建》，《湖北社会科学》2007 年，第177～180 页。

② 陈昌贵等：《中国研究型大学国际化调查及评估指标构建》，《北京大学教育评论》2009 年第10 期，第116～135 页。

③ 周满生：《从教育服务贸易到跨境教育——第二届教育服务贸易论坛侧记》，《教育研究》2004 年第6 期，第91～95 页。

④ 周满生：《教育跨境提供研究——国际教育服务贸易的最新进展及相关政策解析》，《教育发展研究》2005 年第3 期，第28～31 页。

⑤ 张民选：《教育服务贸易的产物："无边界"高等教育》，《高等教育研究》2004 年第11 期，第79～81 页。

⑥ 徐小洲：《亚太地区跨国教育的发展态势与政策回应——中国、澳大利亚、马来西亚的案例比较》，《高等工程教育研究》2005 年第2 期，第80～85 页。

⑦ 张秋萍，谢仁业：《跨国合作办学的国际比较》，《教育发展研究》2002 年第9 期，第97～100 页。

⑧ 王剑波：《跨国高等教育理论与中国的实践》，华东师范大学博士学位论文，2004 年。

⑨ 顾建新著：《跨国教育发展理念与策略》，学林出版社 2008 年版。

士的论文《跨国教育的国际比较研究》① 是目前此领域最新的研究。

在经历了对中外合作办学的热捧之后，当前中外合作办学的质量保障和质量监控问题成为各方关注的焦点。教育质量不仅对于一国的社会经济发展十分关键，而且还直接影响到该国高等教育的国际地位和国际竞争力。因此高等教育发达国家十分关注其教育质量的保障和监控，也纷纷出台严格的跨境教育质量保障体系。以教育输入为主的国家，如马来西亚在引进外国教育的过程在质量保证方面已有诸多实践②。目前中国在此方面的工作尚不容乐观，研究还停留在问题的陈述方面，实践领域除了上海市教育评估协会的"中外合作办学认证办法"③，尚无其他实质性质量保障机制。美国著名比较教育学家菲利普·阿尔特巴赫就曾提醒中国的政策制订者和大学应该充分注意到中外合作办学过程中，外国合作者的动机和目的与中国人的利益不一致的地方。④

此外，还有关于公派留学的研究（陈学飞，2004）⑤；有关于学生校际交流的研究（陈雪芬，2009）⑥；有关于引进留学归国人员的研究（刘羽，2008）⑦；有关于引进外国智力的研究（刘思安，2003）⑧；有关于来华留学的研究（徐玫，2007）⑨ （程家福，2009）⑩ （金一超，2007）⑪ （曲恒昌，

———————

① 冯国平：《跨国教育的国际比较研究》，华东师范大学博士学位论文，2009 年。

② 江彦桥：《教育输入的质量保证——马来西亚的实践及其对教育输入国的借鉴意义》，《全球教育展望》2004 年第 8 期，第 73 页。

③ 李亚东，江彦桥：《跨境教育的本土质量保障与认证：上海的探索》，《教育发展研究》2006 年第 8A 期，第 62～65 页。

④ Philip G. Altbach, Chinese Higher Education in an Open-Door Era. *International Higher Education*, No. 45, Fall 2006.

⑤ 陈学飞：《改革开放以来大陆公派留学教育政策的演变及成效》，《复旦教育论坛》2004 第 2 期第 3 卷，第 12～16 页。

⑥ 陈雪芬：《高等学校本科生校际交流研究》，厦门大学硕士学位论文，2009 年。

⑦ 刘羽：《贵州高校留学归国人员管理研究》，贵州大学硕士学位论文，2008 年。

⑧ 刘思安：《我国高等学校聘请外国文教专家的历史沿革》，《黑龙江高教研究》2003 年第 2 期，第 1～3 页。

⑨ 徐玫：《来华留学生管理工作探析——以 JN 大学为例》，华东师范大学硕士学位论文，2007 年。

⑩ 程家福：《新中国来华留学教育结构研究（1950～2007）》，华东师范大学博士学位论文，2009 年。

⑪ 金一超：《外国留学生勤工助学管理工作之探讨》，《安徽工业大学学报（社会科学版）》2007 年第 1 期，第 149～151 页。

2004)①；有关于高校举办国际学术会议的研究（李毅，2007）②。这些研究都较为深入地揭示了高等教育国际交流与合作某一领域的历史、特征、规律和问题。

（6）有关国际交流与合作的问题研究

中国教育国际交流与合作的蓬勃开展是在改革开放之后，在取得巨大成就的同时，也有不少问题。有学者总结：一是国际交流与合作的能力、规模、效益远远落后；二是国际交流与合作的质量与规模有待提高；三是没有从战略高度来考虑开展国际交流与合作的意义。③ 另有论者认为当前我国高等教育国际交流与合作方式较简单，资讯共享度较低，市场营销意识不强。④ 而不少研究者从国际交流与合作的不同实践得到同一个结论：信息的不公开、不透明是国际交流与合作的一个比较显著的问题。⑤

改革开放以后，中国高等学校的国际交流与合作是从公派留学生开始的。80年代中期以后，人才外流的现象开始引起人们的关注。有论者从国家安全、国际竞争力、经济发展、教育经费流失等角度指出人才外流的巨大隐患。⑥ 但也有学者持不同态度，"中国知识分子的全球流散，不能简单地理解为人才流失，流散到世界各地的中国学生和知识分子也是世界神经枢纽网络中的一个重要组成部分，是中国与全球知识体系联系与沟通的网络节点"⑦。

汕头大学刘国福教授对中国近三十年来留学政策进行了理性回顾，从法律角度指出许多不容回避的问题。⑧ 在来华留学方面，问题研究比较多。有研究者从学生比例、生源、学科分布、目的院校等方面指出中国在招收外国留学生

---

① 曲恒昌：《论比较优势与我国高教服务出口的潜力》，《北京大学教育评论》2004年第7期，第60～66页。

② 李毅：《地方院校举办国际学术会议管理机制创新的研究》，《国际学术动态》2007年第6期，第30～32页。

③ 佟欣：《中国高等教育国际化战略研究》，《理工高教研究》2008年第10期，第40～42页。

④ 蔡真亮：《扩大国际交流与合作　促进高等教育国际化发展》，《黑龙江高教研究》2005年第3期，第14～15页。

⑤ 刘国福：《近三十年中国出国留学政策的理性回顾和法律思考》，《浙江大学学报》2009年第5期，第139页。

⑥ 沈磊：《加入WTO与我国人才国际流动》，华中师范大学硕士学位论文，2003年。

⑦ 李梅著：《高等教育国际市场：中国学生的全球流动》，上海教育出版社2008年版，第36页。

⑧ 刘国福：《近三十年中国出国留学政策的理性回顾和法律思考》，《浙江大学学报》2009年第5期，第130～139页。

方面处于初步发展阶段①，还处于计划经济时代②。有论者指出，我国高校严重缺乏具备双语教学能力的教师，难以满足许多国家留学生的需要，影响高教服务出口能力。政府对高校留学生工作行政干预过多，对留学生的勤工俭学采取不作为的政策，对自费来华留学生缺乏鼓励性的财政资助政策等。③

（7）高职院校国际交流与合作的相关研究

具体到高职院校的国际交流与合作的期刊文章和学位论文相对而言比较少。虽然不同类型院校的国际交流与合作既有很多共性也有鲜明的个性，但目前有关高职院校国际交流与合作的现有研究主要集中在中外合作办学、职教国际合作的历史回顾上，近年来有部分文章开始涉及国际交流与合作的必要性分析及个别案例介绍。理论界的研究现状与高职院校对于国际交流与合作的普遍认识水平是相当的，也基本与高职院校开展国际交流与合作的现状相当。现有的研究成果主要集中在以下几方面：

①有关职业教育国际交流与合作的历史及成就研究

中国的改革开放率先从教育国际交流与合作开始，而中国的高职教育几乎与改革开放同步。与联合国教科组织、与世界银行、与外国政府的合作是中国职教领域国际交流与合作的极其重要的内容，充分体现了政府主导的特点。④有论者对中国职教国际交流合作成果分别从教育模式引进、合作办学、师资培训与交流、职业资格合作、资金合作、科研合作与交流六个方面进行了介绍。⑤有论者从国与国的合作、与国际组织的合作、民间合作三个方面介绍了中国职业教育的国际交流与合作的状况。⑥有研究者总结高职教育的国际交流与合作经历的三个阶段，分别是高职教育理念的引进和境外资金的注入、政府介入的国家之间的合作和中外高职院校间的自主合作。⑦在政府之间的合作中，中德职业合作因其时间长、领域广、项目多、成效好的原因，被各方研究

①　李梅著：《高等教育国际市场：中国学生的全球流动》，上海教育出版社2008年版，第36页。

②　崔庆玲：《来华留学教育的历史发展及原因分析》，《高等教育研究》2006年第6期，第5页。

③　曲恒昌：《论比较优势与我国高教服务出口的潜力》，《北京大学教育评论》2004年第7期，第60~66页。

④　刘建同：《30年中国职业教育对外交流与合作》，《职业技术教育》2008年第10期，第55~57页。

⑤　关晶：《30年中国职教国际交流合作成果简介》，《职业技术教育》2008年第10期，第56页。

⑥　许海东：《国际合作：职业教育推动之轴》，《教育与职业》2008年第10期，第30~32页。

⑦　陈金聪、杨翔翔：《谈高职教育的国际交流与合作》，《黎明职业大学学报》2004年第9期，第7页。

者论述的最为集中。

②有关高职院校国际交流与合作的必要性及策略研究

社会上对高职院校"二流教育"的定位使得不少学者首先要论证高职院校国际交流与合作的必要性。主要观点是："入世"对职业教育的冲击；市场经济对办学体制的冲击；新的产业结构需要新的人力资源配置；职业教育质量标准和职业资格标准的国际化趋势。① 有研究者进一步补充认为，国际化运作的跨国公司所实施的本地化经营战略，使得加强国际交流与合作是高职院校发展的必由之路。②

针对高职教育的特点，其国际交流与合作在共性的基础上，也呈现出一些个性。如有论者指出高等职业技术教育国际化要依托行业资源走产学结合道路。③ 有研究者以国际贸易有关理论为指导，以世界文化产业发展的成功经验为依据，大胆地提出中国高职院校要发挥自身优势资源和办学特色，创造出后发优势，勇敢地"走出去"，并从中国高职院校教育输出的目标市场、营销战略、营销方式和内部资源整合几个角度提出了操作建议。④

③有关高职院校国际交流与合作的问题研究

高等教育国际化兴起于上世纪六七十年代，而主要是以发达国家教育输出为标志。这一点在中国高职院校的国际交流与合作中表现得更为明显。有研究者指出，在这场发达国家教育输出的国际市场开拓运动中，我国迅速发展起来的高职教育市场作为他们的目标市场之一受到高度青睐，但到目前为止，我国的高职教育扮演的主要是跟随者和消费者的角色，并且大多是单向的"南北垂直合作"，国际合作的高职特色总体上并不明显。⑤⑥

有论者以广东省为例，认为高职院校国际交流与合作面临以下问题：一是缺乏政府教育职能部门的统一领导、规划和协调组织，高职院校各自为战；二

---

① 陆信祥：《浅谈职业教育的国际合作与交流》，《中国成人教育》2006 年第 6 期，第 89 页。

② 上海电机技术高等专科学校：《培养具有国际交流与合作能力的技术应用型人才》，《中国高等教育》2002 年第 15、16 期，第 28~29 页。

③ 黄日强、邓志军：《试论我国高等职业技术教育的国际化》，《广东技术师范学院学报》2003 年第 3 期，第 71~75 页。

④ 周生龙：《我国高职院校对外交流与合作有效途径之思考》，山东大学硕士学位论文，2008 年。

⑤ 姜维：《目前我国高职教育国际化路径的问题与对策》，《中国高教研究》2006 年第 5 期，第 51~52 页。

⑥ 周生龙：《我国高职院校对外交流与合作有效途径之思考》，山东大学硕士学位论文 2008 年，第 18 页。

是交流与合作模式单一，难以结合院校自身特点和地区经济发展的需要，实现课程设置、教学实施、项目研发等高层次的合作，高职特色不明显；三是高职院校某些自身因素限制了国际交流与合作的开展，主要是学生生源、师资条件与教师待遇政策。① 有论者提到另外两个问题是：第一，高职教育的国际化实践在很大程度上处于自发状态。第二，市场营销手段和营销策略贫乏。②

2. 国外相关情况研究

"从一开始，大学就是全球性的院校，因为它们使用统一的语言——拉丁语，并且为国际顾客即学生服务。同样，当时的教授也来自不同的国家，他们所传授的知识反映了当时西方世界的学问"。③ 因此高等教育国际交流与合作早已有之。但是真正引起研究者关注还是 20 世纪后半叶的事。尤其是随着全球化的不断深入，高等教育国际化的重要性越来越突显，国外与此相关的研究也是此阶段越发丰富起来。

（1）有关全球化与高等教育国际化的关系研究

全球化概念最早出现在经济领域，1980 年美国卡内基高等教育政策研究理事会主席克拉克·科尔就指出，"中世纪的大学是那个时代西方文明的一部分。在随后的几个世纪中大学变得日益国家化。如今可能正在进入一个新的阶段，即大学再次成为世界文明的一部分"，"我们需要一种超越赠地学院传统的新的高等教育观念，这种观念实际上就是高等教育要面向世界，或者说高等教育要国际化"。④

阿特巴赫认为今天世界上的大学都有相似的组织模式，因为它们几乎都起源于中世纪欧洲大学或者通过殖民时期被移植了这样的学术体系，还有可能就是自发地采纳这种西方的学术模式。仅从语言的角度看，最初是拉丁语流行于学术界，到了 19 世纪变成德语，而今天英语几乎统治了所有的学术科研领域。这些都是全球化的影响。但毋庸置疑，全球化对大学的影响力在 21 世纪更加

① 刘伟：《加强国际交流与合作，应对高职教育国际化》，《番禺职业技术学院学报》2006 年第 12 期，第 37～40 页。

② 周生龙：《我国高职院校对外交流与合作有效途径之思考》，山东大学硕士学位论文，2008 年，第 18～21 页。

③ ［美］Altbach P. G., Globalization and the University: Realities in an Unequal World in: *Tradition and transition: The International Imperative in Higher Education*. 中国海洋大学出版社 2008 年版，第 24 页。

④ 转引自陈学飞：《当代美国高等教育思想研究》，辽宁师范大学出版社 1996 年版，第 86～91 页。

明显，高等教育的政策和现实的各个方面都受到全球化趋势的影响。①

斯科特（Scott）从三个方面分析了全球化对大学影响的必然性。首先，大学负有传播民族文化的责任；其次，信息、通讯技术的发展和全球性的研究文化网络的形成，促进了大学教学的标准化；最后，全球化市场动摇了作为大学主要收入来源的福利国家公共财政的基础。②

奈特（Knight）进一步概括了全球化趋势的不同要素对高等教育发生的不同影响。一、知识社会的兴起，导致社会更加注重继续教育和终身教育。持续的职业发展给高等教育创造了新的发展机会。新技能和知识导致新型的大学课程和资质认证，大学研究和知识生产的功能也随之发生变化。二、信息和通讯技术的发展推动了本国和跨国的新型教学方法。三、市场经济的发展，导致本国和国际范围内教育和培训的商业化和商品化趋势。四、贸易自由化消除了经济上的壁垒，也增进了教育服务和产品的进出口。五、新的国际和地区治理结构和制度的建立，改变了政府和非政府机构在高等教育发展中的角色。③

（2）有关大学国际化标准的研究

1986 年，日本著名教育理论家喜多村和之教授提出衡量大学实现国际化的三条标准是通用性、交流性和开放性。④ 美国教育委员会（American Council on Education）采用四个指标：机构支持、课程及课外活动、教职员政策与机会、国际学生。⑤ 日本大阪大学提出了八个指标，即大学的使命、目标和计划、结构和人员、预算和执行、研究的国际化、信息提供和设施结构、国际会员组织的多方面支持与促进、课程国际化、与外部的联合项目。⑥ 美国哥伦比亚大学的曾满超等学者用一个五元素分析框架分析了美国、英国和澳大利亚三

---

① Philp G. Altbach, Globalization and the University: Realities in an Unequal World. In James J. F. Forest & Philp G. Altbach, *International Handbook of Higher Education*, Springer, 2006, pp. 122~124.

② Peter S., Globalization and Higher Education: Challenges for the 21st Century, *Journal to Studies in International Education*, 4（3）, 2006, p. 5~6.

③ Knight J., Internationalization: Concepts, Complexities and Challenges. In Philip Altbach & James Forest（eds.）*International Handbook of Higher Education*, Springer, 2006, pp. 207~229.

④ 转引自陈学飞主编：《高等教育国际化——跨世纪的大趋势》，福建教育出版社 2002 年版，第 8 页。

⑤ ACE, *Mapping Internationalization on U. S. Campuses*. Washington Dc., 2008, pp. ix.

⑥ Osaka University, *Daigaku no kokusaika no byoka shihyo sakutei ni dansuru jisshyoteki kenkyu saishu repoto*（Devevloping Evaluation Criteria to Assess the Internationalization of Universities, final Report）, Osaka：Osaka University, 2006. 转引自陈昌贵等：《中国研究型大学国际化调查及评估指标构建》，《北京大学教育评论：2009 年第 10 期，第 117 页。

个国家高等教育系统，并以三个国家的部分研究型大学为个案，说明国际化是如何在大学内具体落实的。①

（3）相关领域主要研究者的研究

国际上在高等教育国际交流或国际化领域出现了几位颇具影响力的学者。比如美国波士顿学院的阿特巴赫（Altbach）教授是其中的一个代表人物。他运用依附理论中的"中心"与"边缘"等概念作为分析框架，对国际高等教育进行比较研究。他认为世界高等教育体系是不平等的，存在着一个学术系统的金字塔，有些大学和知识处于"中心"和"顶端"的位置，而处于底端的那些"边缘"大学，只能照搬国外的发展模式，很少生产具有原创性的成果，一般也不能涉足知识的前沿。② 在 Globalization and the University：Realities in an Unequal World（《全球化与大学：不平等世界的神话与现实》）一文中，阿特巴赫特别关注了全球化是怎样影响发展中国家的大学。他明确指出位于北半球的一些运用着通行语言的大学是领导型大学，其他那些发展中国家甚至是工业化小国的整个院校系统都是依附和从属于这些领导型大学。文章还从英语是21世纪的拉丁语，学术人才的南北流动方向和动因，教材的全球流动趋势等方面说明，在绝大多数的情况下，来自国外的高等院校往往主导着发展中国家或工业化小国的本地院校。③

阿特巴赫在 Higher Education Crosses Borders（《跨越国界的高等教育》）④一文中用"推拉"理论分了发展中国家学生留学的原因和动机。作者还探讨了"9·11"以后发展中国家留学生输出情况的变化，欧盟在实施"博洛尼亚计划"后，其内部留学生流动出现的变化，美国学生到别国接受高等教育的情况。

阿特巴赫和奈特（Knight）合著的 Higher Education's Landscape of Interna-

---

① ［美］曾满超，王美欣，蔺乐：《美国、英国、澳大利亚的高等教育国际化》，《北京大学教育评论》2009年第4期，第75~102页。

② 阿特巴赫：《比较高等教育：知识、大学与发展》，人民教育出版社教育室译，人民教育出版社2001年版，第27页。

③ ［美］Altbach P. G. Globalization and the University：Realities in an Unequal World，in：*Tradition and transition：The International Imperative in Higher Education*．青岛：中国海洋大学出版社，2008年，第24页。& 菲利普·G·阿特巴赫：《全球化与大学——不平等世界的神话与现实》，《北京大学教育评论》2006年第1期，第92~108页。

④ 菲利普·G·阿特巴赫著，郭勉成译：《跨越国界的高等教育》，《比较教育研究》2005年第1期 & Philip G. Altbach，*Higher Education Crosses Borders*，Change，Mar/Apr 2004：36，p. 2.

tionalization: *Motivations and Realities*（《高等教育国际化的前景展望：动因与现实》）① 一文中，认为大学之间的国际交流活动在规模、范围和复杂程度上都远远超过了二十年前，不同国家高等教育国际化有不同动因。比如，很多国家的大学是由于政府缩减公共拨款资助，国家鼓励学校向海外拓展（比如澳大利亚和英国）。另一些国家的大学通过国际化活动旨在扩大本国学生的跨文化视野（比如美国），其国际交流的方式包括国外留学、课程国际化以及接受留学生。还有一些国家因为国内高等教育供给不足，无法满足人们的入学需求（比如印度、中国和非洲大部分国家），向这些国家的学生提供入学机会的国家也加入到国际化行列。在欧洲，随着经济和政治的一体化，欧盟当局积极地推进学术国际化。其基本目标是为大学生提供在欧盟国家之间的学习经历。一些发展中国家基于多种原因努力吸引国外学生到本国学习，如提高本国学生的整体质量，使学生的文化构成多样化，提高本国高等教育的声誉、赢利等。印度和菲律宾就吸引了大量的发展中国家的留学生。作者以实例介绍了各地的高等教育国际交流的图景。阿特巴赫 2009 年关注了印度对国外大学开放的承诺，对此他表达了审慎的乐观。②

　　加拿大多伦多大学的简·奈特教授对于高等教育国际化的界定是目前被引用最广泛的定义，即"把国际化的、跨文化的维度整合进高等教育机构的教学、科研和服务功能中的过程"。③ 后来，随着情况的改变，奈特本人又对概念进行完善，"国际化是指将国际、跨文化和全球维度与高等教育的目标、功能以及具体实施相整合的过程"。④在 *Internationalization Brings Important Benefits as Well as Risks* 一文中，奈特（Knight）分析了 2005 年 IAU（International Association of Universities，国际大学联盟）的一份全球调查（高等教育国际化：新方向，新挑战），来自全球 95 个国家的高等教育机构接受了调查，其中 58 所来自发展中国家，37 所来自发达国家。结果显示，国际化给大学带来的风

　　① ［美］Altbach P. G. & ［加］Jane Knight，Higher Education's Landscape of Internationalization：Motivation and Realities in：*Tradition and transition*：*The International Imperative in Higher Education*. 中国海洋大学出版社 2008 年版，第 24 页 & 菲利普·G·阿特巴赫，简·奈特：《高等教育国际化的前景展望：动因与现实》，《高等教育研究》，2006 年第 1 期，第 12 ~ 21 页。

　　② 资料来源：http：//www. bc. edu/bc_ org/avp/soe/cihe/newsletter/Number56/p6_ Altbach. htm.

　　③ Knight J.，Internationalization：Elements and Checkpoints，*Research Monograph* No. 7 Ottawa：Canadian Bureau for International Education，1994，p. 7.

　　④ Knight J.，Updated Internationalization Definition，*International Higher Education*，33 Fall，2003，p. 2.

险，排名前三的分别是教育项目的商业化、外国文凭工厂和低质教育提供者的增加、智力外流。值得注意的是，不管是发达国家还是发展中国家都把商业化做为超过人才外流的第一大风险。同样的调查2003年也进行过一次，当时，人才外流被认为是最大的风险。高等教育机构认为最重要的两项收益是更加国际化的师资和学生，学术质量的提高。三项最不重要的收益是国家、全球公民意识，盈利，人才回流。①

奈特教授非常关注跨国/境教育，发表了一系列与此相关的文章，比如《跨境教育：不只是学生的流动》（*Cross-Border Education：Not just Students on the Move*）②，介绍了在跨境教育中，除了学生流动，还有项目和机构的流动。《驱动国际化的新原理》（*New Rationale Driving Internationalization*）③、《跨国和跨境教育：定义和数据困境》（*Transnational and Cross-border Education：Definition and Data Dilemmas*）④。她在《跨境高等教育的新类型》（*New Typologies for Cross Border Higher Education*）中提出了跨境教育的六种类型。⑤

奈特认为，如果没有一系列清晰的理念，再加上一系列目标和政策，一套策略和一个监督评价系统，国际化的过程往往在扑面而来的国际机会中是突然的、被动的、支离破碎的反应。奈特认为国家层面和高等教育机构层面的国际化驱动力有密切的联系，而高等教育机构层面的驱动力差异很大。⑥（该部分内容后文还将涉及，此处不再细述）

阿姆斯特丹大学的迪威特（Hans de Wit）也是高等教育国际化领域著名的学者。他把国际化的驱动理念分成社会/文化、政治、经济和学术四个方面。⑦ 在 *Changing Rationales for the Internationalization of Higher Education* 一文

---

① Knight, J. , Internationalization Brings Important Benefits as Well as Risks, *International Educator*, Nov/Dec 2007：16, 6, 2007, pp. 59.

② Jane Knight. Cross-Border Education：Not Just Students on the Move, *International Educator*, Mar/Apr 2006：15, 2, p. 4.

③ Jane Knight, New Rational Driving Internationalization, *International Higher Education*, Winter 2005.

④ Jane Knight. Transnational and Cross-border Education：Definition and Data Dilemmas. www. obhe. ac. uk.

⑤ Jane Knight, New Typologies for cross border higher education, *International Higher Education*, Winter 2005.

⑥ Knight J. , Internationalization：concepts, complexities and challenges. In Philip Altbach & James Forest（eds.）. *International Handbook of Higher Education*, Springer, 2006, pp. 208～226.

⑦ Hans de Wit, *Strategies for Internationalisation of Higher Education*, *A Comparative Study of Australia, Canada, Europe and the United States of America*（Amsterdam：EAIE）, 1995, p. 9～14.

中，作者具体分析这四种驱动理念时，将高等教育的各种利益相关者（政府、私人、教育提供者）均考虑在内。① 迪威特在 *Internationalization of Higher Education in the United States of America and Europe* 一书中详细分析了高等教育国际化的历史背景、美国和欧洲高等教育的国际化维度、高等教育国际化的意义和方法、高校国际交流的策略和组织模式、英语在高等教育中作为通用语言、地区和国际学术网络和联盟等专题。②

戴维斯（Davies）在凯勒（Keller）③ 提出的学术策略的基础上，提出了大学国际化策略分析的概念框架（后文详述）。④ 作者随后从事了两项行动研究，一项研究由欧洲大学联盟（CRE）和 UNESCI 共同赞助，另一项研究由欧洲大学联盟（CRE）和欧洲委员会共同赞助。40 所欧洲大学参与其中并提供了大量的有关大学国际化的资料。基于此，戴维斯（Davies）撰写了 *Issues in the Development of Universities' Strategies For Internationalization* 一文。⑤

3. 简短的评论

（1）目前资料显示，国外研究既有理论概念的阐释，也有分析框架的构建；既有跨国的比较研究，也有个案的深入分析；既有宏大叙事，也有详实的大范围调研数据。相对而言，研究的广度和深度都较国内要强。但是笔者所掌握资料同时也显示，各国均鲜见对职业技术教育院校的国际交流与合作的综合研究，既缺乏理论研究，也缺乏实证数据。

（2）国内学者的研究基本归为三类：一是基于个别大学的实际经验的研究；二是一般的理论探讨；三是对高等教育国际交流与合作某些具体领域的研究。个别大学的实际经验较多的集中在研究型大学，也主要是经验介绍，较少上升到理论高度。一般的理论探讨较多的集中在国家宏观政策，较少联系具体实践。高等教育国际交流与合作某些具体领域的研究相对而言则比较充实，比

---

① Hans de Wit, Changing Rationales for the Internationalization of Higher Education, *International Higher Education*, Number 15, Spring, 1999.

② Hans de Wit, Internationalization of Higher Education in the United States of America and Europe. Chapter 7, Greenwood Press, 2002.

③ G. Keller, *Academic Strategy*, John Hopkins University Press, 1983.

④ J. L. Davies, University Strategies for internationalisation in different institutional and cultural settings: a conceptual framework. n P. Blok（Ed.）*Policy and policy implementation in the internationalisation of higher education*, EAIE Occasional Paper 8, 1995.

⑤ John L. Davies, Issues in the Development of Universities' Strategies for Internationalisation [EB/OL], http://www.ipv.pt/millenium/davies11.htm.

如教育政策、出国留学、来华留学等。但一所院校的国际交流与合作包括许多具体领域的工作，是一项系统工程。现有研究在此方面比较薄弱。在为数不多的从院校层面审视高校国际交流合作的研究又呈现两个特点，一是研究集中在国际合作办学这一特定的项目和留学生这一特定群体上，少见对国际交流与合作的全貌研究；二是研究集中在研究型大学和普通本科院校，少见对高等教育的一个独特类型——高等职业院校的研究。

曾满超、于展对中国在高等教育国际化领域的研究现状，有如下一段评述①：

对于中国而言，首先，大多数中国学者关于高等教育国际化定义、要素和策略的理论讨论都是采用归纳法。然而他们没有提供足够的证据来支持结论，也没有引用国内外的理论。研究方法的缺失可以看作是问题的原因之一。其次，考虑到中国研究国际化问题的历史较短，基于具体高校研究设计和应用经验的实证研究和国际比较研究在现有文献中很少看到。再次，关于国际化策略的讨论在理论角度和实践角度都证据不足。而且很多观点都是管理者对自己大学的国际化现状和策略的描述。教育研究者很少参与制度层面的策略讨论。最后，国际化的评价仍是一个不成熟的领域，需要我们努力提升信息基础、检验或开发分析框架。

杨锐指出，"就关于我国高等教育国际化的研究而言，无论国内还是国际上现有文献都缺乏对我国大学自实行改革开放政策以来的具体实践做切实的研究，更缺乏探讨国际化对于我国大学的特殊意义何在，以及影响我国大学国际化的因素、各不同院校和地区国际化的局限性及可行性等问题"。②

这些评价基本反映了当前对国内此领域的研究现状。由此看来，从高职院校的层面对国际交流与合作的理念、模式、策略等问题进行探讨，阐述国际交流与合作与高职院校自身发展之间的关系，就显得可能而且非常有必要。

笔者选择这一视角，不仅是因为文献中目前比较缺乏这一领域的研究，而且因为中国正在举办世界最大的职业教育，中国经济社会的发展与职业教育的互动性越来越强。中国的高职教育加入世界职业教育大家庭对双方都大有裨益。本研究试图去探索中国高职院校在内外经济社会剧变的背景下国际交流与

---

① ［美］曾满超，于展：《中日高等教育国际化问题研究》，《教育发展研究》2008 年第 21 期，第 51 页。

② 杨锐：《高等教育国际化：内涵、原理及其实践意义》，《国际高等教育研究》2002 年第 1 期，第 29 页。

合作的经验，总结其中的成绩和不足，提出未来的发展方向，可以为中国上千所高职院校的发展提供可以借鉴的实践依据和理论支持。同时本研究还对分析和评价其它国家高等职业院校国际交流与合作的发展都有重要的理论与现实意义。

第二节　研究的思路与方法

一、研究的基本思路

本研究将以"历史回顾——国际比较——现状分析——个案研究——对策建议"为研究路径，以"理念——制度——运行策略"为暗线，在系统梳理中国高职院校国际交流与合作的历史、全面分析中国高职院校国际交流与合作的现状、个别高职院校成功实践的基础上，借鉴国际经验，结合当前高职院校国际交流与合作存在的问题，提出一些对策和建议，力求能够在理论和实践层面推动高职院校国际交流与合作。这样的研究可以进一步丰富国际化理论，也可以为众多高职院校提供借鉴和指导。本研究主要内容如下（各部分逻辑关系见图 0 - 1）：

导言部分首先介绍选题缘由及意义、对国内外相关问题的研究进行综述，主要概念界定，然后提出论文的研究思路、分析框架和研究方法等。

第一章从历史的视角全面回顾、梳理我国高职院校国际交流与合作的发展脉络，分析国际交流与合作的特点和经验。

第二章首先探讨了高等教育国际化的大背景，进而分析在此背景下的院校国际交流与合作的战略制订的要素、发展策略和发展路径，为后文高职院校国际交流与合作的实践提供理论分析框架。

第三章选取美国、新加坡和印度的职业教育及高职院校发展过程中国际交流与合作的经验，同时介绍当前上述国家促进高职院校国际交流与合作的措施和经验，从国际视角提供借鉴。

第四章在问卷调查和深度访谈基础上，统计及分析全国高职院校国际交流与合作的概貌，之后以大量案例的方式探讨众多高职院校在国际交流与合作各个具体领域的实践，研究了当前中国高职院校国际交流与合作的进展、问题和发展方向，从实践角度寻找更好开展国际交流与合作，为高职院校发展服务的现实依据。并介绍我国台湾地区职业教育及高职院校发展过程中的国际交流与合作经验。

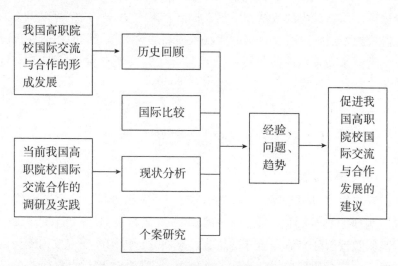

图 0－1　我国高职院校国际交流与合作研究工作逻辑框架体系

第五章以深圳职业技术学院、上海医药高等专科学校和四川国际标榜职业学院三所高职院校为个案，深入剖析三所学校在国际交流与合作方面，如何根据自身实际开展富有成效的典型实践，再进一步从学校国际交流与合作的战略制订要素、发展策略和发展路径等方面进行了对比研究，总结出三所个案学校国际交流与合作成功的共性和个性特点。为不同类型、不同发展定位、处于不同发展阶段、具有不同资源的高职院校提供借鉴。

第六章分别从政府、学校和联动机制等三个方面提出促进高职院校国际交流与合作发展的建议。

二、拟解决的关键问题

1. 理清国际交流与合作在当前高职院校进一步发展过程中的地位与作用。

2. 调查并分析我国高职院校国际交流与合作的现状与存在的主要问题。

3. 分析个案高职院校国际交流与合作的成就与经验。

4. 比较分析美国、新加坡、印度和中国台湾地区高等教育国际化的战略、政策，高职院校的国际交流与合作的策略和经验。

5. 在此基础上，探讨政府、学校和相关联动机制在高职院校国际交流与合作中的各自应该发挥的作用，并提出相应的建议。

三、研究的主要方法

本研究拟采取的研究方法主要有：文献研究法、比较研究法、案例分析法、个案研究法、问卷调查法，访谈法等。

1. 文献研究法。本文将利用中外各种载体的文献，获取对院校国际交流与合作的研究成果，从纵向和横向两个层面了解高职院校国际交流与合作的背景、历史、现状、政策、经验、问题，从理论研究、实践研究等方面对相关文献进行梳理，以期对本研究进行奠基。

2. 比较研究法。从各国或地区高职院校国际交流与合作的战略和策略入手，通过对照比较，寻求适合我国高职院校国际交流与合作的策略和原则。

3. 案例分析法。选择不同院校开展的各具特色的国际交流与合作的具体实践案例，以点带面，达到对我国高职院校国际交流与合作现状的了解、发展阶段的总结和发展策略及路径的分析。

4. 个案研究法。选择三例个案，通过对其国际交流与合作实践的分析，总结经验，深入挖掘背后的理念、制度及策略因素，从而达到借鉴和启示的作用。

5. 问卷调查法。旨在了解全国高职院校国际交流与合作方面的基本概况，借此描述一张全国高职高专院校国际交流与合作的全景图，并从中客观地归纳出主要特点和存在的问题。

6. 访谈法。利用访谈法了解一些文字背后、问卷调查数据以外的受访者的个人感受，包括对于国际交流与合作的希望、愿景和关注，也包括对困难、瓶颈的理解，并澄清一些文字上的误解，从质性的角度得出一些问题的本质。

四、本研究可能的创新与特色之处

本研究试图从高职院校的层面考察教育国际交流与合作的特点，并从国际交流和合作的视角分析高职院校的发展，这在目前的研究中还比较少见，视角的选择上较为新颖。研究从资源利用、专业建设及课程改革、特色发展、内涵建设、内部管理机制改革等维度明确指出国际交流与合作对于"后发追赶型"的中国高职院校的发展具有特殊意义。在国际比较中，针对中国高职院校国际交流与合作发展相对不平衡的现状，并未单纯从职业教育发达程度的角度，而是有意识地从国际交流与合作在职业教育发展中发挥作用的角度，选择了各具特色的发达和发展中国家和地区，总结出若干可供我国效仿或借鉴的做法及经验，针对性较强。研究通过问卷调查并辅以访谈，发现影响我国高职院校国际交流与合作的因素中，领导观念和政策法规分别是影响最大的内外部因素，研究进一步较有新意地将领导分成创新型、适应型、跟随型和攀比型四类。中外合作办学的调查结果与以往的文献论述有比较大的出入，"新建紧缺专业"、

"引进原版教材"、"改进原有专业"、"培养锻炼师资"是中外合作办学的本意，但是实际运行中，却收效甚微，这一调查结果和原因阐释无疑是具有一些新意。对于三个成功个案的剖析发现，领导作用、国际化项目的持续跟进、寻找双赢的合作基础、资源整合的力度是国际交流与合作取得实效的关键。最后，笔者除了对政府和院校提出操作建议外，专门从区域之间、强弱校之间、职教联盟、民间组织的联动机制层面提出建议，也较有新意。

第三节　核心概念界定

一、高等职业技术教育

一种教育类型的产生需要从中外、纵横等各方面进行综合比较研究与论证，中国高等职业技术教育是在理论准备很不充分的情况下，在实践需求的基础上产生的。虽然我国高职教育发展历史不长，但发展速度很快，因此有关高等职业技术教育的界定，也有一个不断调整、充实、再认识、再提高的过程。近三十年来，有一大批学者不断在此领域做出努力，有从教育结构论述的，有从教育分类论述的，有从教育层次论述的，有从培养目标论述的。从众多学者的概念界定可以看出高等职业技术教育是一个动态的、历史的、发展的概念，其内涵和外延随着高职教育的发展较当初有了极大的丰富。

顾明远先生主编的《教育大辞典》这样解释："高等职业技术教育属于第三级教育层次的职业教育和技术教育。包括就业前的职业技术教育和从业后的有关继续教育。如美国的技术学院和社区学院的部分教学计划，日本的高等专门学校、短期大学部分教学计划及专修学校的专门课程，法国的大学技术学院、高级技术员班及各国成人高等学校部分教学计划所提供的教育。中国80年代开始有发展，其中，学历教育一般属专科层次，修业年限2~3年。还有短期非学历教育。"[①]

为了更好地与国际接轨，目前比较通用的界定是联合国教科文组织（UNESCO）制定的"国际教育标准分类"（ISCED）。标准把整个教育体系划分为七个层次，A、B、C三种类型。其中，第五层次为高等教育第一阶段，又分为A、B两类：5A类课程计划为"面向理论基础、研究准备、进入高技

---

① 顾明远主编：《教育大辞典》，上海教育出版社1991年版，第227~228页。

术要求的专业课程"，5B 课程计划为"实际的、技术的、具有职业的特殊专业课程"。我国的高等职业技术教育相对应的是 5B。这样的分类同时也明确了高等职业技术教育与普通高等教育的关系是类型关系，而非层次关系。

依据各种对高职教育的理解，笔者认为对高职教育概念的认识，既要有现实的视角，又要有未来的眼光；既要心系社会发展的需要，也要关注个体发展的要求。随着社会的进步、经济的发展，掌握一定量的知识成为每个人生存于社会的基础，各国人民的受教育年限均呈上升趋势，义务教育年限不断延长。在这样的情况下，高等教育要比以往更明确地担负起培养社会需要的不同结构人才的任务。职业技术教育在高等教育领域，从学历层面看，必然有一个从专科到本科到研究生的递进过程，以满足社会对不同层次人才的需求。同时，中国已经迈入高等教育大众化时代，高等职业技术教育不再像精英化高等教育时代那样只能是少数人享有的资源，它应该是一种面向人人的教育，解决从业能力和从业资格等实际问题的教育。

因此本研究中，将高等职业技术教育定义为：以围绕特定的技术型职业岗位所需的知识和技能来组织教学和实践，招收具有至少相当于高中文化水平的学生，完成学业的学生一般具备进入该职业的能力和资格。

二、高职院校

世界各国、各地区对于承担高等职业技术教育的机构的名称各有不同。我国台湾地区从事高等职业技术教育的有三类院校：科技大学、技术学院和专科学校，三类学校统称为技专校院。法国的大学技术学院，丹麦的职业学院，芬兰的多科技术学院，德国的高等专科学校和职业学院，英国的城市技术学院和第三级学院，荷兰的高等职业学院，日本的短期大学、高等专门学校、专门学校和短期大学院，韩国的专科大学、产业大学、广播函授大学以及技术大学，新加坡和印度的理工学院都是从事高等职业技术教育。

我国目前高等职业技术教育主要在专科层次，举办高职教育的共有六大主体，分别是：

1. 职业大学。这是我国最早独立举办高职教育的学校。迄今为止，部分学校已转型，部分已升本，部分已归并，但仍有部分学校坚守着高职教育的阵地。

2. 高等专科学校。这一类学校在三教统筹过程中，有一部分已经升本或合并了，剩下的一部分则按高等职业技术教育的要求在转型。

3. 独立设置的高等职业（技术）学院。这是目前我国高等职业技术教育的主体。绝大部分是由过去的重点中专升格而来。

4. 独立设置的成人高校。这些高校发挥贴近企业行业的优势，是最早涉足中国高职教育的一支力量。

5. 本科院校举办的高等职业学院。不少本科院校纷纷设立二级学院举办高职教育，相当多的本科院校在高职学院里举办中外合作办学项目。

6. 电大及专修学院。借助各种途径举办自考或成人形式的高等职业技术教育。部分地区的电大已经改名为"城市职业技术学院"。

本研究要讨论的"国际交流与合作"是一种与院校发展相关的策略和行为，因此研究所指的"高职院校"主要界定为院校的主体办学方向是高等职业技术教育，而非其一部分办学内容是高职教育的高等教育机构。因此本研究界定的高职院校指的是前三类办学主体，即职业大学、高等专科学科和独立设置的高等职业（技术）学院，其他高职教育的举办者不在本研究范围内。

三、高职院校国际交流与合作

有学者认为①，从实践环节来看，高等教育国际交流与合作的主要内容包括六个方面：1. 人员来往。包括学校领导人的互访、互派访问学者和教师、交换留学生、定期举办由双方人员参加的交流活动。2. 合作办学。包括合作开设办学机构或教育项目，开展学历教育、非学历教育和专业培训。3. 合作开展科研活动。包括合作开展课题研究、免费使用实验室以及有关的资源。4. 共享教学资源。包括以合作项目为基础提供的课程体系、教材、教学方法、教学手段、管理模式以及教学信息。5. 通过网络途径提供的服务。包括远程教育、网上图书资料服务等。6. 合作开展科技的有偿服务活动。包括共同创办科技开发实体，开拓校办产业的领域。有学者②将国际交流与合作的形式划分为中外合作办学、境外师资引进、国际学术会议和互访活动、留学生教育、学生对外交流。新的历史时期，国际交流与合作的对象和形式已经有了新的拓展，并且在未来可能还会有新的发展。

从字面来看，交流是指"彼此间把自己有的提供给对方"③，而合作是指

---

① 林维明，李毅：《关于高等教育国际交流与合作的思考》，《广州大学学报（社会科学版）》2003 年第 12 期，第 48 页。

② 孙璐：《我国研究型大学国际交流与合作的问题及对策研究——以浙江大学为例》，浙江大学硕士学位论文，2009 年，第 15～17 页。

③ 中国社会科学院语言研究所词典编辑室：《现代汉语词典》，商务印书馆 1979 年版，第 555页。

"为了共同的目的一起工作或共同完成某项任务"①。无论是交流还是合作，境内外两个主体都存在自己的利益诉求，双方追求的主要目标也许一致也许不同，但双方在活动过程中都是为了能实现自己的利益，才产生交流与合作。

因此，本文中"高职院校国际交流与合作"指的是我国高职院校与国（境）外教育机构或其他组织为实现各自的目标或利益，所共同进行的办学合作、人员与信息往来、合作办学或合作科研等各类活动。交流合作的主体之一是我国高职院校，交流合作的对象则可能是国外教育机构，也可能是国际组织，还可能是跨国公司等其他组织或机构。

---

① 中国社会科学院语言研究所词典编辑室：《现代汉语词典》，商务印书馆 1979 年版，第 446 页。

第一章

我国高职院校国际交流与合作的形成

改革开放 30 年，中国的经济发展取得了令人瞩目的成就，高等职业技术教育也经历了快速而不平凡的发展历程，从高等教育的从属和配角地位，逐渐转变为高等教育的重要组成部分，已经毫无疑问地成为中国高等教育大众化的生力军，成为培养中国经济发展、产业升级所需的高素质技能型人才的主力军，也成为中国高等教育的"半壁江山"。回顾中国高职教育发展的历程，国际交流与合作一直是高职教育的一项重要内容。认真梳理中国高等职业技术教育发展过程中，国际交流与合作的成就、经验和当前面临的主要问题，对于各高职院校理清今后国际交流与合作发展的思路、确立发展目标有着重要的作用。

第一节 我国高职院校发展与国际交流合作

一、高职教育是高等教育体系的重要组成部分

1. 中国高职教育的发展

新中国真正意义上的高职教育是在以经济建设为中心的战略转移大背景下开始发展的。为了缓解改革开放后经济快速发展与人才紧缺的矛盾，1980 年，我国最早举办高职教育的首批 13 所职业大学在沿海中心城市相继成立。1985 年开始的"四五套办"使一批资质较好的中专校开始涉足高职领域。九十年代"三改一补"方针的实施、高职教育在《职业教育法》和《高等教育法》中法律地位的确立及"三教统筹"，使高等职业技术教育进入一个新的发展阶段。20 世纪末开始的全国高等院校大规模扩招，新世纪初国家把设立高职院校的权利下放到省级人民政府，两项措施使高职教育在很短的时间内成为高等教育的"半壁江山"。2009 年具有高等学历教育招生资格高职（专科）院校

已有 1207 所。① 规模的快速扩张引来了各方对高职教育质量的质疑。评估、质量工程、教学改革、示范性高职院校建设成为近几年高职教育发展的重要内容。作为与经济社会联系最紧密、服务最贴近、贡献最直接的教育类型，中国高职教育在过去三十年里取得了跨越式发展，也初步形成了独具特色的"校企合作、工学结合"的人才培养模式，为经济建设、社会发展、高等教育大众化进程和现代化建设做出了重要贡献。

2. 高职教育是中国高等教育体系中不可或缺的重要部分

（1）高职教育是实现中国高等教育大众化的主力军

高职教育在发展初期，处于高等教育的从属地位，但随着服务社会经济发展能力的逐步显示，已经成为高等教育的重要组成部分。从数量上看，1978 年我国专科学校 98 所；1997 年高职高专院校 417 所，招生数为 43 万，在校生人数 118 万；2008 年达到 1184 所，招生数为 310 万，在校生人数为 917 万。② 高职院校数已占全部普通高校数的 52.3%，高职院校在校生数已占普通高校在校生数的 45%，无论是院校数还是在校生人数都占据了中国高等教育的"半壁江山"。2003 年中国高等教育毛入学率达到 17%，按照马丁·特罗（Martin Trow）关于高等教育发展阶段的划分，中国已经迈入高等教育大众化阶段。高等职业技术教育为此作出了巨大贡献。

（2）高职教育丰富和完善了现代高等教育体系

从教育的层次上看，高等职业技术教育是完成基础教育后的专业教育，属于高等教育层次。高等层次的教育分为专科、本科和研究生阶段，目前绝大多数高职院校属于专科层次的高等教育。从教育的类型来看，1996 年《中华人民共和国职业教育法》规定，"职业学校分为初等、中等、高等职业学校教育"，高职教育属于职业教育类型中的高级阶段。从办学主体来看，民办高职院校从无到有，2008 年达到 269 所，弥补了中国高等教育办学主体单一的不足。

（3）高职教育完善了高等教育人才培养类型

现代高等教育体系要求高等教育规模、结构、质量、效益都能协调发展，以满足社会发展对人才规格的多元需求。中国社会，既需要一批高层次拔尖创新专门人才，也需要大量各级各类、各行各业的生产、建设、管理、服务一线

---

① 资料来源：中国高职高专教育网，http：//www. tech. net. cn/page/N060/2009090900009. html.

② 资料来源：中国教育部，http：//www. moe. edu. cn/.

的应用型、实用型、技术型的专门人才。不同规格的人才需要不同类型的高等教育来培养。高等职业技术教育承担着培养"生产、建设、管理、服务第一线的"、"数以千万计的专门人才"的重任。

前教育部部长周济作过这样的概括,"高等职业技术教育已经成为我国高等教育事业发展的新的增长点,成为我国职业教育事业发展的亮点"。①

二、高职院校发展面临的新环境

1. 经济全球化的宏观背景

从 20 世纪 90 年代开始加速的经济全球化浪潮,正在深刻地影响着世界经济体系。世界各国都不可避免地融入到国际经济大循环中,国际分工越来越细。与此同时,各国根据比较优势理论,都在寻找自身在国际分工中的合理定位。中国要走向国际市场,必然要求各个领域和部门以国际通用标准为准则,同时也要求劳动力市场提供符合国际职业资格标准的专门人才。在日益开放的国际教育市场中,中国高职院校务必把握机遇,一方面取天下之长补己之短,另一方面在全球教育市场中谋求竞争优势。

2. 中国产业升级的现实压力

耶鲁大学管理学院终身教授、经济学家陈志武说,"从历史来看,产业结构本身的变化跟教育方式、教育理念和教育结构的变化总是相辅相成的","一个国家的产业结构决定其教育知识的结构,反过来,教育知识结构又会决定其经济的产业结构"。② 世界发达国家从 20 世纪 50 ~ 60 年代开始,就将职业教育的重心上移到高等教育水平,以适应先进制造业和现代服务业等新型产业的需要。我国的高等职业技术教育直到 80 年代初才开始进入摸索期。中国的产业结构一直无法从劳动密集型向技术密集型转变,这其中当然有中国经济社会发展承受着世界上最大的人口压力,因此在一定时期内需要保持劳动密集型产业的继续发展,以此增加就业岗位、缓解失业。但是,高等教育并没有适时调整培养目标,及时或提前培养出适应于技术密集型产业发展的高技能型人才也是一个很重要的原因。当前,以体能型劳动力为主的人才结构必须升级为以技能型为主的人才结构,以适应中国新型工业化的发展战略要求。2008 年

---

① 中国高等教育学会组编:《改革开放 30 年中国高等教育发展经验专题研究》,教育科学出版社 2008 年版,第 574 页。

② 陈志武: 《教育不转型 国家只能卖苦力》,http://www.chinayjy.org/html/shehuiwenti/ 200811/03 – 146.html.

爆发的国际金融危机更使中国产业升级刻不容缓。产业升级必然使部分行业、岗位被淘汰，同时又出现许多新兴的行业和企业。高职院校必须把握中国经济发展、产业升级的脉搏，通过国际交流与合作，掌握先进制造业、现代服务业等新型产业的人才培养标准，尽早尽快地提供产业升级需要的人才。

3. 教育服务贸易的潜在机会

加入 WTO 后，我国作出了开放教育服务领域的承诺，是全世界对教育服务贸易作出承诺的 47 个国家之一。教育服务贸易使我们在教育发展的视野上着眼世界、突破国界，在教育的发展内容上注重各国经验的共性和个性，相互采借，追求特色和卓越。中国职业教育是最先开放的教育服务贸易领域，国外教育机构纷纷进入中国，抢占教育服务市场。现在中国已经成为世界最大的教育输入国和教育服务贸易市场。高职院校必须主动去适应、迎接和利用它，早主动则早适应，早介入则早收益。不仅要利用教育服务贸易的契机壮大自己，也要择机主动走出国门，参与全球教育服务贸易市场的竞争。

4. 国民对国际化教育内容的实际需要

高职教育的重要功能就是为学生的就业服务。"全球化、通信和运输费用的降低，以及不断开放的政治壁垒，共同促进了高技能型劳动力的自由流动"。[①] 高技能型劳动力的国际迁移将会是一种常态。要具备这种迁移能力，首先要了解国际惯例，熟悉国际通行规则，具备国际交往能力。因此，从未来职业竞争力的角度出发，每一位学习者都渴望接受包含有国际化元素的教育内容。

另一方面，中国改革开放三十年来，随着综合国力的提升，我们生活、工作的场所已经与二三十年前大相径庭，世界正在变成一个"村落"。我们的学生将会生活在一个多元文化、彼此依存的社会里。高职院校有责任帮助学生加强国际理解，提供学生了解不同文化的机会，学会与不同文化背景的人合作共事，使他们在世界大家庭中、在多元文化氛围中，能够自由、从容地生活和工作。

5. 高职院校自身发展的内在需求

中国高职院校经过三十年的探索实践，初步形成了自己的办学理念、人才培养模式，取得了很大的成就。但是与世界一流职业院校相比，我们无论是在

---

① 世界银行报告，国家教育发展研究中心组译：《构建知识社会——第三级教育面临的新挑战》，高等教育出版社 2007 年版，第 17 页。

办学水平、运行机制、管理模式、制度设计等宏观层面，还是在教育理念、师资水平，专业设置、课程体系、评价方式、教学方法等微观层面都还存在一定差距。尤其是高职院校之间个性化、差异化、特色化欠缺。当前，中国高职院校数量急剧增加，国外教育机构也纷至沓来，因此同类院校和潜在的竞争不断加剧，学生和家长拥有更多自主选择的空间。在这样的情况，利用国内国外两种资源，开发国内国外两个教育市场，整合集中优势，才是未来高职院校发展的必由之路，也是特色化发展的必然选择。

三、国际交流与合作是推动高职院校发展的必要途径

目前中国高职院校在发展中普遍存在的问题是优质教育资源不足、院校特色不明显、国际竞争力不强、专业设置、课程开发针对性和先进性不够、内部管理体制僵化等。要解决这些问题，国际交流与合作会发挥重要作用。

1. 国际交流与合作是开发高职院校资源的重要手段

"资源是大学所拥有或支配的能够实现大学战略目标的各种要素组合，大学只有不断地获取优质外部资源，才能够为自身创造持续竞争优势"。[1] 对于任何一所院校来讲，资源都是基础和保障。资源又分为有形资源和无形资源。对于高职院校来讲，有形资源包括基础设施、实验实训装置、资金规模、师资数量、学生规模、管理机构设置、课程体系、教材等。无形资源包括学校声誉和知名度、办学理念、管理水平、运行机制、教学质量、校园文化、教职员工精神、校友支持、与行业企业关系等。要开发和利用好这些资源，既需要内部挖潜，也需要外部补给。"从扩大再生产的角度看，大学也需要社会优质资源弥补自身资源的结构缺陷"。[2] 国际交流与合作可以渗透到高职院校资源开发的许多环节，而且往往具有内部开发所不具备的冲击力和创新性。

2. 国际交流与合作是专业建设、课程改革的重要参照

"高职院校建设的重点与核心首先是专业建设，它是体现人才培养质量的重要标志；而专业建设的核心则是课程体系建设，它是提高专业教学质量的核心，也是人才培养模式改革的重点和难点"。[3] 高职院校的专业建设和课程开

---

① 孙健，王沛民：《基于资源观的大学发展战略初探——以印度理工学院为例》，《高等工程教育研究》2008 年第 3 期，第 74 页。

② 张乐平，周卉：《略论研究型大学教育科技创新的资源能力建设》，《高等工程教育研究》2005 年第 6 期，第 26 页。

③ 马树超，郭扬编著：《高等职业技术教育：跨越·转型·提升》，高等教育出版社 2008 年版，第 36 页。

发需要整合来自行业、企业、院校三方面的资源和信息。与跨国公司的合作可以直接采用其技术标准作为专业标准，与国际行业协会的沟通可以保持专业水平的先进性、与国外院校的交流，可以借鉴其成功的课程开发经验。

3. 国际交流与合作是创新内部管理机制的重要推动力

当前，高职院校的内部管理机构与普通本科院校几无二样，无论实际作用大小，均与上级主管部门的条款设置一一对应，造成一方面机构臃肿，人浮于事，行政色彩浓厚。另一方面，诸如工学结合、教学资源管理、企业服务等关键职能因无对应的上级主管行政部门因此校内也未设专门机构无专人负责。高职院校以培养技术技能型人才和直接服务当地社会经济发展而区别于普通教育，因此在内部机构的设置和管理上，应当满足和体现以上两大特点。国外院校在机构设置、运行机制和管理体制上有不少值得我们学习借鉴。在交流与合作过程中对于惯例的打破、体制机制的不适应都会促进高职院校加大内部体制改革的力度，也会促进高职院校再次成为中国高等教育改革的排头兵。

4. 国际交流与合作是特色发展的重要渠道

所谓特色发展就是要"有所为有所不为"。世界上无论是一流的研究型大学还是一流的职业大学，都不可能各方面全面开花，而是突出自己的比较优势，采取差异化战略。目前中国高职教育呈现出一个不好的势头，即千校一面，缺乏自己的大学精神和独特文化。不仅专业结构设置趋同，不管东部还是西部，无论地方经济和地域优势如何，专业设置都大而全，而且课程结构也相同，无论软硬件条件是否具备，把示范院校的教学大纲和课程设置一抄了之。国家出台一个政策，教育部出台一份指导性文件，职教专家提出一种课程模式，所有的高职院校都以此为标准，强行照搬。学校竞争优势的差异是由资源的差异引起的，不同的高职院校在获取这些优质资源时的"异质性"构成了彼此竞争优质差异的基础。通过广泛的国际交流与合作，不仅可以更加全面地了解世界职教动态、深刻地理清自身优势，清晰地确立"异质性"，而且更大范围地获取"异质"的优质资源，准确地把握发展趋势，从而有选择、有重点地进行战略规划，而非人云亦云。

5. 国际交流与合作是参与国际竞争的必由之路

有学者曾指出，中国的研究型大学走向世界还需假以时日，但中国的高职教育走向世界则是指日可待。的确部分高职院校已经把"走向世界"作为自己的战略目标。但中国高职教育要融入国际高职教育大系统中，确立中国高职教育在国际高职教育领域的战略地位，首先必须用国际视野和标准来审视自己，找准自己在国际高职院校中的定位，进而明确自己的优势和发展目标。国际交流与合作是一个丰富的资源平台，高职院校需要通过它融入国际高职教育大家庭，扩大国际影响力，提高国际竞争力。

第二节　我国高职院校国际交流与合作的发展历程

在改革开放的宏观背景下，从 20 世纪 80 年代初的短期职业大学开始，中国的高职院校不同程度地通过国际交流与合作，面向世界，博采众长，吸收和借鉴各国职业教育的先进经验，引进国外优质教育资源，培养锻炼具有国际视野的师资，开发先进的课程体系等，走出了一条后发追赶型的发展道路。回顾中国高职院校国际交流与合作的历程，经历了三个阶段。

一、政府完全主导阶段（1978～1985）

中国的改革是从恢复高考、恢复学位制等高等教育的一系列改革开始，中国的开放也是从选派留学生的高等教育领域的开放起步。改革开放，不仅成为推动中国经济迅猛发展的动力，也成为高等教育国际合作交流的力量源泉。刚刚经历"文革"的中国教育界，在一系列宏观政策的有力推动下，通过中国政府直接牵线搭桥，国际交流与合作迅速恢复并全面展开。

1. 政策背景

作为改革开放的总设计师，邓小平同志对于教育国际交流与合作的看法具有前瞻性和战略性。1978 年 6 月，邓小平指出："派留学生要成千上万地派，不要十个八个地派。要做到两个不怕：一是不怕出去不回来；二是不怕和人家搞到一起，这样才能学到东西。"[①] "两个不怕"的讲话在当时中国政界、思想界极左思潮仍阴霾未散的情况下犹如石破天惊，从此公派留学一直是高等教育国际交流的重要载体。早期国家公派留学生以研修为主，几乎都学成回国。自费留学和来华留学教育也开始启动，但尚有诸多限制。来华的外国留学生主要是以外国公派为主的计划教育，因此主要集中在少量的本科院校。此阶段留学生的派出和接收都显示出极大的计划性和政策性。校际交流当时暂定在全国重点院校范围内，交流重在学术范围。后来交流扩大到互换教师，但仅限于根据高等学校对外校际交流协议派出任教、讲学及从事合作科研工作的教师。改

---

① 魏能涛：《中国出国留学潮 25 年决策揭密》，《北京档案》2004 年第 8 期，第 38～39 页。

革开放后，我国陆续恢复了与联合国教科文组织（UNESCO）、世界银行（WB）、联合国开发计划署（UNDP）等组织的合作关系。中国政府主动加强与这些国际组织和外国政府的联系，为教育国际交流与合作搭建平台。比如经济合作与发展组织的许多成员国在中国资助了一批发展项目，相当一部分为职教项目，为中国的学者、职教师资提供了出国学习的机会。此外，一整套由世界银行资助的重大项目开始启动。职业院校通过这些项目中开始了国际交流与合作的探索。

1985 年发布的《中共中央关于教育体制改革的决定》进一步明确了高等教育国际交流与合作的重要性。《决定》指出，"教育体制改革要总结我们自己历史的和现实的经验，同时也要注意借鉴国外发展教育事业的正反两方面的经验……要通过各种可能的途径，加强对外交流，使我们的教育事业建立在当代世界文明成果的基础之上"。①

2. 在政府的完全主导下，高职院校国际交流与合作开始起步

改革开放初期，一方面经济建设急需大批应用型、实用型、技术型人才，另一方面传统高校无法满足这些需求。职业大学也就是在这样的背景下应运而生。但是高等职业技术教育在新中国还是一个崭新的教育类型，无论是学校定位、人才培养目标、人才培养模式，还是教育理念、专业设置、课程开发、教学方法等，国内都没有现成的经验可以传承。于是中国政府将目光投向国外，尤其是那些发达的工业化国家。德国二战后迅速崛起的秘密武器——"双元制"首先吸引了中国的注意。原国家教委职教司长刘来泉曾撰文写道，"随着改革开放政策的实施，中国政府派出的经济、教育考察团几乎同时对德国职业教育经验发生了兴趣。出于通过改革发展职业教育、促进经济发展、提高人民生活水平的目的，中国政府希望学习和借鉴德国职业教育的成功经验，对此德国政府给予了积极支持"。② 最初是中德双方进行互访协商。1983 年，由中国国家教委牵头开展了中德第一个合作项目——南京市教育局与德国汉斯·赛德尔基金会合作建设的南京建筑职业技术教育中心（现名为南京高等职业技术学校，举办三年制中职和五年制高职学历教育）。此后，中德两国在职业教育领域进行了一系列卓有成效的合作。由国家教委批准的"苏州、无锡、常

①　何东昌主编：《中华人民共和国重要教育文献》，海南出版社 1998 年版，第 2289 页。

②　刘来泉：《中德职教合作十年——成果与展望》，《中国职业技术教育》1995 年第 02 期，第 43 页。

州、沈阳、沙市、芜湖"六个中心城市借鉴德国"双元制"职业教育经验进行了改革试验工作。借助实体项目的中心辐射作用，在全国100多个单位推广了"双元制"的职业教育经验，初步形成了一个学习借鉴，推广成果的网络。中德各层次职业教育代表团的参观互访，学术交流研讨，中方派遣专业人员赴德进修，德方专家来华讲学和开展咨询工作、德国派遣长驻专家指导等。德国整个民族都重视实践应用、重视手工艺、尊重技能型人才，对于中国传统的"学而优则仕"的观念产生一定冲击。德国职业教育由政府、企业、社会共同办学的多元化主体为中国教育体制改革提供了一种思路。德国职业教育强调适应企业需要，以企业为主体、以市场为导向、以职业能力为本位的培养模式对刚刚起步的中国职业院校有很好的借鉴作用。虽然教育体制不同、经济社会发展水平不同、国情不同，不可能完全照搬国外经验，但是处于探索期的高职院校通过这些试点和交流，开始认识到高职教育与普通教育的培养目标不同，因此培养模式也应该有所区别，现有的传统教学模式必须改革。此阶段与"双元制"有关的论文成为职教理论界一大盛景。

在越来越深入的交流中，中国政府也越来越强烈地意识到一定要为经济发展和社会进步赢得时间，因此不能完全依靠自己摸索、总结，完全可以通过学习借鉴发达国家成熟的职业教育，使中国在现代化水平较低、教育资源稀缺的情况下，在较短时间内较快地推进职业教育的改革和发展。因此中国政府一方面加强政府间合作，另一方面积极寻求国际组织的援助。80年代中期，为推动高等职业技术教育的发展，国家曾从世界银行争取到3500万美元的贷款，集中支持17所职业大学的发展。现为国家首批28所示范高职院校之一的天津职业大学便是17所之一。世行贷款在当时中国教育经费严重短缺的情况下，对于提升学校的硬件设施和教师的职教水平起到了关键作用。

总之，项目援助是这一阶段高职院校国际交流与合作的主要方式。因此，高职院校的国际交流与合作从一开始就与普通高校不同，不是从学生的国际流动开始，而是通过参与政府项目开始的。

二、政府为主、民间为辅阶段（1986～2000）

1. 政策背景

党的十四大提出建立社会主义市场经济新体制的要求，各方面都进一步加快了改革的步伐。在1993年印发的《中国教育改革和发展纲要》中，第14条明确提出要"进一步扩大教育对外开放，加强国际教育交流与合作，大胆吸收和借鉴世界各国发展和管理教育的成功经验"。① 此阶段公派出国留学除了国家公派，还包括单位公派，高等学校开始越来越多地自主派出人员赴国外学习。出国留学的方针由"按需派遣，保证质量，学用一致"转向"支持留学，鼓励回国，来去自由"，自费出国留学的政策也更加灵活，沿海地区自费出国留学人数逐年攀升。大量出国留学人员促进了来华留学教育的发展。教育部不再把接收留学生的权利限制在少数重点院校，凡是教育部批准的实施全日制高等学历教育的普通高等学校，具有必备的教学和生活条件，教学科研和管理水平，原则上都可以接受外国学生。更多的高校开始主动地招收来华留学生。随着中国经济实力的增强，海外学习汉语的人数日渐增加，这也成为高校招收来华留学生的主要专业。

相对于出国留学，一种"不出国的留学"——中外合作办学开始发展起来。虽然关于中外合作办学中"教育主权"的讨论一直没有停止过，但这种全新的办学形式在引进国外优质教育资源、培养国内空白、急需专业人才、满足国内旺盛的高等教育需求，缓解教育投入不足，减轻学习者经济负担等方面显示出明显的优势。1995 年正式颁布实施的《中外合作办学暂行规定》标志着中外合作办学走上了依法办学的轨道。《中华人民共和国教育法》和《中华人民共和国高等教育法》的颁布，对教育国际交流与合作作出了法律规定，高等学校按照国家有关规定，可以自主开展与境外高等学校之间的科学技术文化交流与合作。此阶段政府在高等院校国际交流与合作中依然扮演主角，但民间自发的交流合作日渐丰富。

2. 高职院校国际交流与合作领域不断拓宽

（1）更多的高职院校受益于政府间合作项目

中德职业教育合作继续深化。中德两国政府于 1994 年 7 月专门发表了《中华人民共和国政府和德意志联邦共和国政府关于加强职业教育领域合作的联合声明》，这是我国政府与外国政府专门就发展职业教育问题签署的第一个双边协议。在《联合声明》的框架下，成立了中德职业教育联合工作小组，并连续进行了五年的政策对话。德国政府同时向我国提供了平行贷款 600 万马克，后来追加到几千万马克，全部用于北京、上海、辽宁三个职业教育研究所的建设。这是改革开放后我国职业教育学术及科研机构与国外机构的第一次正式合作。现三所研究机构目前的名称分别是教育部职教中心研究所、上海市教

---

① 何东昌主编：《中华人民共和国重要教育文献》，海南出版社 1998 年版，第 3467 ~ 3473 页。

科院职成教所和沈阳师大职教所，一直在中国职业教育领域发挥着决策咨询、学术研究和科研服务的重要作用。

这一时期，除了继续和德国政府开展职业教育合作，另一个比较突出的政府间合作项目是中国加拿大高中后职业技术教育合作项目（简称"CCCL"项目）。该项目系原国家教委、国家经贸部与加拿大国际发展署（CIDA）的合作项目。加方提供专项援款，协助我国有关院校发展高中后职业技术教育，采取中加双方组成院校网络的合作形式组织实施。项目从 1991 年到 1996 开始分三轮实施。中加双方各有 29 个和 33 个院校参加。全国首批 28 所国家示范性高等职业院校之一的邢台职业技术学院和福建交通职业技术学院（原福建交通学校）、福建机电学校、四川水利职业技术学院、四川工商职业技术学院（原四川轻工业学校）等一大批学校当时都是项目内学校。项目内容是通过在一个具体的专业上进行试点，介绍 CBE（Competence Base Education，能力本位）理论，培训教师，添置教学仪器设备，把加拿大的先进教学模式 DACUM 引入专业教学，制定模块式教学计划。项目内学校在学习国外教学模式与经验、师资培养、实验室建设、提高实践教学水平、增进学校与企业联系等方面都得到了全面提升，并且还把经验辐射到学校教育教学、管理的其他方面。中加高中后项目中，加方的援款一定程度上缓解了中国高职教育面临的经费困难的问题，更关键是它为毫无经验的中国职业院校提供了专业建设经费标准和运作模式的范本。在引进 DACUM 教学模式的过程中，项目内学校不是一味照搬，而是结合中国实际的基础上保证人才培养规格和课程体系与国际接轨。

（2）更多的高职院校得益于世界银行的资助

1990 年我国政府与世界银行签订的《中国职业技术教育项目贷款协定》，为我国职业技术教育的发展筹集了 5000 万美元的资金，为全国 17 个省（市）及劳动部门所属的 74 所职业技术院校、中专、技校和职业技术教育中心进行硬件武装、技术援助、人员培训等。贷款的绝大部分集中投放在北京、上海、天津、辽宁、江苏五个工业高度发展的省市。这些省市的经济发展速度较快，急需大批高技能人才。以江苏省为例，参加世行贷款第一职业教育项目的高职院校有苏州工业职业技术学院、无锡职业技术学院（首批国家示范性高职院校之一）等。同时世行的贷款要求政府配套资金，实现了以外资促内资的目标。"1988 年至 1994 年底，投入项目院校的总资金约为 8 亿元，是我国建国以来职教战线集中投入强度最大的一个项目。各项目院校设备总值净增的幅度为 300 万元至 1300 万元，基建投入为 130 万元至 3500 万元，建筑面积平均增加了8000多平方米"。① 接受世行贷款的18所中专学校，13所成为首批国家重点中专，部分中专校由于基础设施的改善、招生规模的扩大，办学质量的提升，经国家批准开始试办高职教育，也为最终升格为高职院校打下了良好基础。

1996年，国家教育部又与世界银行签署了《关于实施世界银行贷款职业教育项目的协议》，再次贷款3000万美元，支持了5个省（市）的80所省（市）重点中等职业学校的建设。这些学校中很大一部分后来升格为高职院校。世行的贷款国外资金的引进，对解决我国职业教育普遍面临的经费困难问题提供了有益的帮助。"18年间，教育部先后两度引进共计8000万美元的世行贷款，加上国内的配套资经，实际总投入达2.1亿美元"②，"项目极大地改善了当时项目学校的办学条件；更新了项目院校的办学理念；推动了整个国家的职业教育改革；推动了教学的改革；推动了职业教育的管理改革；推动了企业和学校的合作"。③

（3）与国外高校自主合作成为新宠

90年代开始，在国家留学政策的鼓励下，沿海城市的部分高职院校开始积极地自主与国外高校建立合作关系，主要目的是为学生的海外升学提供渠道。在90年代，职业教育还不能被广大民众接受，而当时国内升学又没有机会，一些富裕起来的中国人有一定能力给孩子提供海外继续深造的费用。因此，沿海地区高职院积极与海外本科院校建立合作关系，为其输送希望继续升学的中国生源。与此同时，一些教育资源过剩的发达国家开始把教育作为一种盈利的产业经营，中国巨大的生源市场吸引了他们的目光。在输送生源的过程中，院校层面的教师交流也随之增多。

（4）中外合作办学开始起步

1993年，金陵职业大学与澳大利亚高校合作举办双联课程，成为国内高职教育领域首例跨国分段式合作办学项目。随着《中外合作办学暂行规定》的颁布实施，沿海城市高职院校的中外合作办学开始兴起。中国的高等教育由于封闭多年，受教育理念、学科发展水平、专业开设、教学方法等因素的限

---

① 国家教委职业技术教育司，国家教委职教中心研究所：《关于"世界银行贷款职业技术教育项目"完成情况的评价》，《中国职业技术教育》1996年第1期，第7~10页。

② 刘建同：《关于世界银行两个职业教育贷款项目的回顾与总结》，《中国职业技术教育》2004年第2期，第20页。

③ 刘建同：《30年中国职业教育对外交流与合作》，《职业技术教育》2008年第10期，第55页。

制，不少国际上新兴学科知之了了，一些传统的专业因为人才需求目标的改变也亟待改进，一些领域急需的人才，国内还一时无法培养。因此这一阶段的中外合作办学项目确实在引进优质教育资源、填补国内空白专业、培养紧缺人才方面发挥了重要作用。同时，中外合作办学项目满足了家长、学生节省留学成本的愿望，也满足了学校在经费短缺的情况下引进教育资源的迫切需要。

（5）国际职业资格证书的引进初露端倪

随着中国经济与世界经济更深入地融合，一些国际通行的职业资格证书进入我们的视野。我国劳动与社会保障部在国际职业资格证书引进与中外合作方面做了大量的工作。如 1994 年至 2000 年，劳动和社会保障部职业技能鉴定中心和英国文化委员会开展"中英职业资格证书合作项目"，建立了一个以职业能力标准为导向的具有国际水平的职业技能鉴定体系。其间，劳动和社会保障部引进英国 NVQ 文秘和行政管理人员的标准体系和考评技术。

三、官民并举阶段（2001 年以后）

1. 政策背景

2001 年，中国正式成为世界贸易组织（WTO）成员，对教育服务贸易也作出了一定承诺。根据国际惯例，出于对教育主权的保护，各国都没有开放义务教育市场，中国政府鼓励在高等教育和职业教育领域开展合作办学，但不允许外国机构单独在华设立学校及其他教育机构，并且对中外合作办学实行政府定价。2003 年《中外合作办学条例》的出台正是为了更好地与世界接轨，提升中外合作办学的层次和水平。在高等教育国际交流与合作中，中国一直以来都是输入大国，进入 21 世纪，少量高校开始尝试境外办学进行教育输出。《中外合作办学条例》和《高等学校境外办学暂行管理办法》为中国高等教育利用国内、国外两个市场奠定了一定的制度基础。另一方面，随着中国经济的持续增长，世界上兴起学习汉语的热潮，中国政府紧紧抓住这一契机，在海外设立孔子学院，加大汉语国际推广力度，提升国家软实力。

得益于自费留学程序的极大简化，自费留学生远远超过了公派留学生。公派留学出现的新动向就是以"国家建设高水平大学公派研究生项目"为标志的留学生层次进一步提升。中国政府开始制订积极地吸引来华留学生的政策，如设立政府留学奖学金。教育部正在制定"留学中国计划"，该计划预计到 2020 年，争取在华留学人员总数达到 50 万，实现来华留学人员生源国别和层次类别均衡、多元，目标是将中国建设成亚洲最大的留学目的地国家。① 进入新世纪，中国政府积极推进与西方发达国家的学历、学位互认，为出国留学和吸引来华留学生以及校际交流合作均提供了更加广阔的空间。

在教育部颁布的《2003～2007 年教育振兴行动计划》中明确提出"把扩大教育对外开放、加强国际合作与交流作为国家教育战略的关键环节。实行'政府与民间并举、双边与多边并行、兼顾战略平衡、保证重点、注重实效'的方针，推进教育国际合作与交流向全方位、多领域、高层次发展"。

2. 高职院校国际交流与合作内涵不断丰富

（1）政府间项目效果显著

进入新世纪后，教育部职成教司与德国国际培训协会（INWENT）共同组织实施了中德职业教育师资培训。每一期项目共培训了 1000 多位职业学校的的老师和 300 多位校长。

中国和澳大利亚两国政府在职业教育领域迄今最大的交流与合作项目——"中澳（重庆）职教项目"于 2002 年 3 月开始，2007 年 8 月结束。澳方投入资金 1942 万澳元，中方配套投入 530 万澳元。项目的资助重点是重庆市 5 所职业技术学校。重庆市 8 个部委共同建立职业教育行业协调委员会，开发 425 个能力单元、新课程教材 52 套，推动中澳 50 多所职业院校建立合作伙伴关系。重庆市工业职业技术学院等四所高等职业技术学院与澳大利亚相关院校合作，借鉴澳大利亚 TAFE 学院办学经验，开展 C-TAFE 办学模式改革试点工作。澳大利亚国际发展与援助署技术咨询小组认为，项目所取得的成果远远超出了设计文本的预期产出和职业教育与培训领域，对促进中澳两国的经贸合作、文化交融和人民友谊，均产生了积极的作用。②

据《中国青年报》2009 年 1 月 15 日报道，财政部与欧佩克国际发展基金签署了"云南职业教育项目"贷款协议，这是中方与欧佩克国际发展基金合作的第一个项目。该项目总投资 4.92 亿元人民币，利用国外优惠贷款 3200 万美元，国内配套资金两亿多元人民币。云南四所高等职业院校成为受益者，分别是昆明冶金高等专科学校、云南机电职业技术学院、云南工业职业技术学院、云南文化艺术职业学院。这些贷款资金将用于这 4 所高等职业院校的教学

---

① 资料来源：《中国将向 2 万外国留学生提供奖学金名额》，http：//www. wzsee. com/news/ ShowArticle. aspx？ ID = 34616&AspxAutoDetectCookieSupport = 1.

② 资料整理自谭绍华：《实施中澳（重庆）职教项目主要成果和基本经验》，http：// www. cvae. org. cn/detail. cfm？ ID = 385.

楼、图书馆和实验室等设施建设。

（2）大力引进国际职业资格证书及课程体系

1999 年劳动和社会保障部与德国技术合作公司的"中德职业资格证书合作项目"，2005 年，劳动和社会保障部培训就业司与英国苏格兰资格监管局开展职业资格证书合作项目——SQA—HND 项目，都有力地促进了我国职业教育人才培养规模与认证与国际的接轨。国家教育部等有关部门也在想方设法在职业技术教育中大力引进世界一流的国际职业资格培训和证书，如意大利时装设计师、印度的软件人才培训证书、法国物业管理和美容、日本电器维修、英国护士等培训证书。2006 年中国教育部首次引入世界著名企业的职业教育课程体系——日本丰田汽车公司 TEAM21（面向 21 世纪的汽车技术教育和培训）课程，这也是丰田汽车公司首次将自主开发的 TEAM21 课程体系捐赠给日本以外的国家。

越来越多的高职院校把国际职业资格证书引入专业教学体系，尤其是新兴行业的国际职业资格证书，如珠宝鉴定师、互联网络专家等，要求学生毕业时既取得毕业证书也获得职业资格证书。部分高职院校直接与国际知名跨国公司加强交流与合作，参照其企业技术标准制订课程标准。

（3）中外合作办学数量蓬勃发展，质量有待提高

高职专科层次的中外合作办学项目在《条例》颁布之后如雨后春笋般蓬勃兴起。教育部虽然建立了两个平台，但因种种原因，无法获取全国中外合作办学机构和项目的准确信息。以江苏省①为例，截至 2009 年底，经江苏省审核审批报教育部审批备案的中外合作办学机构和项目共 404 个，为全国第一，占全国中外合作办学机构和项目总数的 1/5。按办学层次分，其中高等学历学位教育 338 项（研究生层次 14 项、本科层次 94 项、专科层次 230 项）。可见高职院校是中外合作办学的主力军。但其中也出现了良莠不齐的现象。教育部在《关于进一步规范中外合作办学秩序的通知》（教外综〔2007〕14 号）中明确表示 2008 年前暂停审批高职层次的中外合作办学项目。为此浙江省率先于 2009 年对全省高职层次的中外合作办学项目进行质量评估，也推出了《浙江省高等职业技术教育中外合作办学五年发展规划（2009～2013 年）》（浙教外〔2009〕24 号），对高职院校的中外合作办学进行整体规划。

---

① 资源来源：江苏省教育厅国际合作处。

（4）高职院校招收留学生开始启动

由于国家政策的限制和办学实力不足，高职院校招收留学生还是新世纪的事。部分高职院校因为与国外院校交流增多、互访增多，随着办学实力的增强，具备了招收留学生的能力，也吸引了部分留学生前来访学，但很少有学生可以获得中国政府留学奖学金。各省级人民政府设立的奖学金中出现个别高职院校留学生获奖的现象。如浙江省 2009 年开始设立"浙江省政府来华留学生奖学金"，其中 A 类（面向研究生）奖学金获奖学生 40 人，B 类（面向本科生）奖学金获奖学生 160 人，C 类（面向进修生）奖学金的获奖学生 100 人。高职院校获得 C 类中的 9 席①。其中义乌工商职业技术学院在浙江省所有高校留学生总人数排名第八，2009 年度留学生总数达到 325 人，专科学历生为 3 人。② 高职院校招收的外国留学生大多是进修生而非学历生，也主要是学习汉语和有中国文化特色的课程。一些办学质量高、中国文化特色鲜明的学校正努力在招收留学生方面取得突破，但因为办学层次局限于专科，再加上专业、师资等原因，困难仍较大。

（5）学生国际流动人数明显增加

因为学历层次和语言能力的局限，当然还有经费的原因，高职院校学生的国际交流起步越晚、人数也越少，与本科院校的学生国际交流规模不可同日而语。但近年来，这种现象有所改善。高职院校通过友好学校之间的校际交流、短期交换生、寒暑假的海外夏令营鼓励更多的学生参与其中。四川国际标榜职业学院、上海医药高等专科学校、顺德职业技术学院、苏州工业园区职业技术学院等通过组织学生参加国际比赛，积极开拓学生海外实习渠道，推荐学生海外就业。

（6）师资海外培训、交流力度加大

进入新世纪，高职院校纷纷实现了规模上的跨越式发展，质量建设摆上重中之重的位置。而要提高教育质量，教师是关键。因此全方位的师资培训是新世纪以来各高职院校主抓的一项重点工作，而师资海外培训是其中很重要的组成部分，也是高职院校国际交流的一个重要内容。海外师资培训主要有四条途径：一是通过国家留学基金、省政府留学奖学金等项目的资助；二是参加教育

---

① 资源来源：《2009 年度"浙江省政府来华留学生奖学金"获奖学生名单公示》，http：//www. zjedu. gov. cn/gb/articles/2009 – 11 –04/news20091104170931. html.

② 资源来源：《2009 年浙江省高校招收留学生人数前十位排名》，http：//www. zjedu. gov. cn/gb/articles/2009 – 12 –24/news20091224145358. html.

主管部门或一些教育机构组织的专项海外培训项目；三是通过姐妹学校或合作办学院校开展教师培训；四是有目标地选择针对性强的教育机构、跨国公司等进行专业培训。受训的师资也有三种：语言教师、专业教师和管理人员。很多高职院校已经把师资海外培训单列进年度财政预算中。教育部、财政部拿出20亿投入示范性院校建设中，所有建设学校都将相当数量的经费投入到师资的海外培训上。部分学校甚至做到整专业整建制的师资海外培训。

（7）校际交流健康发展

高职院校的校际交流日渐频繁，形式也日趋丰富。人员互访、学术交流、文化交流、科研合作等增进了院校之间的了解。截至 2009 年底，深圳职业技术学院与海外 77 所高校建立起合作关系。上海医药高等专科学院与海外的校际合作项目近 30 项。青岛职业技术学院与 11 个国家和地区的 31 所高校和教育机构建立了稳固的合作关系。

（8）区域性教育国际交流格局初现

2000 年，设立高等职业技术院校的权利下放到省级人民政府后，各地举办高职院校的热情被极大地激发出来。不同地区的经济发展、产业结构、人才需求、政府财力差异很大，因此对于高职教育的发展规划和投入也不尽相同。总的趋势是，外向型经济越明显的省份，对于人才的国际化素质要求越高，因此高职院校的对外开放度越高，国际交流与合作也就越活跃。比如 2003 年江苏省率先提出并实施教育国际化战略，同年开始率先实施大规模的教师海外培训计划。高职院校专业教师以每年 200 人的规模派出，每年派出 30 名高职院校院（校）长海外培训。培训经费则由教育行政部门、学校和个人共同承担，个人承担的比例不超过总经费的 10%。① 江苏也是国内唯一在海外设立交流基地的省份，分别在澳大利亚、英国和加拿大设立三个海外教育培训中心。而广东省因为毗邻香港的独特区位优势，非常重视与港澳台的交流与合作，深圳职业技术学院率先成为面向港澳台单独命题，单独考试，单独招生的高职院。云南省的高职院校与越南、老挝的区域交流频繁，招收来自两国的学历留学生和培训师资。新疆则与中亚地区人员互访密切。福建因与台湾源远流长的关系，在与台湾技职院校的交流中抢得先机。

---

① 资源来源：江苏省教育厅网站，http：//www.jsjyt.edu.cn/html/.

第三节　我国高职院校国际交流与合作的特点与经验

我国高职院校三十年的发展历程也是各高职院校国际交流与合作的实践过程。国际交流与合作不仅使中国的高职教育少走了不少弯路，也为广大高职院校在自身能力建设上提供了借鉴的模板和提升的平台。三十年广泛的高职院校国际交流与合作使我们更加清晰地看到各国职业教育发展的总体趋势、发达国家和地区在职业教育发展与改革中的基本经验，也让我们更加明确高职教育今后的发展方向，树立高职院校质量立校、特色发展的基本思路。

一、我国高职院校国际交流与合作的主要特点

改革开放以来，中国高职院校的国际交流与合作从无到有、从零星到频繁、从走马观花的考察到全面纵深的合作，大致呈现如下特点：

1. 官民并举，全面推进

波澜壮阔的改革开放是中国高职院校国际交流与合作的主要推动力量，由政府牵线搭桥的外部力量推动成为高职院校国际交流与合作的显著特点。中国政府从经济发展、人才强国的战略角度，认识到职业教育的重要性，同时教育模式相对落后、教育投入不足的现实也让中国政府更积极地寻求外部资源。因此由政府主导的国际交流与合作始终扮演着重要角色。与教育对外开放相关的一系列政策的相继出台、政府间对话、政府间合作框架、争取国际组织的技术资金援助等，都为高职院校的国际交流与合作奠定了良好的基础。从过去的经验来看，政府主导型的交流与合作政策支持力度大、目的性强、各部门协调机制好，运行及延伸效果好。

与些同时，随着国际交流合作的蓬勃开展，一些民间机构如中国教育国际交流协会（CEAIE）以及各地方教育国际交流协会，通过与国外国际教育协会的广泛联系，举办和开展高等教育论坛（研讨会），召开国际教育展，组织与国外高层次的教育非政府组织、国内外职业院校的双边磋商与合作，推进高层次人员海外培训等，整合国内资源，提供境外资讯，搭建平台，为高职院校的国际交流与合作的深入开展发挥着越来越重要的作用。

高职院校自发开展的各项国际交流与合作是在内外两种力量的驱动下不断推进的。一方面，经济全球化的不断深入、信息通讯技术的广泛运用、人力资源的全球性流动是高职院校加大对外开放、加速教育改革的宏观背景。国内经济的迅猛发展、产业结构的不断调整、人民对于优质高等教育的追求、中国加

入 WTO 后职业教育领域国际竞争的加剧推动了高职院校为适应外部运行环境而进行自身能力建设。另一方面，经过规模扩张的高职院校对于内涵提升的渴望，对于特色发展的需求是高职院校扩大国际交流与合作的内在动力。国际交流与合作对于绝大多数高职院校来讲起初是一个被动适应的过程、装点门面的工程，但随着越来越多的高职院校通过广泛、深入的国际交流与合作，不仅拓宽了视野，建立了平台，锻炼了师资，还提高了人才培养质量和办学实力，国际交流与合作正成为越来越多高职院校自觉的战略选择。内外结合的需求是高职院校国际交流与合作的持续动力，官民并举的局面会长期存在。

2. 形式多样化、规模扩大化

高职院校的国际交流与合作伴随着我国改革开放的进程在规模、形式和效益上不断发展。最初，国际交流与合作的方式较少、规模较小。对于高职院校来讲，主要是通过政府间的合作项目，个别院校才有机会参与其中。在派出人员方面也主要是通过向合作项目国家公派进修这个单一的渠道。

随着改革开放的深入，国家对教育国际交流与合作的政策更加宽松，鼓励高等院校积极主动地加强国际交流与合作。高职院校结合自身发展的需求，不断开辟国际交流与合作的渠道，丰富形式，扩大规模。早期主要是中方人员外出学习考察，现在来访外宾的数量大幅度增加，来访的目的也呈现出多样化的趋势，从最初的单纯教育输出，到目前的文化交流、寻求合作转变。国际交流与合作正逐渐从单向式发展为双向交互式。

3. 广泛交流、找准定位

近三十年来，通过国际交流与合作，我们一方面比较全面地了解了先发工业化国家的职教发展历程、当前职业模式，职业教育与经济发展的互动关系，另一方面也了解了一些后发新兴工业化国家和地区职业发展的追赶过程，同时还了解到部分发展中国家、第三世界国家的职教现状。我们越全面地了解发达国家经济、教育发展的过去、现在和未来趋势，就越深刻地认识到人力资源特别是技能型人才对于经济增长、社会发展和科技进步的重要作用。经济越发展，社会越进步，分工越复杂，越需要高素质的技能型人才，自然越需要培养适应经济全球化背景下地方经济建设所需的人才。我们越深入地与世界各国加强交流与合作，也就能越清晰地定位中国的高职教育。高职院校可以根据自身实际，在世界职教坐标中找准自己的定位，不仅明确本校的努力方向，也在寻找比较优势。

4. 博采众长，因地制宜

在中国早期高等教育的国际交流与合作中，由于意识形态等方面的原因，常常出现只和一个国家进行交流与合作，全面照搬一种教育模式，历史经验已经证明这种交流是不充分的交流，这样的合作也是不理智的合作。高职院校的交流与合作打破了由来已久的高等教育对外交流的怪圈。虽然推进也有先后之分，学习借鉴也有阶段性的重点国家或主要职教模式，但总体上来看，高职院校的国际交流与合作，没有局限于某一个特定的国家，也没有完全照搬某一种成熟的职教模式。世界各国经济发展水平不同、社会制度不同、经济结构不同、产业特征不同、劳动就业制度不同，因此职业教育各具特色。但凡是成功的职教模式，都有一个共同的特点，那就是职业教育与本国经济发展、文化背景、社会需求紧密相连。中国五千年的历史、文化源远流长，我们正在举办世界最大的职业教育。在学习、吸收、借鉴一切先进经验的基础上，只有结合中国实际，大胆实践，才能探索出具有中国特色的高职教育发展之路。中国的高职院校也只有博采众长，找准自己在国际、国内、区域、行业的定位，打造自己的特色，才能直面来自国内国际的激烈竞争。

5. 互惠互利、合作共赢

中国改革开放初期，政府作出了教育开放的决策。职业教育领域最初的国际交流与合作基本都是建立在外国政府、基金会或国际组织的援助基础上。随着中国经济实力的增强，职业教育体系的不断完善，中国高职院校与国外教育机构、企业开始向平等交流、合作共赢的方向迈进。以中德职业教育合作为例，中国高职院校在交流与合作中得到了技术援助、资金援助，改善了办学条件，学习了先进经验，培养了师资，与些同时，德国也"熟悉了中国的政治、经济、教育和市场情况，为本国技术推广、企业经营、贸易增长、经济发展营造了良好的国际环境"①。以中澳政府间合作为例，1999年开始执行的"中澳大学校长领导能力建设项目"，2002年和2005年两次续签协议，2005年前均由澳大利亚政府资助，中国教育国际交流协会（CEAIE）单方面派出5批（52名）中国大学副校长赴澳学习考察。而从2006年开始，澳政府不再资助此项目，中国教育国际交流协会（CEAIE）与澳大利亚大学校长委员会（AVCC）决定以中澳大学校际间交流形式继续

---

① 葛道凯：《加强国际交流与合作，大力推动中国特色职业教育发展》，《国际教育交流》2009年第12期，第18页。

开展此项目，由原来每年从中国到澳洲单向组团改为隔年中澳双向交流。中国教育国际交流协会（CEAIE）与澳大利亚技术与继续教育学院院长委员会（TDA）于 2005 年签署协议，双方同意开展"中澳高职院长领导能力建设项目"。此项目也双方互派院长。①

二、我国高职院校国际交流与合作的主要经验

1. 改革开放为高职院校国际交流与合作指明了方向

从我国社会政治、经济的发展来说，十一届三中全会明确了党和国家工作重心转移到经济建设上来，这一伟大的战略转移使得中国的内外政策也随之发生了一系列重大变化。中国重新认识和把握机遇，充分认识到作为一个后发现代化国家，极需研究、学习、借鉴国际经验，以较短的时间较快的速度赢得宝贵的发展时间。正是改革开放的伟大政策，中国人才凝心聚力，解放思想，不仅认真研究和借鉴欧美、东亚、拉美的工业化和现代化正反两方面的经验，而且关注发达国家和地区在实现工业化和现代化过程中教育尤其是职业教育所起的作用。因此，改革开放是中国高职院开展国际交流与合作的宏观背景，也为国际交流合作指明了方向。

2. 高职院校国际交流与合作是教育对外开放的重要组成部分

教育是国家发展和民族振兴的基石，教育对外开放是国家对外开放事业的重要组成部分。中国的对外开放就是从高等教育领域率先开始的。而"出于政治、经济、人才和技术等多方面的考虑，最先选择职业教育首先对外开放"。② 高职院校作为与改革开放同步发展的新型高等教育机构，其国际交流与合作是中国教育对外开放的重要组成部分。高职院校的国际交流与合作由最初的项目援助、资金援助，逐步扩展到聘请外国语言教师、外国文教专家、模式试点、技术支持，再发展到学生海外升学、职教理论研究、教育合作论坛、中外合作办学、合作专业开发、合作建立机构、招收留学生等更加广泛的领域。国际交流与合作在每一个阶段所关心的主要问题都能看到中国教育对外开放当时关心的热点。虽然除了参与政府间合作项目外，国际交流与合作的其他开展形式均滞后于普通本科院校，但表现出强劲的发展势头。高职院校国际交

---

① 中澳双边教育交流合作概况在驻澳使馆教育处：《中澳双边教育交流合作概况》，http：// www. china－b. com/zixun/lxzx/20090308/630580_ 1. html.

② 葛道凯：《加强国际交流与合作，大力推动中国特色职业教育发展》，《国际教育交流》2009 年第 12 期，第 18 页。

流与合作首先是在社会改革开放的大环境中发生的，必然呈现出先由政府主导，再向民间过渡，最终实现官民并举的局面。同时，高职院校的国际交流与合作是国家对外教育政策的一部分，因此其总体步调与国家整个对外教育政策、改革开放政策是基本同步的，那些与教育主权、教育市场开放程度有关的国际交流与合作要明显滞后于简单的人员互访、师资培训。而中国教育体制的特点也反映在高等院校内外部管理的方方面面，包括国际交流与合作。由政府牵头的教育交流与合作，因为强有力的政策支持，常常还伴有经费支持，无论是效果还是影响面都更加深远。需要政府审批的国际交流与合作常常出现社会其他领域管理中的"一刀切"的简单管理带来的不适应，而且政策往往落后于实践。民间自发的国际交流与合作，经过教育市场的选择，呈现出越来越生机勃勃的局面。中国正式加入 WTO 后，高职院校如何迎接教育服务贸易的挑战，利用教育服务贸易的机会，是新世纪高职院校需要解决的一个问题。高职院校的国际交流合作与经济建设、社会发展紧密相连。而违背社会发展规律、经济发展趋势和高等教育自身的发展需要的观念和做法都将严重制约着高职院校的进一步发展。

3. 经济社会发展是高职院校国际交流与合作的根本动力

首先，中国是后发工业化国家，且确立了外向型经济发展战略，经济领域需要充分对外开放，以谋求发展的后发优势，因此要求直接为经济建设输送人才的高职院校通过国际交流与合作，建立现代职教体系，树立先进职教思想，培养适合经济发展、产业升级、融入国际分工的人才；其次，中国经济融入世界一体化，教育市场也融入全球职教体系，来自国内一千多所高职院校以及来自国际教育市场的职教机构的竞争压力要求高职院校要有开放的胸怀找准自身的定位；最后，高职院校自身发展的内在力量要求高职院校广泛交流，深入学习，大胆创新，进行教育教学改革和内部管理体制改革，办出特色。

从最初沿海城市兴办短期职业大学开始，中国高职教育的发展的主要目标始终是为了满足经济社会发展的需要。在一个较短的时期内大量地引进外资、引进技术、引进设备，国家希望高职院校能够承担起培养技术转化力量人才的重任。这样的要求一方面推动政府主动引荐世界发达国家的职教经验，搭建交流合作的平台；另一方面也要求高职院校主动加强学习，自觉提升。

4. 高职院校自身实力的增强丰富了国际交流与合作的内涵

经过80年代的摸索，90年代的稳步推进和新世纪的快速发展过程，中国的高职教育在短短三十年时间里，高职院校的办学条件得到了翻天覆地的变化。高职院校明确了"以培养高等技术应用性专门人才为根本任务"的发展方向，"以服务为宗旨、以就业为导向、走产学结合发展道路"的指导方针，以及"校企合作、工学结合、顶岗实习"的人才培养模式。前教育部长周济曾这样评价中国的高职教育："从发展方向和目标来看，我国的高职教育要比美国的社区学院和日本的短期大学更清楚；从针对知识经济的兴起来看，我国的高职教育要比德国的双元制和澳大利亚的 TAFE 更胜一筹。作为一种新兴的高等教育类型，中国的高等职业技术教育已经走在了世界高等职业技术教育改革发展的前列。"① 中国特色的高等职业技术教育初现端倪。随着办学实力的增强，高职院校在国际交流与合作的地位和作用也在发生潜移默化的改变。最初是简单的迎来送往以及"项目引进来，人员送出去"，即单向引进国外教育资源，人员境外考察学习及学生海外升学。这一阶段要解决的问题是取天下之长补己之短。中国经济实力的增强，高职院校办学条件的改善、办学质量的提升，使我们有实力与国外高校进行学术交流、人员交流和项目交流。部分先行质优的高职院校吸引了越来越多的国外高校和留学生来校参观学习，全方位的合作交流方兴未艾。

5. 区域经济与高职院校国际交流与合作存在着高度正相关性

高职院校的发展与区域经济的发展是相辅相成的。一方面高职院校的发展需要区域经济的物力、财力等办学资源的支持，反过来，区域经济发展对高职院校提出了人才培养规格和专业设置的要求。高职院校的生源大多来自本区域，毕业后也大都服务于本区域经济的发展。对于大多数的高职院校来讲，真正举办高职教育的时间并不长，因此在高职院校发展的初期阶段，其国际交流与合作的活跃度与地区经济发展呈现出高度的正相关性。地区经济的外向度越高，参与国际竞争越深入，高职院校的国际交流与合作越活跃。高职院校最初诞生于沿海中心城市就是因为地区经济发展的需要。而 90 年代初沿海部分城市高职院校开始与国外高校建立合作关系，也是建立一些新兴空白专业，满足渐渐富裕的民众获得更优质教育资源的需求。伴随着这些区域外向型经济日益融入世界经济，其高职教育的开放与国际化也成为必然。因此部分沿海省份在21 世纪初就从满足经济发展的需要和人才强省的角度提出了教育国际化的目标，从政策、资金上给予支持和鼓励，更加激发当地高职院校积极开展国际交

---

① 马树超，郭扬编：《高等职业技术教育：跨越·转型·提升》，高等教育出版社 2008 年版，第53 页。

流与合作的热情。当然，随着高职院校的进一步发展，越来越多的学校意识到国际交流与合作是快速提升学校办学能力的一条途径，对于区域经济的依赖性会逐步减弱。

第二章

我国高职院校国际交流合作的动力机制与影响因素

任何研究都不是凭空而来的，都需要借助于一定的理论工具，建立在现有的研究基础之上。研究高职院校的国际交流与合作，同样需要有相关的理论支撑。本章将从国际交流与合作的上位概念——高等教育国际化入手，进而介绍现有的分析院校层面国际化的理论框架，再从我国高职院校国际交流与合作的动力机制及影响因素进行分析，从而为后面的研究奠定基础。

第一节　高等教育国际化背景下的院校国际交流与合作

一、高等教育国际化

1. 对高等教育国际化的理解

其实国际化不是一个新概念，在政治科学和政府关系中，这个概念已经被使用了几个世纪，但是它在高等教育领域的真正兴起还是在 20 世纪 80 年代。当时，高等教育国际化的定义主要是院校层面以及一系列活动的术语。到了90 年代中期，加拿大学者奈特（Knight）从过程或组织的角度来描述国际化，认为国际化是一个过程，这个过程需要在院校层面进行整合和支撑，并体现在高等教育机构的三大职能中。①进入新世纪，涌现出更多新的高等教育提供者，高等教育机构的经费来源更多元化，经济全球化本身也呈现出很多新的特点，因此奈特本人对其原先被大家普通接受的定义也做了完善，"国际化是指将国际、跨文化和全球维度与高等教育的目标、功能以及具体实施相整合的过程"。"整合"是为了确保国际化的维度是院校的中心而不是边缘，"目标"包括了国家的高等教育目标和高等教育机构的使命，"功能"指的是国家高等教

---

① Knight J., Internationalization: Elements and Checkpoints. *Research Monograph*, No. 7 Ottawa: Canadian Bureau for International Education, 1994, p. 7.

育或高等教育机构的主要任务，即教学、科研和社会服务。①

国内也有不少学者对此展开充分讨论。陈学飞教授认同高等教育国际化是一个动态的过程，他从活动方法、能力方法、精神气质方法和过程方法四个角度综合了国际化的概念。② 杨德广教授认为国际化的手段是开放国内教育市场，利用国际教育市场，目的是培养有国际意义、国际交往能力、国际竞争能力的人才。③ 潘懋元先生的界定则相当概括，他认为高等教育国际化是一国高等教育面向国际发展的趋势和过程。④

本研究中，笔者比较认同联合国教科文组织的大学联合会 IAU（International Association of University）在综合各种意见的基础上提出的界定，"高等教育国际化不仅是把跨国界和跨文化的观点和氛围与大学的教学工作、科研工作和社会服务等主要功能相结合的过程，而且是一个包罗万象的变化过程，既有学校内部的变化，又有学校外部的变化，既有自下而上的，又有自上而下的，还有学校自身的政策导向"。⑤

2. 高等教育国际化的驱动力

高等教育国际化驱动力的研究存在两个层面上，一是宏观层面，二是院校微观层面。有代表性的宏观层面分析是奈特将高等教育国际化的驱动力分解成政治、经济、社会/文化和学术四类驱动力。⑥ OECD 的一份报告认为从四个方面来理解跨境高等教育的驱动力：相互理解、技术移民、增加收入以及能力建设。⑦ 国内学者陈学飞认为，20 世纪 90 年代以来高等教育国际化的迅速发展与几种力量有关：政治力量、经济全球化和经济利益的驱动、文化交流与教育本身发展的要求、人类对于世界和平的追求、信息传播的全球化以及国际组

① Knight J., Updated Internationalization Definition. *International Higher Education* 33 Fall：2. 2003.

② 陈学飞：《关于高等教育国际化的若干基本问题》，《大学国际化理论与实践》北京大学出版社 2007 年版，第 13～14 页。

③ 杨德广：《从经济全球化到教育国际化的思考》，《河北大学学报（哲学社会科学版）》2000 年第 4 期，第 5～11 页。

④ 潘懋元，肖海涛：《现代高等教育思想演变的历程——从 20 世纪到 21 世纪初》，《高等教育研究》2007 年第 8 期，第 10 页。

⑤ 转引自廖进球，谭光兴，朱晓刚：《从历史和现实困境看我国大学教育国际化之路的选择》，《2007 高等教育国际论坛论文汇编（一）》2007 年，第 34 页。

⑥ Knight J., Asia Pacific Countries in Comparison to Those in Europe and North America：Concluding Remarks. In J. Knight and Hans de Wit（eds.），*Internationalization of Higher Education in Asia Pacific Countries*. Amsterdam：EAIE, 1997, p. 6～17.

⑦ OECD, *Internationalization and Trade in Higher Education：Opportunities and Challenges*, Paris：2004.

织的推动。① 当然驱动力本身是动态变化的。"冷战"时期，美、苏等国慷慨地进行了以援助为特征的国际交流，其驱动力实际上是合作名义之下的意识形态的斗争，他们通过学生交换、教材捐赠、书籍翻译、校舍建造等活动来影响世界上的学术领导、精英和政策制订者。"冷战"过后，政治和意识形态已经是次要的了，更大的驱动力是赢利和市场。②

在微观层面，奈特对于影响高等教育机构层面的驱动力的概括和说明相当有说服力。他认为除了传统的四种驱动力（社会的、政治的、经济的、学术的）适用于高等教育机构层面，还包括高等教育机构的整体情况和声誉，质量提高，师生发展，收入增加，网络和策略联盟，研究和知识成果。具体而言③：

整体情况和声誉。传统上，强调达到国际学术标准的重要性，现在从强调师生高质量的学术体验转向高的学术标准是获得品牌目标的市场宣传的一部分，为此获得国内、国际的竞争力。

质量提升。对于大多数高等教育机构而言，国际化不是目的而是达到目的的手段。在今天这样一个联系更加紧密的相互依存的社会里，对于高等教育来讲，通过加强教学和科研的国际化维度来满足个人、团体、国家和社会的需要是非常重要的。国际化可以加强高等教育机构的质量以及教学、科研和服务的功能。

师生发展。不断增加的国家、地区、跨国的文化冲突迫使教育界要帮助学生理解全球问题和跨国、跨文化的关系。劳动力市场的流动性，不断增加的社区和工作场所的文化多元化，要求师生具备更好的在多元文化的氛围里生活和工作的理解力、控制力。另一方面，更加强调责任和以产出为基础的教育导致了我们希望通过国际化活动发展师生的能力。最后，信息和通讯技术的发展，特别是互联网的发展，需要人们对于世界有更深的了解和理解，也提供了这样一种新的渠道去实现。国内国际化也许就是对师生国际化动机的一种响应。

收入增加。越来越多的高等教育机构把国际化活动作为一种增加收入的方

① 陈学飞主编：《高等教育国际化——跨世纪的大趋势》，福建教育出版社 2002 年版，第 15~22 页。

② Philp G. Altbach, Globalization and the University: Realities in an Unequal World, In James J. F. Forest & Philp G. Altbach. *International Handbook of Higher Education*, Springer, 2006, pp. 126.

③ Knight J. , Internationalization: concepts, complexities and challenges, In Philip Altbach & James Forest (eds.), *International Handbook of Higher Education*, Springer, 2006, pp. 218~221.

式。公立高等教育机构陷于公共财政削减和运行成本提高的夹缝中。公立高校可能会认为学校是非盈利的，因此国际活动中的任何盈余都应该用于补贴学校其他事务。但另一部分人认为从国际活动中获得的收入应该再投入国际化资金投入少的那些领域。

网络和策略联盟。在国际化过程的初期阶段，高等教育机构常常应对各种机会，建立国际高等教育机构之间的联系。这种联系有不同的目的，包括学者流动、设立标准、联合课程或项目发展、研讨会或会议、联合科研。很多情况下，高等教育机构根本无法应付大量的协议，因此很多也只停留在书面上。当高等教育机构在国际化方面成熟起来，就会在发展策略联盟上花更多精力，这样可以有清晰的目的和成果。

科研和知识成果。记住不要弱化高等教育机构在生产和传播知识方面的作用。在国家之间越来越相互依存的今天，很显然，全球的问题和挑战是不能仅仅从国家层面解决的。国际的跨学科的合作是解决诸如环境、健康、犯罪等全球问题的关键。高等教育机构之间、国家之间要把科研和知识成果的国际维度作为高等教育国际化的主要驱动力。

清晰地表明国际化的驱动力很重要，因为政策、活动、策略和成果都受这些外显的或内隐的驱动力指导。

二、高等院校国际交流合作与高等教育国际化

高等教育国际化主要体现为高等院校的国际化。高等教育国际化的主要载体就是各级各类高等院校所开展的国际交流与合作。国际交流与合作是各种国际性活动的总称，而国际化则是一种整合的过程或发展状态的描述。我们只能说开展国际合作与交流是大学走向国际化的必要途径，是通往大学国际化的必由之路。但一所大学国际交流与合作开展的丰富程度，并不等同于这所大学国际化程度的高低。反过来，一所国际化程度很高的大学，其国际交流与合作却一定具备相当的广度和深度。每一项国际交流与合作的实践，是否促进了学校向国际化进程迈进，一个重要的衡量指标就是院校是否通过国际交流与合作的实践本身，把国际化元素整合进院校的功能之中。也就是国际交流与合作是否是一所高等院校整体发展的一个有机组成部分，是否与高等院校的其他工作形成互动。活动本身只是载体、是手段，不是目的。如果把手段当成了目的，那么国际交流与合作永远是边缘性、没有系统规划的活动堆砌。因此对高等院校国际交流与合作的研究，不能停留在活动本身，而要把形式丰富的实践放在院校发展的整体背景中考察。大学的国际化，究竟其本身就是目的，还是作为提

高教育质量这一目的的手段，目前仍然存在激烈的争论。人们普遍认为，通过提高教学、研究和社会服务中的国际维度，会增加高等教育系统的价值。国际化给教育过程带来的"附加值"，可能会通过它对院校建设的积极影响而间接体现。①

三、国际化的实施：院校的视角

1. 院校国际化战略制订的要素

所谓战略，就是根据组织的发展需要，为了实现既定目标而制订的指导全局的、长期的、系统的计划和策略。戴维斯于1995年提出了高等教育机构国际化战略制订中主要有内部要素和外部要素两大类。内部要素包括：（1）大学的使命、传统和自我形象；（2）对现有项目、人员、经费等优劣的评价；（3）组织的领导结构。外部要素包括：（1）外部对大学形象和特色的感知；（2）对在国际化市场的机遇与趋势的评断；（3）对竞争环境的评估。如图2-1所示。

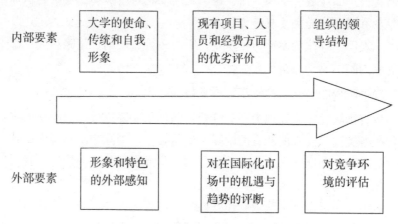

图2-1　大学国际化战略的开发要素

资料来源：Davies John L., University Strategies for Internationalization in Different Institutional and Cultural Settings：A Conceptual Framework. In P. Blok（ed.），*Policy and Policy Implementation in Internationalization of Higher Education*，Amsterdam：European Association for International Education，1995，pp.15.

---

① Knight J., Internationalization of higher education：a conceptual framework，in J. Knight and H. de Wit（eds.）*Internationalization of Higher Education in Asia Pacific Countries*，Amsterdam，European Association for International Education，1997.

2. 院校国际化的策略

有关院校层面开展国际交流与合作的策略有不同的分类，比较有代表性有三种：一是奈特的分类，二是迪威特的分类，三是戴维斯的分类。

（1）奈特①提出，在高等教育机构国际化进程中，关键是整合。既要注重学术活动又要注重组织因素，这种策略才是成功和可持续整合的核心。她提出高等教育机构实施国际化有两方面的策略：活动策略（program strategies）和组织策略（organizational strategies）。活动策略的落实需要组织策略的保障，通常通过政策、制度及管理组织系统将国际维度渗入学校的办学目标、学校中短期规划、相关制度、包括人员的聘用和晋升等程序中。在 1997 年提出这两种策略的基础上，Knight 后来又对其中部分内容进行充实。

表 2-1　高等教育机构国际化的策略

策略类型	项目	内容
活动策略	学术项目	包括学生交换项目、外语学习、国际化课程，区域或问题研究、国外学习/工作、国际学生、教学过程、联合和双学位项目、跨文化培训、教员流动项目、访问教师或学者、学术项目与其他策略的关联等。
	研究/学术合作	包括区域和问题研究中心、合作研究项目、国际会议和研讨会、论文发表、国际研究协议、研究交换项目、学术界与其他领域的国际研究伙伴。
	课外活动	包括学生俱乐部和协会，国际和跨文化营活动，与社区文化、种族团体的联系，同伴支持团体和计划等。
	外部联系（国内和跨境）	国内的课外活动包括与非政府团体或公立/私立机构建立的以社区为基础的伙伴关系，社区服务和跨文化工作，海外客户需求和培训方案。跨境的课外活动有：国际发展援助项目，跨境提供教育方案（商业和非商业），国际联系、结队子和参加网络，以合同基础的训练、研究计划及服务，海外校友计划。

_____

① Knight J., Asia Pacific Countries in Comparison to Those in Europe and North America: Concluding Remarks. In J. Knight and Hans de Wit (eds.) *Internationalisation of Higher Education in Asia Pacific Countries*, Amsterdam: EAIE, 1997, p. 6~17.

续表

策略 类型	项目	内容
组织 策略	管理	包括高层领导的承诺，教职员工的积极参与，国际化动机和目标的宣传，把国际维度纳入高等教育机构使命的表述，纳入学校计划、管理和评价政策的文件等。
	运作	包括融入学校和院系规划、预算和质量评估系统，恰当的组织结构、联络和协调的沟通机制，国际化统一推广与管理和分权推广与管理之间的平衡，充足的财政支持和资源分配机制，等等。
	服务	包括全校服务部门的支持（如：住宿、注册、筹款、校友、信息技术等），教学支持部门的参与（如：图书馆、教学、课程开发、师资员工培训、科研服务等），对来校国际学生和本校学生出国学习的支持服务（如：定向计划、咨询、跨文化培训、签证建议等）。
	人力 资源	包括国际化专长人员的招聘和选拔程序，旨在强化教职员工为学校国际化作贡献的奖励和推动政策，教职员工的专业发展活动，支持国际性的任务和学术假期。

整理自：Knight J., Internationalization: concepts, complexities and challenges, In Philip Altbach & James Forest (eds.), *International Handbook of Higher Education*, Springer, 2006, pp. 221~222.

（2）迪威特也把高等教育国际化分为两种策略，一是项目策略，二是组织策略。组织策略的内容与奈特的分类相似，而项目策略的内容在奈特分类的基础上增加了三种，分别是：技术援助（包括学生为中心的项目，南北学生奖学金项目，北南学生培训项目，教师中心项目，南北师资奖学金项目，北南师资培训项目，课程中心项目，院校建设项目和课程建设项目）；向内的知识进口（包括因为经济原因而招收的国际学生，特殊的以盈利为基础的国际学生的课程和方案的开发，为国际市场开发的研究生培训方案）；向外的跨国教育（包括离岸项目和离岸校园，远距离教育项目，双联项目，分校园，特许项目，关联项目，虚拟、电子或网络项目或机构）。①

（3）戴维斯认为大学国际化的关键是制度化，一个具有国际化战略的大

---

① Hans de Wit, *Internationalization of Higher Education in the United States of America and Europe*, Chapter 7, Greenwood Press, 2002, pp. 121~125.

学应当对其在国际化方面所处的位置有清晰的陈述，因为大学的使命必然影响战略规划的过程和资源分配的标准。戴维斯提出的大学国际化方法的制度化模型如图 2 - 2 所示。

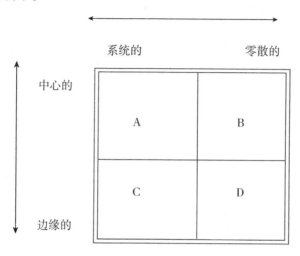

图 2 - 2　大学国际化方法的制度化

资料来源：Davies John L. University Strategies for Internationalization in Different Institutional and Cultural Settings：A Conceptual Framework. In P. Blok（ed.），*Policy and Policy Implementation in Internationalization of Higher Education*，Amsterdam：European Association for International Education，1995，pp. 16.

从这个模型可以看出，大学国际化方法的制度化可以从两个维度来考查：

（1）一个维度是根据大学以什么方式来处理国际活动来划分。有些大学以一种零散的、不规则的方式来处理国际因素，而另一些大学则是有序地、系统地制订明确的国际化程序。这样就形成了一个一端为零散，一端为高度系统化的区间。

（2）另一个维度是根据国际活动对大学的重要性来划分。有些大学，国际活动处在相对边缘的位置，在大学使命中所占的位置低，获取收入的期望值也低。而另一些大学的国际活动在大学的工作和使命中居于很中心的位置，并且渗透到学校生活的方方面面，学校对国际收入依赖程度很高。这样就形成了一个从边缘到中心的区间。

这两个维度的组合形成了大学国际化的四种策略：①

A 策略：中心——系统策略（a central-systematic strategy）。各种类型的国际活动数量丰富，且各项活动相辅相成，彼此促进。学校的国际化使命非常清晰，并通过特定的政策和支持程序来落实。

B 策略：零散——中心策略（an ad hoc-central strategy）。整个学校的国际化活动层次很高，但是这些活动并不是建立在清晰的概念基础之上，具有零散的特征。

C 策略：系统——边缘策略（a systematic- marginal strategy）。国际活动有限，但具有很强的组织性，以清晰的决策为基础。

D 策略：零散——边缘策略（an ad hoc-marginal strategy）。国际活动很少，且缺乏清晰的思考。

以上四种策略较全面地概括了一所学校对国际活动的认识和态度以及大学的国际化程度。当然在实践中，这四种策略并非泾渭分明，有时是处于几种策略的过渡阶段，有时可能是几种策略的融合，有时几种策略的表现形式都有，但有一个是主要策略。这一模型为大学提供了一个反思与评价当前国际化程度的框架和工具，并能指引其未来的发展。

3. 院校国际化的发展路径

荷兰学者范·迪克模型是在戴维斯模型的基础上又增加了三个国际化的维度，即：政策（国际化目的的重要性：边缘或优先）、支持（国际化活动支持的类型：单方面的或交互的）和实施（实施的方法：特定的或系统的）。从而形成了一个由八个单元构成的立方体模型。（见表 2 - 2）

不同的大学在国际化的发展路径上有明显的差异。有的大学走的是 1 - 2 - 6 - 8 路径，这是一个至少在起步阶段思考全面的、有着很好组织文化的方法。国际交流通过活动的有序扩张而发展起来的。有的学校选择 1 - 5 - 6 - 8 路径。这种路径对于那些有着强烈国际化义务和组织文化的院校比较典型。有的大学走的路径是 1 - 5 - 7 - 8，这些院校对外界的发展反应迅速，他们在院校内开展不同水平的很多活动，因此签订了很多协议。直到后来很多开展的活

---

① Davies John L. , University Strategies for Internationalization in Different Institutional and Cultural Settings: A Conceptual Framework, In P. Blok（ed. ）, Policy and Policy Implementation in Internationalization of Higher Education, Amsterdam: European Association for International Education, 1995, pp. 15 ~ 16; de Wit Hans, Internationalization of Higher Education in the United States of America and Europe: A Historical, Comparative, and Conceptual Analysis, Westport, London: Greenwood Press, 2002, pp. 131.

动才会越来越系统化，支持服务总是滞后于新的发展。这些路径也不一定总是指向更高的层次。有时这种国际化的过程会停滞或甚至朝反方向进行。有时一些学校会决定把国际化保持在一定水平上，或者决定放弃那些非边缘的活动。①

不同的学校依据自身不同的内、外部条件可以选择不同的路径。通过这个模型，我们不仅可以确定一所大学在某个时期的国际交流与合作位于什么状态，还可以进一步分析大学曾经走过的国际化发展路径，甚至可以有意识地选择今后的发展路径。

表 2 - 2　国际化立方体模型

单元 （cell）	政策 （policy）	支持 （support）	实施 （implementation）
1	边缘的	单方面的	特定的
2	边缘的	单方面的	系统的
3	边缘的	交互性的	特定的
4	边缘的	交互性的	系统的
5	优先的	单方面的	特定的
6	优先的	单方面的	系统的
7	优先的	交互性的	特定的
8	优先的	交互性的	系统的

资料来源：Hans Van Dijk, The Internationalization Cube: A Tentative Model for the Study of Organizational Designs and the Results of Internalization in Higher Education , Higher Education Management, 1997, 9（1）, pp. 159.

第二节　我国高职院校国际交流与合作的动力机制

《世界是平的——21 世纪简史》一书的作者托马斯·弗里德曼认为，21世纪国家竞争的基础和前提是融入世界秩序，无论是政治的秩序、科技的秩序还是文化的秩序。

---

① Hans Van Dijk, The Internationalization Cube: A Tentative Model for the Study of Organizational Designs and the Results of Internalization in Higher Education, *Higher Education Management*, 1997, 9（1）, pp. 165.

一、政府是高职院校国际交流合作最主要的推动力量

2009 年岁末，一则以"中国制造，世界合作"为理念的广告在全球各大主流媒体播出。广告想传达的信息是：在全球化大背景下，"中国制造"产品其实也是世界上各个贸易体共同分工协作、盈利共享的事实。同时也表达了中国在各领域继续加快改革开放的步伐和加强国际交流与合作的认识和决心。

1. 改革开放的基本国策是保证高职院校国际交流合作的最坚实背景

回顾中国近代历史，我们因为封闭、保守，与世界缺乏交流和沟通，错过一次又一次发展机遇。中国"康乾盛世"之时正是欧洲工业革命迅速发展之际，我们自满于传统的农业社会，根本不屑于通过国际间的交流了解国外的科技发明。1840 年鸦片战争之后，虽然有"师夷长技以制夷"的想法，但最终不敌封建保守制度，未能在惨痛的教训中醒悟。新中国成立后，满目疮痍的大地未及休养生息，又经历了"文化大革命"，与外界的一切沟通联系全部切断。没有交流，就没有了解，没有了解就不可能合作，在一个彼此依存度越来越高的现代社会，任何一个国家都不可能独自以己之力立于不败之地。1978年，中国果断地实行改革开放，把工作重心转移到以经济建设为中心的轨道上来，中国的社会发展、经济建设才驶入了快车道，因此坚持全方位各领域的改革开放在全社会已达成共识。高职院校正是诞生于改革开放之初，承载着快速培养经济建设需要的技能型人才的重任，唯一的捷径就是采借国外成熟经验。因此中国政府主动牵线搭桥，推动高职院校在开放交流中学习，在合作借鉴中改革。

2. 外向型经济发展战略要求高职院校必须主动开展国际交流与合作

出口、投资和消费是拉动中国经济增长的三驾马车。改革开放以来，中国政府选择的是外向型的经济发展战略，我国对外贸易占 GDP 比例，2007 年高达 67%，其中出口占 37%，这两项指标，美国为 29% 和 12%，日本为 27% 和 15%。外向型的经济发展战略，不仅要求产品、服务标准与国际接轨，同时对职业技术人才的规格、素质等也会提出与国际接轨的要求。这些都直接推动了高职教育的国际化发展方向。高职人才培养的目标必须以国家经济发展的大方向为背景，服务服从于经济发展的总体目标。高职院校的国际交流与合作是保证高职人才更好地服务于外向型经济的必要途径。当然，今天中国的经济发展模式急需转型，由主要依靠投资、出口拉动向依靠消费、投资和出口协调拉动转变。但中国的外向型经济的基本发展方向并未改变，意味着大量的就业岗位仍然存在于外向型经济部门。这也必将进一步促进高职院校的国际交流与

合作。

3. 技术引进、吸引利用外资需要高职院校通过国际交流与合作培养出高素质技能型人才

技术引进和吸引利用外资是落后国家追赶先进国家的重要手段。这也是中国作为"后发国家"实现赶超的必然选择。但是一个国家引进先进技术不一定就能获得发展。关键在于能否在学习、掌握先进技术的过程中不断创新，形成自己的技术优势。高技能人才通常工作在生产、建设、管理和服务第一线，对企业引进的技术、设备是最直接的应用者，因此对消化吸收先进技术、开展技术创新有着重要的作用。先进技术的国际化特征不可避免地要求人才培养的开放性和国际化要求。

一个国家能否吸引外资主要看投资环境，"在投资环境的构成因素中，劳动力的可获得性是一个非常重要的方面"。① 以往我们吸引的是一些劳动密集型工业的投资，因此只需要提供掌握初级技术的普通劳动力就行。现在要转向吸引技术、知识密集的高新科技产业，那么必须提供训练有素的高技能人才。这些都要求高职院校不能关起门来办学，国际交流与合作是提高人才培养质量的有效途径。

4. 国家"软实力"的提升对高职院校国际交流与合作提出更高要求

作为一个新兴的全球性经济大国，中国的迅速崛起已经成为当今世界的重大事件之一。但一个国家，只有经济的发展是远远不够的，必须伴以一种具有凝聚力的文化认同力量，即所谓的"软实力"。对于国家的软实力而言，教育起着基础而关键的作用，教育交流与合作起着展示和促进的作用。作为一个后发职业教育大国，一方面我们通过国际交流与合作，引进优质的国外职教资源，另一方面也在交流与合作中积极展示中国的文化成果和职教经验。作为一个有着悠久历史的文明古国，一个举办着世界上最大的职业教育的国家，中国正在尝试走出一条有中国特色的职业教育之路。高职院校国际交流与合作的广度和深度从一个侧面反映了中国经济发展的速度，也从一定程度上反映了中国"软实力"的提升。

---

① 白汉刚：《区域经济社会发展与职业教育的关系研究》，《职教论坛》2007 年第 7 上期，第 46 页。

二、经济社会变革促进高职院校国际交流合作的迅速发展

1. 产业升级迫使高职院校的国际交流与合作向纵深发展

经过三十年的近乎粗放的发展，中国在取得巨大经济成就的同时，也带来了环境、资源、人口等一系列问题，到了必须调整经济结构、实现产业升级的时候了。产业升级过程中会出现很多新兴职业。对于中国来讲的新兴职业，可能在发达国家早一步已经存在，这些职业的准入标准、培养方式都可以通过广泛的交流和合作加以学习和借鉴。积极开展高职院校的国际交流与合作已不仅是教育和学术方面的问题，而是社会发展和国际竞争的战略问题。对高等职业技术教育的认识和研究不能只局限于教育的内部，而必须更多的关注教育的外部，既要立足国情，又要放眼世界。

2. 劳动力市场需求和人才强国战略使高职院校开展国际交流与合作承载着更光荣的使命

"高技能人才短缺"是一个全球性的问题，中国的情况尤其突出。虽然是14亿人口的泱泱大国，可大多是消费性人口。造就高层次人才、培养高技能人才的"两高"是中国"人才强国"战略的重点。要把沉重的人口负担转化为丰富的人力资源，只有通过教育来实现，而快速有效的教育类型就是职业技术教育。因为在目前中国教育市场中，职业技术教育更贴近普通大众，是面向人人的教育，是以就业能力、谋生技能的培养为主要任务的教育形式。国内经济建设极需大量生产一线的高技能人才，巨大的国际劳动力市场对于高技能人才也是需求不断。但是"教育的加速发展并不是一个自然过程，一般得益于制度创新。在教育发展的历史中，有两个重要的制度创新：一个是国家对教育的制度安排；另一个就是教育开放"。① 职业技术教育有领先开放的优势，其发展的空间更广阔，培养国际化应用型人才的市场需求更急迫，当然不可否认，其难度也更大。充分利用国际优质资源，按国际标准加速高技能人才的培养，缓解劳动力市场的压力，缓解人口压力，是高职院校责无旁贷的责任和义务。

3. 金融危机将带来的科技革命必将对职业技术教育提出更高的要求

2008年9月以来，百年罕见的全球范围的金融危机波及到全球各个角落和各行各业，导致发达国家经济成长率下降，使发展中国家和地区出口受阻，

---

① 中国教育与人力资源问题报告课题组：《从人口大国迈向人力资源强国》，高等教育出版社2003年版，第19～29页。

中国的情况尤其突出。历史上每次金融危机均伴随着贸易保护主义的抬头。商务部新闻发言人姚坚 2009 年 11 月 7 日表示，目前全球 35% 的反倾销调查和 71% 的反补贴调查针对中国出口产品。① 对于已经融入国际经济大家庭的中国来讲，国际金融危机对中国的挑战前所未有，但机遇也是前所未有的。纵观历史，经济危机往往孕育着新的科技革命。比如 1857 年的世界经济危机引发了电气革命，推动人类社会从蒸汽时代进入电气时代；1929 年的大萧条引发了电子革命，推动人类社会从电气时代进入电子时代。在经历历史罕见的国际金融危机之后，一个抢占战略性新兴产业发展制高点的潮流正在世界涌动。美国力图在新能源、基础科学、航天技术等方面取得突破；欧盟致力于发展绿色经济，保持绿色技术领域的世界领先地位；俄罗斯主要开发纳米和核能技术；日本重点开发能源和环境技术。而中国经济也处在新兴产业战略性选择以及产业结构调整的关键时刻。

正是，也只有科技上的重大突破和创新，才能带动经济结构的重大调整，提供新的增长引擎。每一次金融危机的爆发都是以新的科技革命为转折，而每一次科技革命后都会使技术得到升级，催生很多新的职业，并由此对职业技术教育提出更高的要求。中国社会的转型、经济的转型均需要教育的转型，经济发展需要坚持改革开放，加强与世界各国的交流与合作，教育改革更需要通过广泛的国际交流与合作来培养具有国际视野、熟悉国际惯例、了解产业发展方向的劳动者。如果不能做到这一点，中国恐怕只能继续是给世界提供低级劳动力的工厂。

4. 世界制造中心的实现和巩固要求高职院校开放办学

工业化进程对于每一个国家来讲都是不可逾越的。衡量一个国家工业化水平的最重要标志就是制造业的发达程度。"自 1990 年起，中国内地吸收投资 2300 亿美元，占亚洲总额的 45%，其中制造业是最重要的投资领域，中国已成为世界第四大生产国，'中国制造'正在世界范围内崛起"。②

世界制造中心根据其产生基础，有成本性质的世界制造中心，即依靠低成本优势来成为世界制造中心，还有技术性质的世界制造中心，即通过拥有先进技术优势而成为世界制造中心。目前中国的"世界制造中心"主要依靠的是

---

① 资料来源：http://news.163.com/09/1107/17/5NHK7G2O000120GU.html.

② 吴晓波著：《激荡三十年：中国企业 1978～2008（下）》，中信出版社 2008 年版，第 191～192 页。

低成本劳动力。虽然劳动力的"比较优势"在国际产业分工链中只能进入"微笑曲线"①（如图 2－3 所示）的组装工序，仅仅获得价值链的低端微薄利润。但是当前和今后一段时间中国要实现充分就业，参与国际竞争，这样的低成本优势仍具有不可替代的作用。但需要强调的是，因为国际分工的性质决定了即使是"组装工序"上的岗位，其所需要的技能型人才也必须具备"规范性"特质。要能够在成熟技术和工艺流程的框架下，进行符合国际标准的"规范操作"，这也是中国在当前国际分工格局中充分发挥劳动力资源丰富的"比较优势"，进一步巩固现有地位的关键所在。②

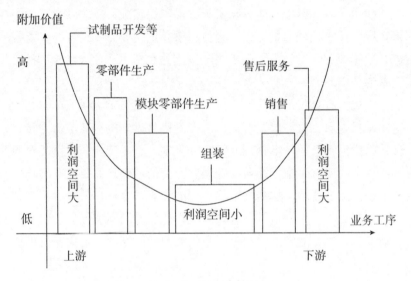

图 2－3　微笑曲线

但中国不能也不可能长期作为成本性质的世界制造中心，必须适时地转变经济增长方式，向技术性质的世界制造中心过渡。也就是要从"微笑曲线"的低端走向高端，这是一个技术积累和发展的过程，在这个过程中，尤其需要技能型人才发挥作用，一方面要把发达国家"溢出"的成熟技术转化为现实

---

① 微笑曲线（Smiling Curve），是 20 世纪 90 年代初，台湾宏碁集团董事长施振荣提出的概念，用一个开口向上的抛物线来描述个人电脑制造流程中的各个环节的附加价值。由于曲线好似微笑的嘴形，因此被形象地称为"微笑曲线"。

② 职业教育分课题组：《深化职业教育综合改革，构建"技能型创新人才"培养体系》，载于李宣海，沈晓明主编：《教育：塑造未来奇迹的创造者》，华东师范大学出版社 2007 年，第 74 页。

生产力，另一方面在生产实践中进行技术创新，实现"后发优势"。①

无论是"规范性"的操作还是"创新性"的实践，都需要把高技能人才置于国际背景、产业舞台和行业前沿。

与此同时，我们也应该注意到，今天的中国制造也是世界制造。"中国制造"是全球产业转移、国际产业分工和国际合作的结果。在中国经济全面融入全球经济的新时期，特别需要适应全球经济化的、具有全球化视野的高素质人才。作为培养经济建设人才的高职院校，闭门造车显然是不能堪此重任的。

三、高等教育的发展要求高职院校通过国际交流与合作寻求发展的空间

1. 国际交流与合作促使高职院校参与共享世界知识体系

"现代大学以创造和发展知识为天职，而今日世界由于国际知识体系的存在，某些知识假如不被这一网络所接纳并传播的话，则在很大意义上不能被称为知识"。② 高等职业技术教育是高等教育的一种类型，同样涉及到知识的发现、传授和应用的问题。从知识的角度来讲，无论是偏重学术性的高等教育还是偏重职业性的高等教育，都有其存在的价值和意义，不存在孰轻孰重的问题。对于某一国具体的高等教育系统来讲，根据社会发展的不同阶段，经济发展的不同要求，对高等教育"学术性"和"职业性"会有所偏重。当前，中国的工业化任务尚未完成，又面临着信息化的挑战。我们不仅需要大批拔尖创新人才，还需要数以千万计的专门人才和数以亿计的普通劳动者。建设世界一流水平的大学和建设世界一流水平的高等职业院校同等重要。

OECD 在关于知识经济的报告中指出，人类的知识体系可以分为四类：第一类为"知道是什么"，这是叙述事实的知识；第二类为"知道为什么"，这是阐述规律和原理的知识；第三类为"知道怎样做"，这是关于生产工艺和程序的知识；第四类为"知道是谁"，这是关于谁知道"为什么"和"怎样做"方面的知识。不同的知识类型要求有不同的获取方式，职业教育中传递的知识主要是"知道怎样做"的知识，也称程序性知识，这类知识的获得不仅要求理解，知道怎样做，懂得为什么这样做，而且要求会做，并形成能力。由此可见，有关"知道怎样做"的知识既需要发现和传授，更重要的是找到教会学

---

① 职业教育分课题组：《深化职业教育综合改革，构建"技能型创新人才"培养体系》，载于李宣海，沈晓明主编：《教育：塑造未来奇迹的创造者》，华东师范大学出版社 2007 年，第 75 页。

② 杨锐：《高等教育国际化：内涵、原理及其实践意义》，《国际高等教育研究》2002 年第 1 期，第 27 页。

生应用的途径和策略。"自从知识与公共产品一样被认为是人类的共同财富，合作就一直存在于高等教育之中"。① 世界上任何一个国家都不可能在所有技术上都始终处于领先地位，也不可能有一种固定的模式适合传授所有的技术应用。因此世界范围内的知识共享成为必须，在交流与共享中产生碰撞，相互借鉴，取长补短。中国有着博大精深的文化底蕴和踏实进取的实干精神，在世界知识体系中应该占有一席之地，承担职业性高等教育的高职院校要主动分享自己的智慧成果，同时汲取他国的知识精华，以求为人类在这一领域的共同进步贡献力量。

2. 国际交流与合作促进各国高职院校共同提高人才培养质量

西方国家有一种"职业带"（如图 2 - 4 所示）的人才结构理论模式，用以表述各类工程技术人才的地位、特点、演变发展及与教育关系。

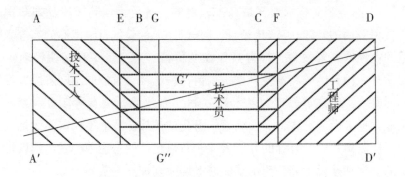

图 2 - 4　职业带

资料来源：《教育大辞典（第 3 卷）》，上海教育出版社，1991 年，第 236 页。

图中斜线 A′D 的左上方代表手工操作和机械技能，右下方代表科学和工程理论知识。职业带随着生产技术发展而变化。大工业出现初期，仅有工程师和技术工作两类人才。20 世纪以来，工程师因理论要求提高而在职业带上右移，与技术工人间出现空隙，由新型人才技术员填补。在美国，培养工程师的称专业教育，培养技术工人的称职业教育，培养技术员的称技术教育。中国的高等职业技术教育应该培养的就是中间区域的人才。

现代职业教育因其服务于现代工业，因此越来越呈现出一个趋势，即一国

---

① ［泰］查拉斯·斯旺威拉：《高等教育对研究与知识的贡献——从竞争与合作的互补性角度分析》，《教育发展研究》2008 年第 1 期，第 61 页。

的职业教育目标与国际趋同，教学内容与国际接轨。职业教育因其与经济发展的互动性最强，受到各国政府的高度重视。在经济全球化的背景下，无论是跨国企业还是国内企业，都希望打开国内和国际两个市场，因此其工艺流程、产品质量必须符合国际标准。高职院校追求的就是学校教育与社会生产实践的零距离，因此广泛的国际交流与合作可以有效地保证职业教育目标、教学内容的国际同步。从未来发展的趋势看，各产业的各个职业领域所需的技能都呈现出不断提高的趋势。这些是全球各国遇到的问题，需要我们通过广泛的交流与合作共同提升人才培养的质量。

3. 国际交流与合作使高职院校增强迎接国内外竞争的勇气和实力

2001 年中国正式加入 WTO，并对教育服务贸易作出了有条件、有步骤的承诺，职业教育市场最先开放，吸引了大量国外高校、教育机构和企业纷纷抢滩。西方发达国家凭借丰富的职业教育和培训经验，及其与跨国企业一起走向世界的国际通用的职业资格证书，对我国的职业教育和培训形成巨大挑战。此外，许多新型的高等教育提供者不断涌现，远程网络提供的教育产品和服务纷至踏来，这些都对我们的教育体系、体制造成冲击，使传统模式下的职业教育和高等职业院校承受前所未有的压力。

高职院校已经不是在选择要不要面向国际市场，而是只能选择迎接挑战，考虑如何在国际竞争中把握机遇。高职院校在充分利用国际职教资源、分享国际职教经验的同时，还负有捍卫国家主权，提升我国高职教育质量，在国际竞争中争得一席之地的义务。高等职业技术教育质量的国际认可、高职学历、文凭的国际承认、高技能人才的全球流动、跨境合作办学等，都要求高职院校加强国际交流与合作。高职院校必须主动融入教育国际化的发展大潮中。

4. 国际交流与合作使高职院校培养的人才具备参与世界劳动力市场竞争的能力

经济全球化、生产国际化和国际直接投资的直接产物是带动了管理人员、技术专家和熟练工的国际迁移。劳动力国际迁移有助于减轻迁出国的就业压力，有利于增加迁出国外汇来源，有助于提高迁出国劳务输出人员及家属的消费水平，有利于迁出国吸收国外先进技术与管理经验。① 世界第一大劳务输出国——美国每年的劳务贸易收入都在 1500 亿美元以上。20 世纪 90 年代初，菲律宾每

---

① 金永花：《外籍劳动力对韩国经济发展的影响研究》，吉林大学博士学位论文，2009 年，第 24
~25 页。

年从海外汇回 20 多亿美元, 相当于其商品出口收入的 25% 左右。韩国在战后将发展劳务输出作为韩国外向型经济发展战略的重要组成部分。1973~1982 年, 韩国累计输出劳务人员为 60 万人次, 期间外汇收入达到 40 亿美元。① 我国人口占世界的 21% , 但劳务出口量却很低。

在当前及今后相当长一段时间, 中国巨大的人口压力始终对国内就业市场是一个挑战。充分利用经济全球化的契机, 加大对国际劳动力市场的开拓不失为明智之举, 而且中国已经迈出了这一步。国家鼓励中国企业 "走出去" 跨国经营, 在国际范围内重组生产要素, 以我为主, 利用两个市场、两种资源。通过中国企业 "走出去" 的战略, 完全可以解决部分高技能人才的就业问题。同时, 世界范围内高技能型型人才的短缺也为我们在国际劳动力市场的竞争创造了良好的宏观环境。因此加大高职教育的国际化元素、培养具有国际竞争力的高技能劳动者是应对未来社会的前瞻之举。

5. 国际交流合作使高职院校借助外力深化内部改革

我国的高职院校中, 公办院校占据绝大多数, 集中了大部分的职教资源, 有着巨大的办学潜力。但不可否认的是, 高职院校并未摆脱中国高等教育长期以来在计划体制下发展的既有模式: 行政化管理色彩浓厚, 部门条块分割严重, 市场营销意识淡漠, 缺乏竞争意识, 缺乏先进的教育理念, 缺乏有职教特色的师资队伍, 缺乏与产业的紧密互动, 缺乏科学的评价机制, 缺乏有效的学生实践平台等等。以上种种, 如果仅依靠高职院校的内部改革, 力度不够, 视野不宽, 需要借助国际交流与合作这一冲击力, 为高等职业院校的改革带来新的思想, 注人新的活力, 使我国高等职业院校在教育观念、管理体制、运行机制、人才规格、人才培养、教育模式和课程教材上按国际化要求进行改革和调整, 从而增强高职院校的实力和竞争力。

经济、科技的全球化进程, 要求中国高职教育面向世界, 在全球化进程中实现角色定位。肩负历史使命的高职院校, 只有摆脱狭隘眼界和封闭模式, 主动开展国际交流与合作, 才能站在世界和时代的高度, 造就能迎接未来挑战的新型人才。

---

① 张鸽盛:《国际劳务经济》, 重庆大学出版社 1999 年版, 第 46 页。

第三节　我国高职院校国际交流与合作的影响因素

一、国家宏观层面的教育国际交流战略缺乏

从前文的历史梳理发现，我国现行的关于教育国际交流与合作的思想主要表现在具体的国际性活动上，多以条例或规定的形式出现。如《中外合作办学条例》、《关于自费出国留学的规定》、《关于开展校际交流的几点意见》、《关于聘请外籍学者为名誉教授的几点意见》、《高等学校接受外国学生管理规定》等等。另外就是在一些重要教育规划之中专列一条或一款论述教育对外开放的指导性意见。如 1985 年发布的《中共中央关于教育体制改革的决定》，1993 年印发的《中国教育改革和发展纲要》，《2003～2007 年教育振兴行动计划》等。这些政策的制订和实行的确对高校国际交流与合作起到了促进和指导作用。但是，仅仅是个别具体项目政策层面的指导、笼统的指导性意见只能是局部的、短期的效应。有时不同政策和条例之间会出现交叉矛盾的地方。教育、税收、海关等政府不同部门还会出台一些发展方向不同的政策。中国的教育国际交流合作从未上升到战略的高度。有学者定义教育国际战略"是一国对国际社会和本国国际教育活动总路线进行的整体认识和谋划"。[①] 战略层面的规划是全局的、系统的、长期的发展愿景。

一直以来，中国教育国际交流处于一种相对被动、跟随和零散的状态，没有主动从全局、宏观、系统的角度规划整体的战略发展蓝图，也没有对不同区域、不同类型的学校进行分类规划。没有这样一个指引方向、把握全局的教育国际战略，不仅会导致政府各部门不能形成合力，也会导致院校在处理具体国际教育关系时不得要领，失去方向，还会导致学校之间过度竞争、抢夺资源、各自为政。另外，没有宏观战略背景，学校对于政策的变化缺乏把握，因此会在需要有较大投入的国际交流与合作项目上犹豫不决。以中外合作办学为例，刚刚兴起立即收紧，院校无所适从。

二、传统思想观念在一定范围内依然存在

纵观历史，中国现代高等教育的发展有一个很奇特的现象，那就是"整体式转向"或"推倒（抛弃）重来式"的发展，且多以"中断传统"、"全盘

---

① 江彦桥：《我国对外教育政策研究》，华东师范大学博士学位论文 2006 年。

引进"为特征。① 从现代大学取向日本，到向欧美学习，再到全面模仿苏联，无不首先是政治意识形态选择的产物。这样一种习惯思维多多少少还存在于部分人的头脑。当前职业教育比较发达的国家无一例外是西方发达资本主义国家，因此对与他们国际交流合作中"和平演变"的担心，对意识形态渗透的担心，对教育主权旁落的担心在一定范围内、在部分学者和院校领导脑海里依然浓厚。

有人曾评价说中国的高等教育是计划经济体制下的最后一个碉堡，这种说法也许过于偏激，但是却反映出高等教育内部的一种现状。目前，中国绝大多数高职院校是公办的，因为现行管理体制的原因，高职院校的领导由上级教育行政部门任命，办学经费中的相当一部分由地方财政划拨。长期形成的习惯思维和办学模式使得相当多的高职院校习惯于"等、靠、要"，把资源的获取看成是天经地义。对国际交流与合作的认识很肤浅甚至有恐惧心理。首先，开展国际交流与合作意味着要在一个非分配的资源市场，以自己的实力和智慧来有选择地、主动地竞争资源，这本身就是对习惯于计划分配的传统思维的挑战。第二，国际交流与合作中存在众多不可知因素，机遇和风险并存。风险的控制和驾驭能力是另一个挑战。第三，认为中国有自己的国情，国外的经验无法解决中国的实际问题，"自力更生、艰苦奋斗"才是我们的法宝。这些担心和认识都阻碍了高职院校积极主动地开展国际交流与合作。

三、经费短缺将在一个阶段长期存在

"国内对于教育的支持依赖的是经济上相对富裕的程度和政治的优先选择，其中包括国防和国内安全等。同样，国际上对于教育的支持依赖的是提供财政支持的国家的经济和政治条件"。② 对于尚处于广泛采借阶段的我国高职院校来讲，国际交流与合作主要是开支而很少有收入。因此经费的来源是影响国际交流与合作的重要因素，而经费问题又恰好是大多数高职院校的软肋。

近几十年来，中国经济得到了快速发展，国内生产总值由 1998 年的 78017.8 亿元增长到 2008 年的 300670 亿元。③ 但是教育投入长期未能达到政府允诺的占 GDP 的 4%（即使真的达到了，教育投入与世界各国相比仍然较

---

① 叶澜：《中国教育学发展世纪问题的审视》，《教育研究》2004 年第 294（7）期，第 3~17 页。

② William D. , International financing of Education, In Husen, T. and Postlethwaite, N. (eds.), *International Encyclopedia of Education*, 2nd Edition, Pergamon Press, 1994, pp. 2989 — 2993.

③ 资料来源：http：//www. stats. gov. cn/tjsj/ndsj/.

低）。而高职院校中的绝大多数都是新建校，本身就积累少，校舍、教学设施、实验实训场地及设备等硬件都需要大量经费投入。国家虽然投入 20 个亿用于示范性高职院校的建设，但受益的学校仅仅是全部高职院校的不足 1/10。另一方面，经济增长对高职院校人才培养的规格和质量不断提出新的要求，产业升级对于高职院校在教学设备的投入上提出更加要求。高职人才培养的主要特点就是实践能力强，因此对实验实训的条件要求更高，投入更大。只有不断加大投入，才能满足经济发展对人才的需求。这就使原来不充裕的办学经费更加紧张。有学校算过一笔帐，政府拨款只能算是"吃饭财政"，意思是除了教职员工的工资收入，已经没有节余。

基于舒尔茨的"人力资本理论"而引发的"高等教育成本分担"机制已经成为各国政府共同的选择，中国也不例外。因此支付了部分高等教育成本的学生及家长对教育投入的回报率更加看重。总之，与快速发展的高职教育相比，与经济领域对人才质量的需求相比，与广大学生与家长的期望相比，目前大部分高职院校办学经费的短缺是不争的事实，并且这种短缺还将在相当长的一段时间内存在。这会在很大程度上制约高职院校开展国际交流与合作的积极性和可行性。

四、中国传统文化的双重性根深蒂固

文化是人类在处理人和世界关系中所采取的精神活动与实践活动的方式及其所创造出来的物质和精神成果的总和，是活动方式与活动成果的辩证统一。[1] 文化有着很明显的民族差异。梁漱溟先生在文化问题上有一套很系统也很彻底的理论，在他看来，中西印文化路向不同，取得的成绩也不同。西方文化在对自然界要求物质生活方面大有成就，中国文化在解决人对人的问题方面大有成就，印度文化在解决个人自己对自己问题方面大有成就。"自其成绩论，无所谓谁家的好坏，都是对人类有很伟大的贡献"。[2] 且不论这样的论断是否全面，至少说明文化的民族差异性是客观存在的，而且正因为差异性的存在，才有必要相互了解、相互学习。

中国本身就是一个多民族国家，在漫长的历史过程中，各民族间有友好往来，也有兵戎相见，有统一也有分裂，但从本质上看，经过政治、经济、文化诸方面愈来愈密切的接触，各民族间还是互相吸收，互相依存，不断接近，共

---

① 张岱年，程宜山著：《中国文化论争》，中国人民大学出版社 2006 年版，第 2 页。
② 转引自张岱年，程宜山著：《中国文化论争》，中国人民大学出版社 2006 年版，第 81 页。

同缔造和发展了统一的多民族的伟大国家。因此在处理文化的民族差异问题上，中华民族有着包容和借鉴各民族文化的优势和传统。对于东西方文化交流，蔡元培先生高屋建瓴地指出，"所得于外国之思想言论学术，吸收而消化之，尽为我之一部，而不为其所同化"①，鲁迅先生则指出了学习的路径，"我们要运用脑髓，放出眼界，自己来拿！"②

但是不可忽视的是，中国传统儒家文化中存在一些极不利于职业教育发展的因素。如长期以来，中国社会存在一种根深蒂固的"学而优则仕"、"万般皆下品，唯有读书高"的文化价值观念，实用技术型人才得不到社会的认可并获得应有的社会地位。社会上始终存在学历重于能力的现象。职业教育，包括高等职业技术教育被视为"次等教育"、"第二选择"。这种不利影响不仅体现在高职院校的国内办学实践中，也会影响到高职院校在国际交流与合作中的自我定位和目标选择。我们会在有意无意中试图摆脱职业教育，而正是这种思想会使国际交流与合作因缺乏职教特色而失去合作的根基和优势。

五、教育体制不尽完善

改革开放以来，中国教育体制改革经历了几个阶段，尤其是 2000 年，国家把设立高等职业技术院校的权利下放到省级人民政府，确立了中央和省级人民政府两级管理，以省级人民政府管理为主的职业教育体制。这有利于各省根据自己的实际情况，加强对职业教育的宏观调控和指导，尤其对于经济社会发展极其不平衡的中国来讲非常重要。但总体来看，我们的教育体制还有许多不完善的地方。

首先，职业教育体系不健全。当前，我国高等教育存在着两种类型，一种是以学科为本位，以培养研究型、通用型的人才为目标的普通高等教育。另一种是以市场需求为导向，以职业能力培养为本位，以培养岗位型、操作型的高技能型人才为目标的高等职业技术教育。在我们这样一个"学而优则仕"的儒家文化背景下，普通教育始终被看作是精英教育、主流教育，从学士到博士，体系完整。而职业教育在相当长的时间里被看作是"二流教育"，直到目前高职教育还只具备专科层次，且基本上下不与中职贯通，上不与普通教育接轨，成为名符其实的断头教育。国际上职业教育比较发达的国家和地区，职业教育不仅具备与普通教育一样完整的体系，而且普职之间的沟通非常顺畅。因

---

① 蔡元培：《在清华学校高等科演说词》，《蔡孑民先生言行录》，浙江图书馆印行所 1934 年版。
② 鲁迅：《拿来主义》，《且介亭杂文》，人民出版社 1973 年版，第 29 页。

为职业教育体系的不健全，高职院校在国际交流与合作中不能与真正优质的国外职教机构平等合作，始终处于相对弱势和被动的地位，常常被迫成为国外大学的生源基地。

其次，政策不到位。虽然从招生人数和院校数量等数字上看，普通高校和高职已经各占"半壁江山"了，但仅从教育投入、学生收费标准两个角度看，高职还远没有达到拥有"半壁江山"的地位，依然还处在相对弱势、边缘的地位。

教育投入：基于高职应用性高技能人才的培养目标，其办学成本远远高于一般本科教育，据联合国教科文组织统计，高等职业技术教育所需经费是同层次普通高等教育的 1.53 倍。2005 年，普通高等教育预算内财政拨款为1046.37 亿元，其中普通本科学校财政预算内拨款为 936.05 亿元，占普通高教预算内财政拨款比例的 89.46%，高职高专学校财政预算内拨款为 110.32亿元，仅占 10.54%。考虑到普通本科教育与高等职业技术教育的在校生规模大体相当，则高职生均预算内事业费仅为前者的 1/9。在国家教育经费明显向普通本科教育倾斜和向中职实施资助政策的背景下，高职在国家教育投入体系中面临边缘化的趋势，这是与高职在国民教育体系中的作用和地位极不相称的。[①] 全国遴选了 100 所示范性高职院校，总共给了 20 亿，和普通大学的 211工程相比差距太大。

学生收费：从政府角度来看，高等职业技术教育的"教育事业费以学生缴费为主，财政补贴为辅"，在这种国家拨款制度下，高等职业学校发展基本依靠学费收入，只能"以生养校"。从下表中，我们可以清楚地看到，大多数省市，高职院校的学费要高于普通本科的学费。这种学费的配置标准，使今后就业收益低的职业教育反而需要投入更多，无疑打击广大学生及家长的积极性。以重庆职业技术学院为例，在每年 1400 多万元经费中，有 700 多万元是通过学费的收取获得，剩余不到 50% 是政府拨款。[②] 一方面是国家对高职院校的教育投入低，另一方面是高职院校向学生的收费高，这与国际通行的惯例背道而驰。如果因为国际交流与合作，再让学生承担更多的额外费用，显然是相当困难的，而学校也确实捉襟见肘。

① 周劲松，李怡：《高职教育经费投入现状分析及对策研究》，《职业技术教育》2008 年第 29(4) 期，第 24 页。

② 苗艳艳：《美国社区学院职业教育的发展与启示》，《长江大学学报（社会科学版）》2009 年第 2 期，第 116 页。

表 2 - 3　部分省市普通本科院校和高职院校学费情况　　　单位：元

地区	普通本科	高职院校	地区	普通本科	高职院校
北京	5000	5000～6000	江苏	4600	4140
天津	3200～4000	5000～5500	河北	3500～4500	5000
山西	3640～5000	3800～5200	内蒙古	3500	5000
辽宁	4200～5200	4500～5000	黑龙江	4000～5500	6000
上海	5000～6500	7500	浙江	3960～4400	6000
福建	3600～5460	6000	江西	3790～5550	5000
山东	4000～5000	5000	河南	3400～3700	3300～3600

数据整理自：教育部阳光高考平台。

六、高职院校自身实力不强、特色不明显

今天 1207 所高职院校中，除了原来老牌专科学校、为数不多的职业大学、独立升格的资深中专学校，相当一部分是新世纪刚刚成立的地方管辖的院校。这些学校成立时间较短，积累也较少，一般来讲刚刚进入规模扩张后的稳定期。因此无论是专业内涵、课程体系，还是师资队伍、科研实力都尚不成熟。相当一部分高职院校地处内陆，本身与外界接触就不多，再加上文化上的保守性和视野上的局限性，并没有充分认识到经济全球化对世界发展的深远影响和现实挑战，没有充分认识到中国已经是世界经济体系中一份子的真正意义。中国庞大的国内市场会使我们忽视经济全球化的巨大威力，无视国际风云变幻。其实国际社会的任何变动都会对全球产生影响，美国的次贷危机会最终演变了全球金融危机，导致中国大量民工失业。这些视域上的不宽广、认识上的不到位，再加上本身办学实力不强，都影响高职院校国际交流与合作的能力。

同时，我国高职院校目前呈现出千校一面，缺乏自己的大学精神和独特文化的趋势。国家出台一个政策、教育部出台一份指导性文件、职教专家提出一种课程模式，所有的高职院校都以为标准，强行照搬。当然很多情况是这些政策、文件、模式会以评估考核的方式出现，高职院也不得不以此为准绳，导致人才培养缺乏特色。而没有特色、没有优势的学校就没有话语权，在国际交流与合作中会始终处于被动和依附的状态。

七、基于共同利益的合作基础还需不断探索

任何合作都需以共同的利益为基础，如果不是互利共赢的合作，最终是难以持续的。皮尔逊在谈到为什么要援助时说，"道义上的答案：富者与贫者共同分享，这仅仅是应该的。但它肯定不是问题的全部。事实上它并不是国际开发援助所根据的主要基础。谋求自我利益，才是国际援助及援助政策的正当和有效的基础。最大可能地利用全世界的人力物力资源，唯有经过国际合作才能实现，它不仅有利于那些在经济上弱小的国家，同时也有利于些强大而富有的国家"。[①] 皮尔逊的这段论述，虽然是针对国际援助来讲的，它却深刻地揭示了国际合作中最为本质的东西——双方都在谋求自身的利益，都从合作中得到好处。援助项目如此，其它类型的国际交流与合作更是如此。没有这种内在的动力，就没有国际交流与合作。因此在国际交流与合作中不仅要考虑自己需要什么，还要考虑对方需要什么，双方在合作中能否实现互利共赢。合作项目的成败在于是否能找到共同的利益基础。在这一点上，无论是政府部门还是高职院校都应该深刻理解。

美国向全球优秀学子提供大量奖学金，其目的绝非无私援助，而是为美国揽取高端人才。新加坡邀请全球顶尖高校在新加坡举办分校，并非不担心对国内高等教育的冲击，而是要成为区域教育中心以延揽高素质人才，弥补国内的人力短缺。

比如，在中国教育一直被认为是一种公共产品，其本身具有公益性，但是中外合作办学的引进，让人们对于教育是否可以具有市场属性产生了讨论。20世纪末以来，西方主要发达国家纷纷把教育作为一种重要的服务贸易，教育国际交流已经从意识形态的竞争转向经济收益上来。但国内相当一部分人认为《中外合作办学条例》中明确规定中外合作办学是公益性事业，因此就不应该有市场属性。他们认为如果教育可以盈利的话，就会影响办学者的办学方向和办学目标，要达到利润最大化，必然会使成本最小化，这样就会降低教育质量，从而最终损害受教育者的利益。但是问题的另一个方面是，当前中国的优良教育资源还比较匮乏，还不足以较好地满足人民群众期望接受优良教育的要求，因此引入市场机制，让一些办学项目以质量来吸引学生的较高投入，从而缓解资源短缺的压力，也让市场机制本身来决定其发展前景。从长期来看，只

---

① ［加］莱斯特·B·波尔逊等著：《开发援助中的伙伴关系——国际开发委员会报告书》，商务印书馆 1975 年版，第 13~14 页。

有质量好的办学项目才会使受教育者满意，也才会赢得更多的受教育者。而要保证质量好，必要的投入是必须的，否则自然会被淘汰。只要这种办学不是纯粹的商业目的，不应该受到太多限制。诸如此类的利益平衡在国际交流与合作的各个方面都会存在，因此能否找到合作的基础决定了合作的可持续性。

第三章

高职教育国际交流与合作的国际经验

教育交流与合作在很大程度上是 20 世纪的产物，各国、各地区因为不同的目的开展了大量实践，也积累了丰富经验，认真总结他们的经验、教训，分析当前的发展趋势，对于我们开展国际交流与合作有相当的启示意义。

第一节　美国高职教育国际交流与合作

美国是一个典型的移民国家，从 20 世纪初，美国在政治、经济、军事、科技等各方面独领风骚。能够取得这样的成就，与其培养的高质量的高等技术人才密不可分。开放、包容、创新、具有危机意识使这个国家一直保持着竞争力。

一、美国教育国际交流与合作的基本情况

1. 20 世纪以来美国教育国际交流与合作的主要阶段

美国教育国际交流合作的历史由来已久，"到 1900 年为止，横渡大西洋到欧洲伟大的学术研究中心，主要是德国的大学留学的差不多 1 万名美国学者，坚定地服膺于学术研究和以科研为基础的教学和学习的思想回到美国"[1]，"这一以德为师的选择，成为了国际教育交流史上的划时代事件，也使得美国后来发生了学术革命，并在 20 世纪 30 年代后迅速崛起，取代德国成为世界高等教育与科研中心"[2]。美国高等教育体系形成过程本身就是国际交流借鉴的过程，开放性与国际性始终是其显著的特点。20 世纪以来，美国的教育国际交流与合作经历了以下三个阶段：

---

① ［美］伯顿·克拉克著：《探究的场所—现代大学的科研和研究生教育》，浙江教育出版社 2001 年版，第 3 页。

② 贺国庆：《德国和美国大学发达史》，人民教育出版社 1998 年版，第 1 页。

（1）冷战时期的美国教育国际交流与合作：政治外交

二次世界大战使得美国从国际事务的边缘走向中心，全球形成了以美、苏为中心的东西两大阵营，冷战从此拉开。美国积极参与欧洲的重建，而苏联则加强对中、东欧国家的影响。50年代，美、苏从政治、经济、意识形态等各方面加紧对第三世界国家的争夺。1957年苏联卫星的成功发射使美国于1958年紧急颁布了《国防教育法》（International Education Act），这是美国历史上首次以法律的形式把教育置于事关国家安全的重大战略地位。该法支持高校建立现代外语教学和地区研究中心，法案还规定资助学者的国际交流等。1961年，美国通过了《国外援助法》（Foreign Assistance Act），把高等教育机构作为对援助和渗透的重要力量。同年，美国成立了国际发展总署，旨在向贫困、落后和不发达国家提供经济、技术文化援助，包括开展海外教育。援助项目的目的就是政治外交。1964年《富布赖特法案》通过，授权联邦政府用各种渠道资助高等教育。规定设立美国学生和教授在国外讲学或研究基金，同时设立奖学金计划，支持外国学生和学者来美国学习和从事研究工作。1966年美国国会正式通过了《国际教育法》，要求确保这一代和未来几代的美国人了解其他国家、人民和文化的所有知识领域。这一时期，基金会和政府对国际教育慷慨资助，教师频繁出国，研究成果和出版物大量涌现。在当时国际教育领域中普遍使用的术语和研究沿用至今，比如说，国际关系，领域研究，外语，文科和职业教育的国际化，外国学生，海外留学，教师交流，校际交流，国际项目管理和研究政策等。①

（2）冷战之后的美国教育国际交流与合作：经济收益和人才战略

随着华沙集团和苏联的解体，美国成为唯一的超级大国，冷战理论让位于经济利益和人才战略。由于明显的教育和科技优势，再加上名目繁多的奖学金，美国成为最吸引留学生的目的国。美国90年代通过的《全球教育良机法》、《国家安全教育法》、《2000年目标：美国教育法》，授权政府继续资助"国际教育交流计划"，建立专门基金资助美国学生留学发展中国家。这一时期，美国开始大量在海外举办分校。

根据美国商务部的统计数据，美国的高等教育已经成为第五大服务出口产业，教育出口额位居世界第一。2009年11月，据美国国际教育者协会公布的

---

① 李敏：《教育国际交流：挑战与应答》，华东师范大学博士学位论文2008年，第53页。

《IIE OPEN DOOR 2009》① 数据显示，美国高等教育 2008～2009 学年新招收的国际留学生比上一学年增长了 15.8%，达到了 200460 人。国际学生总数达到 671616 人，比上年总人数增长 7.7%。按留学生就读的是博士、硕士、学士和副学士的院校类型来看，颁发副学士学位的社区学院本年度招收的国际学生增幅最大，增加了 10.5%。近年来美国学生留学海外呈现以下几个特点。一是留学海外学生数逐年持续攀升，从 1996～1997 年度到 2007～2008 年度以来，留学海外的美国学生数量从 99448 人上升到 262416 人，增加了近 2 倍，当然与到美国留学的学生数量相比仍然偏少。二是留学海外学生的目的地仍然比较集中，主要是欧洲，而欧洲尤以英国最多。但亚洲所占的比例越来越大，从 1998～1999 年度的 6% 上升到 2007～2008 年度的 11.1%。

2000 年，在全美科学和工程职业领域中，拥有博士学位人中有 38% 是出生在外国。在全美大学科学和工程专业中拥有终生教职的教员中，19% 出生在外国，在工程专业中更高达 36%。2002 年，在全美科学和工程职业领域中拥有博士后资格的科研人员中有 59% 来自国外。2003 年，美国 38% 的科学和工程博士学位授予外国学生，在工程专业中更高达 58.9%，而在历年的诺贝尔奖得主中有 1/3 以上是出生在外国。② 美国提供大量的奖学金或助学金，不能简单地归结于增进文化交流和了解，其最根本的动因和目的是通过招募全世界最优秀的人才和智力资源，进而为以科研和人才为本的全球竞争中保持美国称雄地位服务。人们形象地把美国称为"人才收割机"。

（3）新世纪的美国国际教育交流与合作政策走向：国家安全和双向交流

随着 20 世纪初，世界技术中心从欧洲转移到美国后，美国人多年来一贯以老大自居，对他国经验缺乏了解且兴趣淡漠，甚至不屑一顾。世界人民越来越了解美国，而美国人越来越不了解世界。当全世界都在学说英语的时候，绝大多数美国人根本没有学习除英语以外其他语言的兴趣。"9·11"事件发生后，曾难以找到能听懂阿拉伯语、波斯语等小语种的人。美国游离于国际科教大家庭之外二十年。2002 年 9 月美国政府郑重宣布将重新加入 UNESCO，这一举动标志着美国从藐视他国教育经验转向关注和借鉴他国教育经验方向转化。

---

① Institute of International Education. Open Doors 2009 Data Tables［EB/OL］. http：//opendoors. ii enetwork. org/page/150807/.

② 郭玉贵：《全球化背景下美国教育政策的战略调整（摘要）》，《中国高等教育评估》2005 年第 4 期，第 6 页。

美国国际教育学者协会（NAFSA）2000 年 2 月 22 日发布的《美国迈向国际的教育政策》（Toward an International Education Policy for the United States）中指出，今天世界上很多国家者认识到，除非他们的公民所受到的教育中有部分是在外国接受的，否则将被认为没有受到过针对现代世界的教育。报告批评美国缺乏促进全球性学习的政策，政策制定者们似乎也不知道有这样的需求。①

"9·11"之后，全球恐怖主义的挑战使得国家安全理论成为美国外交政策的重要概念。美国相继出台了一系列严格境外人员入美的法案，从而使美国不再成为国际学生的首选之地，大学国际化经历了一个低潮期。NAFSA 此时发表了另一份报告，《美国迈向国际的教育政策：全球化和恐怖主义时代的国际教育》（Toward an International Education Policy for the United States：International Education in an Age of Globalism and Terrorism）②，报告认为，美国已别无选择，必须通过交流迅速增加全世界人民认识美国的能力、美国人民认识世界的能力。联邦政府不可能包揽一切，要调动各种资源。大学、学院、社区学院必须进一步使他们的课程、校园国际化，必须为学生和教师提供更多的全球化机会。社区学院的国际化要求第一次被正式提及。2005 年 8 月，美国国家科学院针对"9·11"以来美国政府的外国留学生政策进行分析，认为外国学生和学者是美国科学力量的重要组成部分，继续吸引外国学生和学者是美国创新经济成功的关键，同时也强调培养本国人才的重要性。经过这样一个低谷期后，美国在重新评估其高等教育国际化的政策，为收复失去的市场份额，不仅研究型大学、普通的本科院校，就连以往只为本地社区服务的社区学院都纷纷到海外开教育展。与此同时，美国各大学，包括社区学院，进一步明确了"培养全球公民"的目标，鼓励学生到海外学习。

近年来，美国在重新审视高等教育国际化的战略调整问题。最有代表性的是一个正在提交审议的《西蒙法案》（Senator Paul Simon Study Abroad Founda-

---

① Toward an International Education Policy for the United States［EB/OL］. www. nafsa. org.

② Toward an International Education Policy for the United States：International Education in an Age of Globalism and Terrorism［EB/OL］. www. nafsa. org.

tion Act of 2007)①。这份报告设想，到 2017 年每年派 100 万大学生到海外学习，把每个美国大学生都塑造成为世界公民。目前美国有 4200 多所高等教育机构，但是一半以上的海外留学生仅仅来自 108 所高校，这些学生又主要集中在研究型大学。这一计划的实施有三个主要目标：一是从 2007 年到 2017 年的十年时间内每年帮助一百万美国大学生赴海外留学；二是在一百万的海外留学生中，来自研究型大学、社区学院、少数民族等的学生人数须与美国境内各种来源的大学生人数按比例增长；三是提高前往非主流国家留学比例，特别强调到发展中国家留学。② 美国国际教育研究所所长古德曼（Allan E. Goodman）认为，"海外学习应该是每一位美国学生接受教育的一部分，美国正在进一步增加大学生海外学习的机会，消除学生参加海外学习的障碍，为每位学生成为世界公民做好准备"。③ 这一法案目前尚在讨论期，但就其在国内的影响来说，已经看出美国在国际教育交流政策上的转向。这一计划有两方面的信息非常重要：一是不仅研究性大学，众多的社区学院、少数民族也是国际交流与合作的重点；二是不仅发达国家，发展中国家也是国际交流与合作的重点。

2. 重要影响力量

美国高等教育系统是典型的分权管理，国家只能通过法案、拨款等间接渠道进行有限制的引导，因此民间组织和个人在美国教育政策的制定过程中发挥了极其重要的影响作用，这种影响也包括对高等教育机构的国际交流与合作。

富布赖特奖学金项目的设立就是当年美国联邦政府参议院外交委员会主席富布赖特（James William Fulbright）首先提出而得名。富布赖特认为，实现让美国了解世界和让世界了解美国的双重目标的最有效的手段就是教育和文化交

---

① Commission on the Abraham Lincoln Study Abroad Fellowship Program. Global Competence & National Needs: One Million American Studying Abroad［EB/OL］. http://www.nafsa.org/-/Document/-/lincoln-commission-report. pdf.

美国参议员西蒙（Paul Simon）（已于 2003 年 12 月辞世）与波伦参议员（David Boren）共同发起了美国"国家安全教育计划"，试图鼓励美国大学生海外短期留学的计划。在此基础上，亚伯拉罕·林肯海外留学奖助委员会（Commission on the Abraham Lincoln Study Abroad Fellowship Program）在 2005 年 11 月发布了"全球竞争与国家的需要——百万人海外留学"报告（Global Competence & National Needs: One Million Americans Studying Abroad）。以这份报告为蓝本，以发起者西蒙命名的"西蒙海外留学法案"（Senator Paul Simon Study Abroad Foundation Act of 2007）已于 2007 年 6 月和 2009 年 6 月两次通过众议院的表决，目前正等待参议院的审查。

② 张德启：《塑造世界公民：美国高等教育国际化进程中的林肯计划》，《全球教育展望》2009 年第 10 期，第 63 页。

③ The Institute of International Education. Open Doors Press Release: U. S. Students Abroad Top 200, 000, Increase by 8 percent［EB/OL］. http://opendoors. iienetwork. org/? p = 89252.

流。1946年，国会通过《富布赖特法案》，设立专项政府教育资助金，用于国际交流奖学金计划。"富布赖特奖学金项目为美国所带来的政治收益无论如何评价都不会过高"。① 正提交联邦参议院讨论的西蒙法案也是个人影响力的例证。

对美国国际教育交流有较大影响的非政府组织和机构有：国际教育工作者协会（Association of International Education，NAFSA），美国国际教育研究院（Institute of International Education，IIE），美国教育理事会（American council on Education，ACE），美国高等教育协会（American Association for Higher Education，AAHE），美国社区学院联合会（American Association of Community College，AACC）等。

美国国际教育研究所（IIE）是美国第一个专门研究高等教育国际化的机构。每年11月IIE公布的"OPEN DOORS"的报告对全美各州、各高校招收的国际学生以及派出海外学习的学生进行统计。不仅按当年留学生数据在各州、各高校间进行排名，还把历年的数据进行比较。对留学生的专业选择、生源地及生源地学生数量的变化趋势、经济贡献等进行计算和分析。从2002年开始，IIE专门就社区学院的留学生情况进行数据收集和统计分析。这些分析报告对政策决定起到很好的借鉴作用。IIE近年来发起了"应对美国的全球教育挑战"（Meeting America's Global Education Challenge）项目，密切关注美国学生赴海外留学政策的研究和制定，并就这一问题从2007年5月到2009年5月已连续发布六卷美国大学生留学问题白皮书。② 其中2008年9月第三卷《扩大美国社区学院的海外学习》（Expanding Education Abroad at U. S. Community College）专门讨论社区学院学生海外学习区别于四年制大学的特点，社区学院学生海外学习的重要性、现状、挑战及建议。

美国教育委员会（ACE）发表的《美国高校的国际化》（Mapping Internationalization on U. S. Campuses）报告，进一步从院校层面分析国际交流与合作的开展情况。其中有关社区学院的调研情况也比较详细。（此部分在下文详述）

---

① 江彦桥：《我国对外教育政策研究》，华东师范大学博士学位论文2006年，第49页。

② The Institute of International Education. IIE Study Abroad White Paper Series ［EB/OL］．http：// www. iie. org//Template. cfm？ Section = Study-abroad-white-papers.

国际教育工作者协会（NAFSA）① 成立于 1948 年，致力于国际教育交流事务，促进来往于美国的国际学生和学者的交流。该协会是目前世界上同类教育组织中规模最大的，也是实际运作最有成效和最有影响力的一个机构。NAFSA 发布的几份很有份量的报告，以其前瞻性和敏锐性有效地促进了美国政府在教育国际交流方面的政策制定。2008 年 1 月 NAFSA 成立特别工作小组制定了院校对海外留学实施有效管理的标准。②

二、美国社区学院教育国际交流与合作的现状

1. 美国高等职业技术教育发展概况

美国实行的是典型的单轨制教育。职业教育并没有专门的实施机构，但中小学都开设有职业教育的相关课程。与中国相对应的高等职业技术教育，主要由社区学院（由初级学院发展而来）及技术学院（由赠地学院发展而来）来实施，其中又以社区学院较为典型。另外，美国四年制的本科教育和研究生教育只有小部分是学术性教育，主要是技术应用性教育，因此它们与社区学院可以很好地衔接。

19 世纪 60 年代为适应美国内战后重建而颁布的《莫雷尔法案》，产生了大量赠地学院，从此高等职业技术教育成为美国高等教育的重要组成部分。1892 年，芝加哥大学校长把四年制本科教育分为前后各两年，前两年称为初级学院，初级学院最初的职能主要是转学教育。到了二战期间，初级学院开始强化其职业教育功能并更名为社区学院。二战后，《退伍军人权利法》使得大批退伍军人

---

① NAFSA 最初的名字是"全国外国学生顾问协会"（National Association of Foreign Student Advisers），旨在促进美国大学和学院主管外国学生事务官员（顾问）的专业发展，更好地为二战后来到美国学习的 25000 名外国学生提供帮助和咨询服务。NAFSA 很清楚要满足来自不同教育和文化背景的学生需求，需要专门的知识和能力。随着业务范围的扩大，协会成员很快就发展到招募人员、英语专家，社区志愿者，他们在帮助外国学生适应美国大学社区方面发挥了很重要的作用。为了反映这种成长和越来越多元化的成员，1964 年协会把名字改为"全国外国学生事务协会"（National Association for Foreign Student Affairs）。到 90 年代，美国的外国学生达到了历史性的 40 万人，有越来越多的美国学生到海外学习。此时的 NAFSA 有 6400 名成员分布在全美 1800 个校园。NAFSA 越来越强烈地意识到国际能力的重要性，更多的成员开始为美国学生海外学生，学者交换项目，外语学习等创造机会。为了更好地反映协会会员在国际教育和交流各领域的显著作用，1990 年 5 月，协会的名字改为"国际教育者协会"（Association of International Education）。其英文缩写仍然保留，以体现 NAFSA 辉煌的过去和已经广泛被认同的声誉。2008 年 NAFSA 庆祝了其成立 60 周年。

② NAFSA：Association of International Educators. Strengthening Study Abroad：Recommendations for Effective Institutional Management［EB/OL］. http：//www. nafsa. org/knowlege-community-network. sec/international-education-4/chief-international-education/practice-resources-14/internationlizing-the/imsa-epub.

进入社区学院学习职业课程，社区学院得到了快速发展。1963 年《职业技术教育法》的颁布，明确强调对职业技术教育的财政支持，美国高等职业技术教育在这一阶段实现了规模发展。70 年代全球石油危机，造成大批人员失业，这些人再就业前需要再接受培训，因此社区学院的职能从职前拓展到职后。到了 90 年代，美国政府积极响应联合国提出的"终身教育"的号召，社区学院又增加了终身教育的教育职能。典型的现象就是非传统年龄的学生数不断增加和四年制学院学生回流现象的增加。他们主要是为了学习高级工作技能，获取某一专门领域的证书，或仅仅是为了个人兴趣。至此，社区学院成为集转学教育、职业教育、技能培训、终身教育等多功能为一体的教育机构。

进入 21 世纪，美国的经济发展进入低迷时期，但是两年制社区学院的学生注册率反而飙升。面对金融危机，各国都急需创造就业机会，提高就业率，因此美国再次把目光投向社区学院，将启动 120 亿美元的社区学院改革计划，目标是：到 2020 年，社区学院里获得学位和证书的美国人增加 500 万。这个计划实施后，到 2020 年，每年从美国社区学院毕业或者获得结业证书的学生数将达到 1100 万。[1]

2. 对社区学院开展教育国际交流与合作的认识

美国的教育国际交流与合作有着丰富的经验，但从前文的描述可以看出，大部分院校层面的交流还是停留在研究型大学或至少是本科院校。社区学院开展国际交流与合作的历史并不长。人们对于这个问题的认识也是在不断深化的过程中。从 NAFSA 的报告、《西蒙法案》可以看到，越来越多的人和机构开始关注这一现象，意识到社区学院国际交流的重要性。美国社区学院联合会国际项目和服务部主任 Judith T. Irwin 指出，社区学院创立之初就是为了服务地方，他们还将继续致力于满足地方需要。与此同时，社区学院也越来越意识到他们的学生将会生活在一个多元文化、彼此依存的社会里。为此，社区学院要拓展他们的项目和服务，去拥抱国际社区（world community）。[2] 社区学院国际交流的目标是帮助学生在世界文化中更加自由也更有能力地进行个人、职业的流动，帮助学生介入与教育、商业和社会交往有关的世界活动。社区学院主要通过把国际内容融入新的或已有的课程中，为移民和外国学生提供特殊课程

---

① 《奥巴马将大笔银子投给职业学院》，《职业教育研究》2009 年第 8 期，第 63 页。

② Community Colleges: Changing Individuals, Meeting Global Needs［EB/OL］. http://opendoors. iienetwork. org/? p = 25126.

和活动，启动海外学生项目，鼓励师资交流，招收国际学生等方式开始国际交流。

3. 社区学院国际化的评价维度

美国社区学院联合会（AACC）2000 年的一份调查表明：在被调查的社区学院中，超过 80% 的社区学院把国际化的内容整合进课程；83% 的社区学院组织了提升全球意识的活动。在过去五年里，社区学院学习国际商务课程的注册学生数从 23% 上升到 60%。44% 的社区学院聘请或雇用来自其他国家或有国际经历的教职员工。78% 的社区学院或通过赞助或与其他机构合作为学生海外学习提供游学或交换项目。① 社区学院招收国际学生有两个主要的原因。首先当然是因为招收国际学生带来的财政上的收益。另外更重要的是，大多数社区学院是为了使校园里的学生群体更加多元化。尤其是对中西部地区那些同质化学生群体更严重的学校来讲，这个目标更强烈。

ACE 在 2001 年对全美社区学院的国际化进行过调研，在 2003 年数据更新的基础上，2005 年发表了一份报告《社区学院国际化评价》（Measuring Internationalization at Community Colleges）②。报告开篇就指出，社区学院在美国高等教育机构中占 42%，招收的学生数占 40%。社区学院服务于这个巨大的学生群体，他们对学生进入职场的准备起着重要作用，他们对学生的全球化能力的培养对国家来讲至关重要。传统上讲，社区学院服务的是当地社区，但当地社区已经变成全球化了，社区的商业已经扩展到全球，移民潮也增加了城镇的多元化，劳动力的流动已经是一个不争的事实。如果社区学院的教育者关心他们所服务的社区，那么全球化的教育就是必须的，而不是可选的。社区学院的作用正在向满足这些新的挑战转化。当然，社区学院的特殊使命和学生群体的复杂性给大多数社区学院的国际化带来很大挑战。调研主要从六个维度开展，分别是：

（1）明确的理念：考察一所社区学院有没有关于支持国际化的书面陈述或是否已经制订了相关的政策。通过询问学院的使命陈述，策略计划，正式评估，招聘启示，海外学习指导方针，教师晋升指导方针。

（2）学术项目：考察学院是否提供了可转换学分的海外项目，是否提供

---

① Community Colleges: Changing Individuals, Meeting Global Needs [EB/OL]. http://opendoors. ii enetwork. org/? p = 25126.

② American Council on Education. Measuring Internationalization at Community Colleges [EB/OL]. http://www. acenet. edu/Content/NavigationMenu/ProgramsServices/cii/pubs/ace/Measuring _ CommunityCollege. pdf.

了国际化的学术内容。包括外语学习、国际化的教育要求、国际化的通识教育课程提供、海外学习、其他可转换学分的海外项目。不包括非学分的海外项目以及课外活动。

（3）基本组织机构：这个维度反映了学院对校园国际化提供的支撑资源。包括：基础设施，比如专门的办公空间；人力资源，比如独立的全校委员会和国际教育办公室人员；交流通讯支持，如通过电邮、网页、信件或其他沟通方式。

（4）外部经费：这个维度代表学院在寻求外部对于国际教育项目经费支持的努力程度。

（5）学院对师资的投资：老师的参与是国际化的关键。教师与学生的接触是最紧密的。此外，因为只有部分学生参加海外教育或参加国际化的课外活动，教室仍然是学生们接受国际化问题、事件和文化的主要来源。这个维度衡量给老师提供的职业发展机会，以帮助他们提高国际化技能和知识，从而使他们的课程国际化。因为是教师在直接进行授课和课程开发。特别指出的是，调查问题涉及到学院是否有为教师的国际化活动提供经费支持的专项资金。

（6）国际学生和学生项目：学生通过各种各样校内、外活动或者通过与国际学生的接触了解国际化的活动、文化和问题。这个维度旨在衡量学院对于现在每个学校都有的非正规学习的支持程度。问题包括学校国际学生的人数；用于招收国际学生的经费数量；对海外学生的教育，提供国际化的校园活动；旨在整合美国学生和国际学生的项目。

调研采用问卷的方式开展，而问卷包括了不同类型的问题。有些问题要求做"是"或"否"的回答，有些提供一系列选择项，还有一些是开放式的问题，归纳起来如表3-1所示。

表3-1　美国社区学院国际化调研表

维度	明确的理念
问题	1. 贵院的使命陈述特别提到了国际化教育吗？ 2. 在贵院当前的发展策略中，国际化教育被列为前五项优先策略提及吗？ 3. 在过去五年里，贵院正式评估过国际化教育的效果和进步吗？ 4. 贵院强调国际教育项目、国际教育活动，以及在招收学生时强调国际教育机会吗？ 5. 贵院在教师晋升或任职决定时，有没有制订特别强调国际化的工作或经历的指导方针？ 6. 贵院有没有制订确保学生参加许可的海外学习项目而不延期毕业的指导方针？ 7. 贵院是否向申请了其他学院海外学习机会的学生提供经费奖励？

续表

维度	学术项目
问题	1. 贵院对于新招学生有外语录取的要求吗？ 2. 贵院对于毕业生有外语要求吗？ 3. 请列出上学年学生学习的不同的外国语。（不包括英语作为第二语言的 ESL 或美式英语）。 4. 为满足通识教育的要求，一些美国以外的特定国家或地区的基本特点、问题或事件的课程，对于学生有要求吗？ 5. 在贵院，下列侧重于国际化课程的系部所提供的学生课程所占百分比是多少？ 商科（ ）；历史（ ）；政治（ ） 6. 去年贵院对的下列学生项目转换学分吗？ 海外学习（是/否）；国际实习（是/否）； 国际服务机会（是/否）；野外学习（是/否） 7. 去年贵院有多少学生海外学习？
维度	组织基础机构
问题	1. 贵院有专门的促进学院国际化工作的全院委员会或专业机构吗？ 2. 请选择最符合贵院在国际教育活动或项目中的组织结构： （ ）没有办公行政人员或海外国际教育项目 （ ）有一名行政人员或一个专门的海外国际教育项目 （ ）有一名行政人员或包括在其他功能中的一个海外国际教育项目 （ ）有多名行政人员或多个专门的海外国际教育项目 （ ）有多名行政人员和包括在其他功能中的多个海外教育项目 3. 这个办公室有全职的非学生的工作人员来管理国际活动和项目吗？ 4. 在贵院的内部电子邮件系统中定期发放给师生员工有关国际教育活动和机会的信息吗？ 5. 贵院定期派发有关国际教育机会的信件或宣传单吗？ 6. 贵院有促进现在的海外学习学生与校园里其他学生进行经验交流的系统吗？ 7. 贵院的主页与国际项目和活动的网页有直接的链接吗？
维度	外部经费
问题	1. 贵院积极寻求专门提供给国际教育项目或活动的经费吗？ 2. 贵院在过去三年是否从下列渠道获得过专门为国际教育项目或提供的外部经费？ 联邦政府（是/否）；州政府（是/否）； 私人（基金会、公司、校友）（是/否）；其他（是/否）

续表

维度	学院对师资的投资
问题	1. 贵院去年有专项资金提供给全职教师参与下列国际化活动吗？ 带领学生海外学习（有/无）；在国外院校教学（有/无）； 去国外参加会议（有/无）；去国外学习或开展研究（有/无）； 课程国际化（有/无）；其他（有/无） 2. 贵院在过去三年是否给教师提供过下列机会？ 课程国际化研讨会（是/否）； 如何应用技术来增强课程国际化维度的研讨会（是/否）； 教师增强外语技能的机会（是/否）； 特别为认可国际化活动而设立的奖励（是/否）
维度	国际学生和学生项目
问题	1. 贵院有专项经费用于下列活动帮助招收全职的、读学位的国际学生吗？ 招生人员的国际差旅（有/无）；国际学生奖学金（有/无）； 其他（有/无） 2. 全职的国际学生比例是多少？（英语作为第二外语的学生不统计在内） 3. 在过去一年里，贵院有专项经费用于学生参加下列国际化活动吗？ 去海外参加会议（有/无）；海外学习或工作的机会（有/无） 4. 贵院去年有专项经费用于正在进行的校园内的国际化活动吗？ 5. 贵院去年给学生提供了下列课外活动吗？ 美国学生和国际学生结队的伙伴方案（是/否）； 美国学生和国际学生结队的语言伙伴项目（是/否）； 学生讨论国际化问题或事件的场地（是/否）； 校园内常规化的、正在开展的国际化节日或事件（是/否）； 整合美国学生和国际学生的同室计划，国际公寓对所有学生开放（是/否）

资料整理自：American Council on Education. Measuring Internationalization at Community Colleges［EB/OL］. http：//www. acenet. edu/Content/NavigationMenu/ProgramsServices/cii/pubs/ace/Measuring_ CommunityCollege. pdf.

2008 年 5 月，美国教育委员会（ACE）发表了一份报告：《美国高校的国际化：2008 版本》①。从院校层面看，社区学院的学生背景和经历更加多元化，越来越多的高校已深刻认识到派遣学生赴海外留学的重要价值。从 2001 年到 2006 年，提供海外学习机会的社区学院剧增，从 2001 年的 38%上升到 2006 年85%。部分社区学院还提供海外实习机会（从 2001 年的 6%上升到 2006 年的 9%）、国际服务机会（从 4%上升到 9%）以及到国外进行野外实

---

① Advancing Internationalization at Associate's Degree Institutions. Mapping Internationalization on U. S. Campuses：2008 Edition［EB/OL］. http：//www. acenet. edu/Content/NavigationMenu/ProgramsServices/cii/Comm_ Coll_ Mapping_ Ppt. pdf.

习（从9%上升19%）。培养师资国际化工作方面，社区学院也取得了一定的进步。从下表可以看出，社区学院在以下方面提供经费支持的比例有明显上升，开展课程国际化研讨（从36%上升至67%），训练外语技能（从16%上升至39%），奖励教师开展国际活动（从10%上升至16%），教师带领学生海外学习，（从27%上升至38%）；教师参加国际会议，（从20%上升至33%）；教师国外学习或研究（从9%上升至14%）。

表3-2 投资于师资国际化发展的社区学院数

数字：占被调查社区学院的百分比

项目	2001 年	2006 年
开展课程国际化研讨	36%	67%
增加外语技能的机会	16%	39%
国际活动师资奖励	10%	16%
带领学生海外学习	27%	38%
参加国外会议	20%	33%
国外学习或研究	9%	14%

数据整理自：American Council on Education，Advancing Internationalization at Associate's Degree Institutions，Mapping Internationalization on U. S. Campuses：2008 Edition［EB/OL］. http：//www. acenet. edu/Content/NavigationMenu/ProgramsServices/cii/Comm_ Coll_ Mapping _ Ppt. pdf.

3. 社区学院国际化的个案

布鲁克戴尔社区学院（Brookdale Community College，以下简称BCC）是位于新泽西的一所社区学院。在2001～2002学年，学生海外学习人数名列全美社区学院第15位。① 该校国际中心负责学生的海外学习项目、国际学生服务、多元文化项目，国际职业发展和国际课程设置。国际中心主管 Emily Hagadorn 就社区学院开展国际交流接受了国际教育研究所（IIE）的专访。Emily Hagadorn 的回答在一定程度上能够代表美国社区学院开展国际交流与合作过程中，尤其是学生项目的经验和困难。以下是部分采访内容：②

采访者：Emily，我知道你和你BCC的同事积极致力于国际教育，BCC有

---

① 资料来源：http：//www. brookdalecc. edu/pages/1. asp.

② International Education and Community Colleges［EB/OL］. http：//opendoors. iienetwork. org/？p =25128.

很多创新性的项目，因在国际教育领域的创新而获得表彰。你们学院有哪些项目提供给想海外学习的学生？

EH：因为我们有一个多元的学生群体，国际中心要尽可能满足绝大多数学生的需要，因此要提供各种各样的项目。作为国际学习学院协会（CCIS）的一员，我们的学生可以在全球31个国家的80多个海外项目中选择。对于那些不能海外学习一学期或一个月的学生来讲，我们开发了一系列三个学分的由教师带领的短期项目，一般是十天到两周之间。

采访者：因为BCC为学生提供了各种不同长短的海外学习项目，你为此已经做了很多工作来消除社区学院学生海外学生的障碍之一。总得来说，你认为对于希望去海外学习的社区学院学生来讲，最大的障碍是什么？

EH：阻碍社会学院学生海外学习的最大障碍是缺乏经费来源。其他的障碍还包括家庭义务、从事多样工作，还有就是我称之为"我是谁"的缺乏自信综合症。很多学生认为海外学习只是那些四年制本科院校学生的事。

采访者：经费困难是各种类型院校学生遇到的共同障碍。这似乎是所有学生海外学生的主要障碍之一。你认为对于社区学院来讲，为学生提供海外学习的机会的最大障碍是什么？

EH：社区学院面临的最大障碍是我们很多学生的狭隘态度，还有我们缺乏积极的对于海外学习的口碑效应，因为我们的参与者海外学习经历一结束就会转到四年制大学去。

采访者：是的，口碑是海外学习最好的宣传方式。如果不能像你希望地那样利用这一效应的话，你如何弥补以便向你的学生传达信息，说明这些海外学习的项目存在，而且他们能够把这些项目纳入他们的学习之中？

EH：我们尽可能尝试所有办法。如果我注意到学生瞥了一眼我们的宣传材料，我就会走出办公室和这个学生在门厅搭话。如果有学生碰巧在我们办公室附近找其他系，我也会利用这个机会。（你在找数学系吗？太好了。顺便问一下，你考虑过在新西兰进行海外学习吗？）言归正传，最有效的办法是新生入学教育、学生邮件和拜访教室。因为我们的学生每两年就一届，我们必须对宣传保持持续不断的警惕。

采访者：对于希望开展更多海外学习项目的社区学院，你有什么建议吗？

EH：我建议他们加入一个协会，这样可以减轻海外学习事务性工作的压力。因为人手短缺是个经常出现的问题，他们可以考虑雇佣一名大学生来实习。在这个领域获得经验很困难，而且很多素质好的大学生相较于薪水来讲更看重获得经验。还有一点很重要，就是要把国际教育的益处向董事会、高层行政人员汇报，取得他们的支持。

采访者：你知道，我们为《门户开放》报告收集国际教育交流的数据，包括社区学院的数据。相对于获得社区学院有关招收国际学生的数据而言，我们很难得到社区学院有关海外学习学生的数据。我知道这有很多原因，有些学院根本就没有海外学习中心。你认为社区学院需要解决的问题是什么？

EH：虽然越来越多的社区学院认识到全球化合作的必须性，但仍然还有不少在质疑社区学院参与国际活动的相关性。幸运的是，BCC 对国际化的使命有许多学院的承诺。但我们仍然需要继续提醒我们的校园和社区有关国际教育的重要性。我们有一个部门的口号"世界就是我们的社区"，以此来支持这种信念。

采访者：听上去，好像对于教育学生和学校的行政管理人员有关海外学习的重要性方面还有许多工作要做。我们暂且把收集海外留学生数据的重要性放一边。对于有兴趣使他们的学校国际化的社区学院来讲，在为美国学生寻找海外学习机会和招收留学生方面有哪些可能的渠道？

EH：可能的资源包括很多国际性教育专业和研究组织，比如 NAFSA 和 IIE。还有许多优秀的全国性资源专业服务于社区学院，比如国际学习学院联盟（College Consortium for International Studies），有 50% 的社区学院是它的成员；国际发展社区学院（Community Colleges for International Development）和美国社区学院协会（AACC）。还有许多州际的社区学院联盟。

采访者：谢谢您把您的经验和关于这个问题的想法与我们分享。我们已经在"开放门户"网站上新建了一个新的社区学院数据资源栏目。我希望这不仅可以为社区学院，也可以为对那些正在为学生提供国际教育机会的，对这件一样有意义的事情感兴趣的人们提供有用的资料。

三、美国高职教育国际交流合作的主要特点及启示

1. 美国社区学院开展国际交流与合作的主要目的是增进学生的世界了解

美国各种类型的大学都具有开放的传统和创新的品质。阿特巴赫（Alt-bach）这样评价美国大学："美国大学结构在全球影响深远，表征着世界各地大学特征的基本结构，但其自身也是熔铸了各种国际影响的混合物。最初的来自英国的殖民地学院模式，与德国的研究型大学理念及美国式的服务社会观念相结合，形成了现代美国大学模式。通过一些创造性的方式，外国模式与美国

国情紧密结合起来。"① 但是在美国成为世界霸主后，渐渐对其他国家的经验不再有浓厚的兴趣。"9·11"事件让这个民族再次充满危机感，重新认识到国际交流与合作的重要性。美国以更大的力度、更全面的姿态推进高等教育的国际交流与合作。一直不被关注的社区学院国际交流与合作得到前所未有的关注，有关社区学院国际化的调研报告接踵而至。社区学院采取各种办法鼓励各种背景、各种年龄层次的学生到世界各国，尤其是发展中国家学习，希望增加每一个美国公民对世界的了解。美国从藐视他国教育经验中转向关注和借鉴他国教育经验，最终向融入全球教育大家庭的方向转化。作为当今世界惟一的超级大国，美国的经验告诉我们，无论发达国家还是发展中国家都有自己的优势所在，也都有教育国际交流与合作的必要；无论研究型大学还是职业院校，都需要培养国际化的公民，而要实现这个目标，国际交流与合作是必由路径。

2. 国家以政策有效引导国际交流与合作

美国的高等教育系统具有分权的传统，高等教育系统内部差异度较大，学生群体多样化更大，因此美国始终强调以单个机构为基础的国际化方式，没有大一统的固定模式。联邦政府在高等教育方面的角色仅限于提供研究经费、学生财政资助和设定相关的政策。但是美国政府在明确宏观战略的前提下，很好了利用这几项措施，几管齐下，有效地引导了高等院校的国际交流与合作。美国以法律法案的方式，或是授权、或是直接设立基金，吸引留学生、鼓励美国学生海外学习。通过提供大量的奖学金或助学金，招募全世界最优秀的人才和智力资源，保证了美国在全球竞争中保持称雄地位，同时也鼓励美国学生增加世界各地的学习经验。正在酝酿通过的《西蒙法案》将会极大地促进社区学院的国际交流与合作。可见国家战略指导下的政策对于每一个个体的院校来讲都会产生方向性的引领作用，这一点对于中国非常适用。

3. 人们对社区学院国际交流的认识在不断深化

虽然美国高等教育国际化程度很高，但社区学院的国际化也是到了 20 世纪末才引起大家的关注。社区学院因其服务社区的特殊使命和多样化的学生群体，在国际化进程中仍有很多挑战。因此当前社区学院开展国际交流与合作有部分与中国高职院校相似的困难，比如：学生缺乏自信，学校缺乏学生海外经历的经费，学生认为海外经历是本科院校学生的事。因此美国社区学院探索国

---

① 菲利普·G·阿特巴赫：《全球化与大学——不平等世界的神话与现实》，《北京大学教育评论》2006 年第 1 期，第 93 页。

际交流与合作的实践和经验更可以为中国所借鉴。

4. 非政府组织的作用显著

美国一系列关注教育国际交流与合作的非政府组织在高校国际交流与合作中发挥了举足轻重的作用。他们不仅是信息的桥梁、专业的代表，更以权威的数据、深入的分析、专业的视角、前瞻的建议影响着国家政策走向。这些非政府组织，对本国国际教育的发展、政策、战略出谋划策，为高校、学生国际交流提供详细的指南。为推动高校的国际交流与合作提供了极有价值的指导，既有利于学校国际市场的开拓，又保证了国家国际教育政策的实施。政府对这类研究也给予了足够的重视。从而让他们的很多建议成为政府决策的重要依据。非政府组织作用的发挥方式以及政府对于民间组织的重视可以很好地为中国尚在成长期的民间组织所借鉴。

第二节　新加坡高职院校国际交流与合作

新加坡 1965 年才从马来西亚独立，在建国仅四十余年的时间里，就将一个贫困落后的港口城市变成一个现代化国家，成为"亚洲四小龙"之首，这其中职业技术教育功不可没。经济腾飞"奇迹"的实现与加强对外交流，有效地培养、吸引、使用和开发国际化技能人才密不可分。

一、新加坡高职教育发展概况

新加坡在 1959 年自治之后开始实行劳动密集型的进口替代经济发展战略，客观上需要一批与工业发展相适应的技术人员和熟练工人，一直以来单一的普通教育无法满足需要，职业教育才开始受到重视。1954 年，立法委员通过了成立新加坡理工学院的法令，但该校直到 1958 年才开始招生。因此新加坡的高职教育几乎与职业教育同时起步。

1. 高职教育起步（20 世纪 60 年代~70 年代后期）

随着 1965 年从马来西亚的独立，新加坡失去了原料供应来源和商品销售基地。与此同时，英国突然宣布提前从新加坡撤军，致使英军雇佣的三万多名雇员面临失业。面对狭小的国内市场，政府只好把内需型的进口替代式经济发展战略改变为外向型的出口式经济发展战略。这样，在客观上就需要有足够的专门技术人员和管理人员以及大批熟练的工人，才能保证引进的外国先进设备和技术发挥其效能。

外向型的经济结构，使得高等职业技术教育一开始就要瞄准国际市场，具备国际化的特点。政府对整个中学教育系统进行了一次改组，除一般中学外，还建立了四种类型的职业学校，工艺学院改组为高等技术训练机构，培养技师。这样就形成了一个由低级到高级的职业技术教育系统，也形成了普通教育与职业技术教育双轨并行的格局。1968 年新加坡成立了全国工业训练理事会和技术训练局，该局于 1973 年改组为工业训练局。这一时期，新加坡将原为中等职业技术学校的新加坡理工学院改组为以工科为主的技术专科学院，又于 1963 年建立了新加坡义安理工学院，这是一所培养实用型技术人才的综合性高等职业技术学校院，原为私立学院，1968 年改为公立大学。新加坡理工学院的改组和义安理工学院的建立，标志着新加坡高等职业技术教育的起步。这一系列的改革都有力地促进的经济的发展，到了 70 年代后期，经济多元化格局已经形成。在此期间，新加坡大学与新加坡理工学院达成协议，理工学院的学生同时具有新大合法的学生资格，学业水准达到新大要求时，可授予新大的学位①。这也是职业教育与普通教育接轨的尝试。

2. 高职教育体系的建立（20 世纪 70 年代后期末～20 世纪 80 年代末）

70 年代后期，劳动密集型工业不再有竞争力，而且新加坡本身就劳动力短缺。1979 年，李光耀总理提出了新的经济发展战略，称为"经济重组"或"第二次工业革命"，要求大力发展资本密集型、高附加值的产业，减少对低工资、劳动密集型产业的依赖。能否提供经过专业技术教育与训练的劳动力成为当时经济发展的关键。

在这样的背景下，新加坡开始进行全面的教育改革，从国家宏观战略的角度来安排职业技术教育。1979 年工业训练局和成人教育局合并为工业与职业训练局，隶属于教育部，负责统筹、协调和推动职业教育和技术训练的各项计划，对劳动力由"量的需求"变成"质的要求"，满足国家工业化需求。高职教育在此阶段得到快速发展。"分流制"和"职业资格等级证书"是这次改革的主要成果。在从小学就开始的统一分流教育制度中，职业技术教育正式被纳入正规教育范围，实现了双轨统一的教育制度。

"职业资格等级证书"是工业与职业训练局所属学校提供的 60 多种职业技术训练课程，修业期满，可分别获得各种工作能力的证书。在进一步完善的"职业资格等级证书"制度中，新加坡政府为了鼓励职工参加训练，提高技

---

① 黄建如著：《比较高等教育：国际高等教育体系变革比较研究》，社会科学文献出版社 2008 年版，第 271 页。

能，规定国家三级公务员证书、三级技工证书、一年或两年的职业训练证书和其他培训课程毕业证书相当于实践毕业证书。国家二级技工证书、工人技师证书相当于高中毕业水平。国家二级公务员证书、一级技工证书相当于大学毕业水平。各种证书之间可以相互衔接。如职工取得了某种相当于高中毕业水平的证书，就可以参加本专业的大学水平的招考与学习。正是由于职业培训证书与正规学历证书建立了一定的等价关系，而政府又实行按学历定工资，这样技术等级与待遇就自然形成了一一对应关系。这对于克服长期以来鄙视职技教育的传统观念，有十分重要的现实意义。①

为满足国民经济发展的需要，这一阶段，理工学院的工程技术专业比例大大增加。如 1981 年成立的南洋理工学院，下设电气与电子工程、土木与结构工程、机械与生产工程等系。除了大量的正规学历教育发展迅速外，各种非正规的职业教育和培训也开展得如火如荼。如新加坡要求企业的工业培训中心把培养标准提高到与职业学院同级水平，开始与国外合作进行职业培训工作，工业与职业训练局直接举办的职业（技术）学院。20 世纪 80 年代，除了大力扩充新加坡理工学院和义安技术学院外，经济发展局还借助外国之力，同西德、日本和法国合作建立了三所专科级的德新、法新、日新技术学院。

3. 高等职业技术教育稳步发展（20 世纪 90 年代以来）

20 世纪 90 年代开始，新加坡进入了以高科技为主要特点的第三次工业革命。随着外资的涌入，产业结构的调整升级，对劳动者素质需求进一步提高。为此，要求新加坡的职业院校一方面能追随产业结构的升级，及时调整专业，另一方面能根据来新加坡投资的跨国公司先进的技术要求，超前做好培训课程的开发。

1991 年，原来的南洋理工学院升格为南洋理工大学，旨在成为一所高质量的综合型大学。随后，新加坡政府兴办了三所大专性质的理工学院：淡马锡理工学院（1990）、南洋理工学院（1992）和共和理工学院（2003）。其中南洋理工学院成立后合并了早年政府和德国、法国、日本合作开办的德新、法新、日新技术学院。这一时期，高职教育出现了多样化的形态。如 1990 年新的学徒制实施，它采用了巴登—乌登堡的"双元制"模式，主要面向能够向

① 马早明著：《亚洲"四小龙"职业技术教育研究》，福建教育出版社 1998 年版，第 164 页。

员工提供训练的企业。新加坡理工学院率先于 1991 年推行的"工读双轨计划"①。1992 年新加坡理工学院开始为私人公司的工业培训人员实行"混合型学徒训练计划"②。1992 年，成立了直属于教育部的工艺教育学院，以接替职业与工业训练局的工作。

今天，有"亚洲四小龙"之称的新加坡，已形成了一个完整的"立交桥"式的高等职业技术教育体系。新加坡中学后教育分大学预科和工艺学院及工艺教育学院，大学预科是为升入大学作准备，工艺学院和工艺教育学院是高等职业技术教育的第一层次，学制两年。第二层次为理工学院与技术学院，学制三年，直接从高中招生或选拔工艺教育学院的优秀毕业生，为专科层次。第三层次是本科大学教育。新加坡的本科大学教育属于普职混合型，由国立新加坡大学和南洋理工大学承担，学制四年。在新加坡的高等职业技术教育体系内，可以凭学业和课程等成绩转入相应专业的第二或第三年级就读学位课程或者文凭课程，即工艺教育学院的优秀者可申请转理工学院，而理工学院的优秀毕业生，也可往高层上升。这种上下衔接的高等职业技术教育体系，为职业教育学生创造了一条深造的道路，极好地满足了不同人群在不同阶段的需求。

二、新加坡政府的国际化视野与战略

新加坡是一个有着危机意识的民族，她清醒着认识到这个弹丸之地，除了人力资本可供利用和开发，几乎没有其他资源。因此在人才培养上，新加坡政府超乎寻常的国际化视野为新加坡赢得一次又一次发展良机奠定了基础。

1. 国际交流合作政策的演变

（1）建国之初大量派遣留学生

新加坡政府提出造就一支世界级劳工队伍的策略。吴作栋总理认为，如果我们要享受有世界级的生活水平，我们就必须有世界级的工人队伍。③ 1965 年建国之初，新加坡就提出"教育立国"的目标。70 年代，新加坡政府把"使学生具有走向国际，面向世界的全球性眼光"作为四项教育目标之一。因此，新加坡把培养国际人才作为事关国家未来的大事来抓，此时新加坡国际教育发

---

① 工读双轨制：该计划实行兼读制，学生每周有一天（工作日）、一个傍晚和星期六的上午到学校上课，其余时间都在公司边工作边接受受训导员的实际工作训练。学生必须完成为期四年的课程才能获得理工学院的文凭。

② 混合型学徒训练计划：在该计划下学习的学徒必须先到工艺教育学院接受 3 个月到半年不等的密集训练方可进入公司边学习边赚钱。到了边学习边工作的阶段，学徒每周要到理工学院受训一天。

③ 马早明著：《亚洲"四小龙"职业技术教育研究》，福建教育出版社 1998 年版，第 191 页。

展的形式主要是鼓励国人出国留学，回来建设新加坡。

（2）80年代教育服务贸易理念初现

1985年4月新加坡政府建立了一个以李显龙为首的经济委员会，委员会集中回顾了二十年来新加坡经济发展的经验教训，发现地理优势弱化、劳动力成本提高、制造业竞争激烈等国内国际的变化。在制定经济发展长远规划的过程中，该委员会提出了对"教育服务产业"发展具有影响深远的观点。首先认为教育是急待发展的服务产业，而服务产业是未来经济发展的两大引擎之一。委员会认为，"教育具有巨大的增长潜力、对经济发展具有完全正面的影响、具有巨大的出口创汇潜力"。①

在这一基础上，新加坡政府考虑到本国经济的发展主要是靠引进外资和外国先进科学技术，而能够在吸引外资等方面占优势的关键是提供高素质、低成本的人力资源。因此，政府一方面注意控制大学生的数量，另一方面大力发展工艺学院，培养具有高等职业技术、实用的熟练人员，从而有效地控制了社会的人力成本总量。② 1991年，新加坡政府制定了名为"新的起点"的跨世纪战略，确定了国家经济发展的国际化战略，要求优先发展服务业，特别是国际服务业。为此，政府明确了高等教育国际化的发展战略，希望利用国际的人才和资源，使新加坡成为国际学术文化中心。但直到20世纪90年代，新加坡一直是一个留学生的输出国和教育的进口国。

（3）亚洲金融风暴之后教育输入与输出并举

亚洲金融风暴让新加坡深刻认识到必须发展知识经济，才能摆脱欧美国家的控制和攻击。高素质人力资源的吸引和培养再次成为重中之重。首先，新加坡经济发展局提出了著名的"双翼发展"构想，即一面引进世界顶尖大学"TOP10"计划（此计划是1998年提出，2003年8月，新加坡又推出"环球校舍"政策），一面发展国际教育服务贸易，将教育的输入和输出同步进行。首先，新加坡政府希望发挥自身处于东西方交汇的区位优势，通过国际顶尖大学的入驻，吸引一流的专家、学者、学生，高起点、快速度地发展本国高等教育，同时通过各种优惠政策吸引这些顶尖人才留在新加坡。第二，新加坡政府鼓励外国教育机构到新加坡合作办学，为新加坡普通劳动力提供先进的专业技

---

① *Education Work Group of the Sub-committee on Service Industry: Developing Singapore's Education Industry.* MTI, Singapore, 2003, p. 1.

② 欧阳忆耘：《从新加坡高等教育的发展与改革看教育基本规律的作用》，《高教探索》1997年第3期，第71页。

术教育和终身教育，增强劳动者的就业能力。第三，大力推动新加坡教育机构和合作办学机构走出国门，广泛招收亚太各国留学生，希望把新加坡打造成为"地区教育中心"。新加坡政府将教育服务产业细分为五类，各级各类院校都有自己明确的任务。如：新加坡国立大学和南洋理工大学只与政府推荐的世界顶级大学合作办学，确保通过国际教育为国家和东南亚培养一流人才，使这两所大学进入世界一流大学；其他公立院校主要满足本国人民对高等教育的需求，满足各个产业对各类技术和经营人才的需求，同时积极推进国际教育，向外国学生提供教育服务；私立院校则受到政府鼓励，利用世界贸易组织的《服务贸易总协定》（GATS）的规则，积极开展国际合作办学，拓展海外教育市场，开设各类学历、非学历的教育培训课程，形成以外国学生为主体的学生群。① 特别需要指出的是，目前在中国境内十分活跃的职业教育领域开展合作办学的就是以私立院校为主的技术和商科教育。

2. 跨国公司和地区总部计划推进国际化人才的培养

新加坡面积只有 704 平方公里，却云集着约 7000 家跨国公司和 10 万个中小型企业。在这些企业中，有超过 4000 家在新加坡建立了企业总部。② 目前，世界 500 强企业中，有 200 多家在新加坡运作。新加坡在世界经济体系中找到自己的最佳位置，不断瞄准世界新兴产业，通过引入新兴产业和本地培育，使产业结构不断调整升级。建立地区总部，使得这些跨国公司在全球范围内配置人员，这使得一大批国际化人才通过跨国公司的渠道进入新加坡，并引入新的理念、新的经验和先进的技术，同时反过来促进了当地高等院校的国际化进程。高等院校要迅速调整专业设置、课程体系，以提供适应新技术的国际化人才。在新加坡经济进入高科技、高附加值阶段，新加坡政府积极与跨国公司签订人才培训合同，联合制订培训方案，很快就培养出自己的新技术人才。国家需要什么，学校可以立即进行订单式培养，当前来投资的企业基础设施建成时，学校已经"生产"出符合企业需求的劳动力。

3. 政府高度重视国际化职业人才培养

新加坡政府充分意识到，服务于外向型经济的国际化职业人才的培养关乎国家前途，因此十分重视职业教育工作，不断采取措施在行政领导、经费投

---

① 张民选：《新加坡案例：拓展国际教育，建设世界校园》，《高等教育研究》2004 年第 3 期，第 93 页。

② http://city.cctv.com/html/guojichengshi/16a9ebc45ebfa3805902d29ca6254819.html.

入、证书制度等方面保证了职业教育的重要战略地位。比如政府在法律中规定：求职者必须接受职业技术培训，使职前培训制度化；凡资本在百万新元以上或雇员在 50 人以上的企业，必须对在岗职工进行专业技术培训；外资或合资企业，如招聘新籍员工，必须派到投资者母国进行专业技术培训；所有企业必须缴纳职工工资的 4%，作为全国技能发展基金。再比如新加坡理工学院的办学经费 75% 由政府资助，10% 来自于企业的资助，学生的收费只占办学经费的 15%。① 新加坡政府在引进外国先进技术、设备的同时，引进培训资源，创办培养高级技术工人的训练中心或技术学院。凡是外国大公司或厂商来新加坡投资，新加坡经济发展局都与他们商计开办培训中心的事宜。

4. 重视英语的学习。

新加坡有四种官方语言：华语、马来语、泰米尔语和英语。由于从新加坡独立那天起，以美国为代表的英语国家实际上是世界先进技术、创新、发明的发源地，因此英语已然成为一种世界语言。为此，新加坡政府提出了坚持英语学习的政策，高等教育机构也使用英语作为主要的学术语言。新加坡前总理李光耀曾指出："英语使我们能直接吸收西方工业的知识和技术，没有对使用英语的坚持，新加坡就不能为她的经济找到新的基础，也就不会具有今天所拥有的国际和地区经济中心的地位。"② 这种语言政策有利于新加坡接受世界上最新的教育、科技、文化信息，吸收西方先进的文明成果，为新加坡走向国际化、迅速融入国际社会奠定基础，反之也能不断推动其教育（包括高职教育）国际化的进程。这一点在新加坡的发展历史中确实得到印证。

三、新加坡高职院校国际化发展的实践

新加坡主要承担高等职业技术教育任务的是五所理工学院，相当于我国的高等职业技术学院。他们分别是 1954 年诞生的新加坡理工学院、1963 年创办的义安理工学院。进入 90 年代，为满足经济建设不同专业的人才需要，新加坡又于 1990 年正式成立了淡马锡理工学院，1992 年成立了南洋理工学院，2002 年成立了共和理工学院。五所理工学院的专业设置互为补充，避免了恶性竞争。新加坡的教育国际化，是从职业教育开始的。

---

① 叶彩华：《新加坡高职教育人才培养质量管理研究》，厦门大学硕士学位论文 2008 年，第 19 页。

② Guy Neave & Frans Avan Vught, *Government and Higher Education Relationships Across Three Continents: The Winds of Change*, IAU Press, Pergamon, 1994, pp. 190.

1. 以超前的国际化职业教育理念引领院校发展

新加坡的职业教育，尤其是高职教育诞生之初，就是为了满足国家外向型经济发展战略的需要，因此从创办伊始就必须面向世界市场，以符合国际标准的技能去生产能打开国际市场的产品。随着产业从劳动密集型向技术密集型的升级，为了吸引此类产业的外资投入，高职教育又肩负起培养出与新型产业相匹配的人力储备的功能。因此教育理念不仅要先进，还要超前。新加坡职业技术教育的发展宗旨就是：用明天的技术，培训今天的人才，为未来服务。高职教育始终瞄准世界产业技能发展的最前沿，开设的专业富于前瞻性，与经济发展预测和市场需求的联系程度紧密。新加坡高职教育的国际化战略，为新加坡的外向经济和跨国企业提供了人才保障。

我们可以从五所理工学院的使命陈述和愿景中了解他们先进的教育理念和国际化的发展愿景。

新加坡理工学院的使命宣言是：使我们的学生工作优异、生活精彩，用技能和知识武装成年学习者，增强他们的职业胜任力。愿景是：成为一所领先的学院，使我们的学生为工作、为生活、为世界做好准备。① 理工学院的教学特别注重超前性和市场性，认为教学必须服务于区域经济和世界经济发展的需要，服务于产业和经济结构调整的需要。

南洋理工学院的使命宣言是：（1）南洋理工学院将为学生和成年学习者提供优质的教育与培训课程，为他们在未来的生活与事业上作好准备，使他们成为终生学者，为促进新加坡的技术、经济和社会发展做贡献。（2）南洋理工学院将充分利用自己的资源、专业技能，创新和改革支持新加坡工商界的发展，完善新加坡的全球化努力。愿景是：成为全球卓越的最好的理工学院。② 为了达到这个目标，该校的承诺是：提供更优质的教学、更优质的课程、更优质的环境、更完善的管理。

义安理工学院的使命宣言是：通过教育与培训培养与经济发展相适应的专业人才。愿景是：智慧相连、人才相牵、创造价值。③

---

① 新加坡理工学院 Mission & Vision［EB/OL］. http：//www. sp. edu. sg/wps/portal/vp-spws/！ut/p/c0/04＿SB8K8xLLM9MSSzPy8xBz9CP0os＿hQD1NXIzdTEwN＿UwsLA09＿C28Ti5AwI3dHc＿2CbEdFAPCBmv0！/.

② 新加坡南洋理工学院 Our Vision and Mission［EB/OL］. http：//www. nyp. edu. sg/aboutNYP/corporate＿ sub＿ page. html.

③ 新加坡义安理工学院 Corporate Profile［EB/OL］. http：//www. np. edu. sg/home/aboutnp/corporate/Pages/index. aspx.

淡马锡理工学院的使命宣言是：为中学毕业生和在职成年人适应未来不断变化的社会提供相关的理论知识、终身服务的技能、以及不断改善自我的品质。淡马锡的愿景是：在全球化的教育网络中成为一所世界级的学院，因为我们的教学项目、应用研究、卓越管理和创新企业文化而声誉卓著。①

共和理工学院的使命宣言是：培养创新的、有企业精神的、有文化的专业人才。愿景是：我们要与利益相关者一起，以基于问题的学习来培养能适应不断变化的世界的人才。②

2. 在学习借鉴中形成独特的职教模式

新加坡在职业教育发展过程中，始终注重向职教先进国家学习。比如"双元制"的职业技术教育制度是德国经济腾飞的"秘密武器"，新加坡在发展职业教育的过程中，对于德国这一行之有效的职教模式进行了深入学习。但是，他们也认识到两国国情的不同。80年代初，新加坡南洋理工学院院长林靖东结合本国实际，提出了新加坡职业和工艺教育的新的办学理念和教学模式——"教学工厂"，把学校按工厂模式办，把工厂按学校模式办，通过"工业项目组"让学生在实际生产操作中学到知识和技能。

虽然"教学工厂"是在"双元制"的启发下，把学校和工厂这二元结合起来的实践，但这种实践又充分考虑了国情的差异，主要还是以学校为主位，而不是象德国那样以企业为本位。因为新加坡的企业规模普通不大，没有专门的具有相当规模的培训中心。新加坡的"教学工厂"是在现有的教学系统的基础上设立，学校统一领导、统一组织，按统一的教学计划进行。"教学工厂"是"双元制"在新加坡的改造模式。

当然新加坡的各理工学院作为高等职业技术教育的主要承担者，在或长或短的办学过程中，各自形成了独具特色的办学理念与教学模式。例如共和理工学院采取欧美先进的PBL（Problem-Based Learning，基于问题的学习）教学法，新加坡理工学院则大力推进CDIO（Conceiving - Designing - Implementing-Operating，构想——设计——完成——操作）教学模式，义安理工学院更擅长与国际企业的合作科研项目等等。

3. 课程体系采用国际化认证

---

① 新加坡淡马锡理工学院 Mission, Vision & Values［EB/OL］. http：//www. tp. edu. sg/home/a-bout/mission. htm.

② 新加坡共和理工学院 Our Profile［EB/OL］. http：//www. rp. sg/about/corp_ profile/mission_vision. asp.

课程的国际化是实现高等教育国际化的重要途径之一。新加坡高校普遍重视与工业界及国外高校的联系与交流。在设立一个新的学院、专业甚至课程，首先考虑的是如何与国内甚至全球在这一领域做得最好的高校建立联系，利用对方的经验和条件来发展自己。这一方法节约了资源，提高了效率。新加坡在技术人才培养的发展过程始终强调"国际人"的质量理念。课程设置上瞄准国际产业技能发展的最前沿，课程计划和开发注重与国际市场紧密结合。新加坡引进美国式的选课制和学分制，增强课程的国际性；重视对课程进行质量控制，实行课程校外评审制度，保证了人才培养质量标准的国际化。南洋理工学院 1996 年 12 月所有专业文凭课程全面获得 ISO9002 证书认可，义安理工学院于 2001 年通过了 ISO 9001：2000 认证，新加坡理工学院也通过了 ISO9001 和 ISO14001 的认证。①

4. 师资培养的各环节均与国际接轨

新加坡理工学院不仅教育理念超前，师资的招聘、培训和使用也与国际接轨。理工学院普遍制订了国际化的招聘政策，在全球范围内招聘高技能教师。如淡马锡理工学院，包括商科系、工程系、设计系、资讯科技系与应用科学系等 5 大系的 29 个专业，均有来自各国资深的教师执教。② 据不完全统计，如今新加坡的理工学院外籍教师人数占到教师总数的 10%。③

在与发达国家的合作中，新加坡始终把教师的培养放在首位，尽管理工学院的教师绝大多数都有在国外学习、培训的经历，但他们仍然坚持每年送一定数量的教师到国外去考察和进修，目的就是要让教师能追踪行业前沿知识。教师通过参加专业展览会、新技术培训、新课程学习、专业项目研究、出国学习等途径，主动到企业进行调研，预测企业发展趋势，超前 2～3 年对企业未来发展方向和技术技能进行积极准备。正是由于具备国际视野的超前准备的师资，才可能用明天的技术来培养当下的学生。

当然各理工学院用于师资培训的经费也有充分保证。新加坡理工学院每年教师人均进修费用为 4000 新元，专业教师隔 2～3 年就要从事一段时间的工业项目的研制。南洋理工学院从 1992 年组建起就建立专门的"学院员工培训基金"，用于内部员工的培训。

---

① 资料来源：各理工学院官方网站。

② 李霆鸣：《新加坡高职教育国际化特征》，《职教论坛》2008 年第 2 上期，第 52 页。

③ 黄建如著：《比较高等教育：国际高等教育体系变革比较研究》，社会科学文献出版社 2008 年版，第 291 页。

5. 加强院校国际教育交流与合作

（1）招收留学生

根据新加坡政府的教育国际化的战略，新加坡各级各类学校都提高了留学生的招生比例，努力营造一种"国际化校园"的氛围。据统计，如今新加坡国立的 5 所理工学院留学生人数超过学校总人数的 10%，而义安理工学院的留学生人数已经达到 20%。①

（2）学生海外经验

新加坡的理工学院都有学生前往海外"浸润"式学习或实习的计划，以通过文化交流扩大国际视野。如义安理工学院从 2007 年开始所有的在籍学生都要参加至少一项海外学习。

（3）与国外高等教育机构建立合作关系

新加坡的理工学院普遍都设立了国际教育学院（或国际教育部），旨在与全球教育机构建立交流合作关系。一方面，他们积极与世界顶尖的学院合作办学，学习他们的先进经验，并给学生提供升学通道，另一方面也没有忽视向亚太地区输出自己的职业技术教育。如义安理工学院既与世界顶尖学府美国维诺学院（Wheelock College）和亚洲区幼师培训中心（RTRC Asia）、英国泰恩河畔纽卡斯尔大学（University of Newcastle upon Tyne）、美国查普曼大学（Chapman University）联办本科学士学位课程 3 个，也与中国武汉科技大学联办物流管理专业大专文凭课程。而新加坡理工学院国际教育部的宣传栏上更是清晰地表明自己的优势所在：新加坡理工学院国际教育部旨在为亚太地区的其他国家提供新加坡理工学院的技术教育。我们在过去五十年中获得的知识和经验，对于培训为亚太经济发展提供产品和服务的技术人员完全胜任。②

四、新加坡高职院校国际交流与合作的主要特点及启示

1. 政府的大力支持和宏观布局是高职院校国际化发展的坚强保障

新加坡包括理工学院在内的高校在国际化进程中取得了良好效果，这在很大程度上得益于政府在经济发展的各个关键时期制定的具有远见的政策。新加坡独立后实施外向型经济发展战略，努力把本国经济融合在世界经济之中。为经济服务的职业教育也始终保持开放的姿态。新加坡是一个富有忧患意识、具有强烈危机感的民族，正是这种忧患意识和危机感促使新加坡高校时刻瞄准国

---

① 李霆鸣：《新加坡高职教育国际化特征》，《职教论坛》2008 年第（2 上）期，第 53 页。

② 资料来源：新加坡理工学院官方网站。

际市场，按国际化目标要求，在实践中不断推动国际化。政府在引进外资，引进跨国企业，规定企业员工培训经费、培训要求，职业资格证书与就职薪资联动等方面进行系统的规划，有效地整合了国内外资源，也有力地推动了高职院校的国际化进程。

2. 充分利用教育服务贸易"为我所用"

新加坡大学国际化的最重要特点是政策的制定者是新加坡政府。教育服务贸易对于新加坡而言起到三方面的作用，减少本国人才和资金外流，吸引外国人才和资金，给本地高校引入竞争机制。新加坡在开发教育产业的过程中体现了高度的计划性，通过细分教育市场，将各级各类院校明确分工，有计划、有步骤地引导和推进高等院校的国际化进程，避免彼此盲目竞争。教育服务贸易目前对于中国来讲还只是向世界开放了教育市场，没有很好地利用规则走向开放的世界市场。缺乏宏观战略布局和策略规划是主要因素。

3. 新加坡理工学院胸怀本土面向世界

新加坡理工学院很重视吸收国外的先进经验。"拿来"的同时能根据自己的情况进行消化，善于学习又不失自己本色。国际化思想在新加坡理工学院早已深入人心，成为一种共同的战略愿景，这种战略愿景表现为自上而下的结合，既有学院使命愿景的表达，又落实在教育教学的各个层面，成为院校发展的有机组成部分。

第三节　印度理工学院国际交流与合作

印度独立后的高等教育可分为高等普通教育和高等专业教育两部分。印度理工学院（IIT）就属于高等专业教育，从事工程技术教育，其培养的软件人才已经成为印度的名片，印度的信息技术产业也因此取得了举世瞩目的成就。以印度理工学院为代表的印度软件人才培养的高等教育机构自诞生之日以就以国际化战略抢占制高点、异军突起，成为享誉世界的高等教育机构。

一、印度理工学院的国际化发展理念

1947 年印度独立后，首任总理尼赫鲁把发展科学技术作为维护国家独立和经济独立的基础，提出大规模培养适应于现代社会发展的工程师战略，印度理工学院由此诞生。但是既缺资金、人才又缺技术、经验的落后发展中国家，如何才能在较短的时间以较快的速度，建成高水平的理工院校呢？显然单靠自身的力量是非常困难甚至是不可能的，印度政府从一开始就确定了借鉴和吸收国际组织和发达国家的教育经验和技术支持，开展国际合作来发展理工学院的理念。

二、印度理工学院国际交流与合作策略

印度理工学院（Indian Institute of Technology，IIT）由 7 所独立具有法人资格的分校组成，印度中央政府设立印度理工学院理事会统管协调 7 所分校，它们分别是卡拉格普尔分校（IIT Kharagpur）、孟买分校（ IIT Bombay）、坎普尔分校（ IIT Kanpur）、马德拉斯分校（ IIT Madras）、德里分校（ IIT Delhi）、古瓦哈蒂分校（ IIT Guwahati）和鲁尔基分校（ IIT Roorkee）。在香港《亚洲新闻》2000 年的大学排行榜中，全亚洲最好的 10 所科技大学，印度占了 5 所①，可见其实力非同一般。

1. 通过国际交流合作使大学制度与国际接轨

1951 年，印度第一所理工学院——卡拉格普尔分校（IIT，Kharagpur）建立。卡拉格普尔以麻省理工学院（MIT）为原型构建起学术、科研和管理制度，在制度上实现了与国际一流的接轨。印度理工学院瞄准世界一流大学，也按照世界一流大学的模式办学，在管理体制上不同于印度其它大学和高等技术教育机构。印度政府在理工学院创始之初就要求给予它众多特权，而"大学自治"是国际一流大学最重要的一个特点。1956 年通过的《印度理工学院法案》，使这些工程技术教育的最高学府与大学享有同等地位，并把印度理工学院确定为国家重点院校，具有自治大学的地位，其后 1961 年《理工学院法案》，2002 年《理工学院（修正）案》，进一步保障了印度理工学院"自治大学"体制的运行。印度理工学院的行政人员大约只占教授人数的一半，并且大部分由教授兼任，这在很大程度上抑制了在其他高等教育机构盛行的官僚意识和虚假浮高办学成本。1∶6 的师生比例让美国大学都自叹不如，充分保证了教育质量。

2. 利用国际合作使理工学院的教科研设施与师资水平与国际接轨

1957 年，印度政府通过与联合国教科文组织的合作，在孟买建立了印度理工学院孟买分校。通过联合国教科文组织，孟买分校获得了前苏联赠送的大批教学设备和援助。前苏联还从国内知名大学中派来 59 名专家和 14 名技术员进行指导。联合国教科文组织提供奖学金让前苏联为孟买分校培养了 27 名印

① 刘昌明：《印度软件业的兴起与软件人才国际化》，《国际人才交流》2004 年第 6 期，第 49 页。

度教师，为学校提供了一流的教师和科研人员。①

卡拉格普尔分校聘请印度杰出的科学家 J. C. Ghosh 爵士为校长，J. C. Ghosh 校长在世界范围内招揽最优秀的教师，如欧洲的杰出学者 R. A. Kraus 教授和 H. Tischner 教授，H. Tischner 教授也是电子学和电子通讯工程系的首任主任。这样一支具有国际水准的高水平师资队伍很快就把学校发展成为印度教学和科研水平最高的机构之一。

1956 年，德国联邦政府提出帮助印度建立一所高等理工学院。1959 年，印德两国政府在波恩签订了在马德拉斯建立印度理工学院的协议。根据第一份印德协议，德国委派教授、5 名工长到马德拉斯，并提供培训设施，培训了 20 名印度老师。德国还提供约 1800 万卢比的科研设备，为印度培养 20 名特定专业的教师。在德国全方位的援助和支持下，马德拉斯分校 1959 年建成，1961 年即成为重点大学。② 1966 年，印德两国签订了第二个合作协议，德国向印度的 20 个实验室提供了完备的设备，提供急需的新实验室，向印度选派专家、教授，并为印度培训了 60 名教师和技术人员。与此同时，双方的人员互访频繁。1974 年和 1981 年，印德两国政府又分别签署了第四和第五个合作协议，开始研究与开发（Research & Development，R&D）项目的合作，加强工业咨询服务、启动电机工程研究生项目，推动微处理器实验室、低温实验室等之间的学术交流，进一步交换访问学者。马德拉斯分校还与其他国家进行合作，如 1976 年与法国政府签订了一项与马德拉斯分校航空系合作和援助的协议。③

印度理工学院坎普尔分校的建立也是缘于"坎普尔印美项目（1962 ~ 1972）"。1958 年，美国国际开发署（USAID）准备由麻省理工学院援建印度理工学院坎普尔分校。美国工程教育协会和 MIT 派出两个考察小组调查印度的工程教育，并提交了考察小组的报告，随后美国国际开发署组建了援助坎普尔分校的九所顶尖大学联盟。坎普尔印美项目主要做了三方面的工作，一是美国大学联盟派专家到坎普尔指导。十年时间里共有 200 人参与了项目，专家们带来丰富的智力资源。二是坎普尔分校的教师到美国联盟大学接受在职培训，坎普尔分校先后有 50 位教师和技术人员在美国联盟大学接受专门训练。1963 年福特基金会捐出 2 万美元作为海外印度人回坎普尔分校任教的旅行费用。三

① History of IIT Bombay［EB/OL］. http：//www. iitb. ac. in/about/how. html.

② History［EB/OL］. http：//www. iitm. ac. in/history.

③ Landmarks［EB/OL］. http：//www. iitm. ac. in/landmarks.

是提供印度尚没有的设备、书籍和期刊。在坎普尔分校建设中，美国为该校购置设备花费了 750 万美元。普渡大学图书馆合作项目为坎普尔分校图书馆购买的书籍和过期期刊约 4 万册，价值 720 万美元。通过该项目，印度获得了一些难得的珍贵资料，如美国宇航局和贝尔电话实验室的专题报告。①

3. 不断深入的国际学术交流和科研合作使得理工学院成为 IT 精英的摇篮

80 年代以后，世界新技术革命的浪潮如火如荼，印度政府和印度人民认识到，要在战略和关键科技领域实现自力更生，就要开发具有国际竞争力的技术，特别是具有出口潜力的技术。而这项技术就是信息技术。印度理工学院主动把发展信息产业、培养软件人才的重任担负起来。政府也因此加大了对印度理工学院的投入，在一项名为"知识行动"的人才培养计划中，印度政府向印度理工学院拨款 8.985 亿卢比用于更换设备，并计划将全国 43 所地区工程学院提升到理工学院的水平。②

IT 是一个全新的领域，它不仅是一个知识密集型、人才密集型产业，更是一个全球性的产业，需要面向国际，放眼全球。印度理工学院深知这一点，因此它在 IT 人才培养方面一直坚持与国际惯例的接轨，始终致力于培养国际性的 IT 人才。为了了解 IT 领域的最新动态，保证学生掌握最新知识，印度理工学院 IT 专业基本采用原版的微软最新教材，而且在教学方式方法上也借鉴了西方国家广泛采用的"产学合作"的模式，由学校和企业联手共同培养人才。理工学院在教学、科研上积极寻求国际支持和合作。一方面大力引进国外先进的现代化设备。如卡拉格普尔分校通过海外基金会和跨国公司的支持，引进了最先进的设备，建立起最先进的实验室。另一方面与国际知名的 IT 企业合作建立高科技实验室。如德里分校建立英特尔公司的技术实验室、思科公司的高级网络实验室、菲利普半导体公司的超大规模集成电路实验室、IBM 公司的高级程序计算机设备实验室等。在德国学术交流服务中心资助下，6 所 IIT 学校与 6 所顶尖的德国工业大学（亚琛、柏林、达姆施塔特、德累斯顿、卡尔斯鲁厄、斯图亚特）开展研究生合作培养。

除此之外 IIT 还积极争取国际组织的赞助支持开展国际学术交流。比如③，

---

① Kanpur Indo-American Programme（KIAP）[EB/OL]．http：//www. iitk. ac. in/infocell/iitk/history/kiap. html.

② 刘艳匪：《印度理工学院的 IT 人才培养研究》，西南大学硕士学位论文 2008 年版，第 10～11 页。

③ 薛澜等主编：《中国高等学校国际科技合作与交流战略研究》，中国人民大学出版社 2007 年版，第 97 页。

德里分校开展大量的国际赞助研究项目，为联合国教科文组织、世界卫生组织、摩托罗拉公司等国际组织和公司提供咨询服务。卡位格普尔分校于1982年成立了作为学校与国际机构合作的研究与工业咨询中心。借助这个平台，该分校与英特尔、北方电讯、联合国开发计划署、福特基金会、美国国家科学基金会、欧盟等国际机构开展科研合作。通过这些科研合作，使得 IIT 能够占据科学技术发展的前沿位置，分享最新研发的知识、信息和经验。最近，印度理工学院准备实施一项新的战略发展举措，借鉴建校之初与国外著名大学合作的经验，将印度理工学院的 7 所分校，分别与国际上最顶尖的 7 所研究型大学建立合作联盟，希望再次实现超常规发展。

4. 坚持英语授课是理工学院迅速融入国际教育交流的先天条件

在印度民族独立前，英语是印度所有大学的授课语言。独立后，印度还保留了这一做法。印度理工学院几乎所有的课都采用英语教学，英语教学使得印度理工学院的 IT 学生可以娴熟地运用英文进行思维和工作。因而同其它学校或其它国家的 1T 毕业生相比，印度理工学院的 IT 学生更容易利用这种语言上的优势获得先机，成为跨国企业首选的目标。

5. 大批理工学院毕业生海外留学就业

印度 7 所理工学院中，每年有近 25% 的毕业生到国外留学深造，印度留学生在美国的人数在 21 世纪一开始就超过了一直位于榜首的中国，并且长达 8 年的时间一直位居第一，2009 年达到 10 万 3260 人。[①] 自二十世纪 70 年代开始，印度理工学院的 IT 毕业生大量涌入美国，他们先进入美国的名牌大学研究院进行深造，然后加入美国的高科技企业，现在大部分在计算机、电子等领域成就卓著。据有关资料统计，印度从事软件行业的人员有 25 万人，其中 8 万人直接向欧美客户提供技术服务，而这 8 万人中大多数毕业于印度理工学院。美国加州大学帕克莱分校萨克思恩教授曾对美国高科技企业集中地硅谷的新移民企业家进行了一次调查，在 2000 多个新成立的企业中，约 40% 的企业是由印度人开办的，这当中又几乎有一半是印度理工学院的毕业生。[②] 美国太阳微系统的创办人、数据库商业讯息公司创办人、互联网浏览器公司的四名创办人均毕业于印度理工学院。比尔·盖茨称 IIT 是"改变了世界的了不起大

① Open Doors 2009 Report on International Educational Exchange ［EB/OL］. http：//opendoors. iien etwork. org/？ p = 150811.

② 徐凤：《印度理工学院——亚洲大学的典范》，《东南亚、南亚信息》2000 年第 3 期，第 17 页。

学"。这一方面是由于印度的经济发展水平还不足以向 IT 精英们提供足够的岗位，另一方面是因为全世界的目光都聚集在这些精心打造的 IT 精英身上。

印度国内甚至世界上许多人士对此现象发表过评论，认为这是一种严重的"人才外流"。可是印度政府在国内无法消化这么多 IT 精英的现阶段，仍然坚持花巨资培养。对于这些说法和做法，仁者见仁、智者见智，且不是本文探讨的问题。但我们可以从另一个视角来观察"人才流失"的现象。印度理工学院的学子们当他们在事业上取得成就时，并没有忘记祖国和母校，而是带着资金、先进的技术和现代的管理方法回到印度，报效祖国。从 1993 年起，印度政府对高等院校的财政资助削减了四分之一，但印度理工学院此时却收到了来自海外的历届毕业生的捐款。印度理工学院均专门设有校友会专门负责联络校友，跟踪校友职业发展情况。印度理工学院马德拉斯分校自 1990 年开始，举办多种多样的活动吸引校友，例如举办银色联盟年会，吸引毕业二十五年以上的校友参加；每年颁发杰出校友奖，用来奖励在各行各业做出杰出贡献的校友等。以坎普尔分校为例，校友 Rao Remala 从坎普尔分校毕业后加盟微软公司，后来担任产品开发部经理。事业成功以后，他捐赠 10 万美元给坎普尔分校计算机科学与工程系，用于资助该系博士生参与国际交流，同时他捐献 650 万卢比设立一个讲座席位。校友 Joy Gill 捐赠 10 万美元于坎普尔分校生物工程系，校友 Prabhu Goel 2003 年捐款 100 万美元在坎普尔分校成立以他的名字命名的计算机与互联网安全中心。美国商业信息数据库的创立人 Vinod Gupta 捐款 300 万美元，在他的母校卡拉格普尔分校设立了以他名字命名的管理学院。卡拉格普尔分校 Sanyal 通信学院也是由校友 Malhotra 捐款兴建的。为了将校友工作明确化，卡拉格普尔分校甚至提出了具体的时间表，计划到 2020 年，向校友筹集资金 2 亿美金，用于建设基础设施，聘请教师和吸引学生等。[1]

印度总理拉吉夫·甘地在为《人才外流及其逆转》一书作序时曾把人才外流"看成是人力资源开发的一种形式，看作是个人获得知识和经验的过程，将会更适当些，因为这些人所获得的技能对于祖国来说同样是有用的。我们不必把在海外的印度科学家、技术人员、医生和其他专业人员看作是借出，而应把这看作是一种投入"。[2]

---

① 孙健，王沛民：《基于资源观的大学发展战略初探——以印度理工学院为例》，《高等工程教育研究》2008 年第 3 期，第 76 页。

② 转引自刘昌明：《印度软件业的兴起与软件人才国际化》，《国际人才交流》2004 年第 6 期，第 50 页。

6. 招收留学生

"一国能否更多地吸引外国留学生，一方面表明由该国经济发展水平所决定的教育政策的对外开放度；另一方面也表明该国教育资源所具有的（绝对或相对）比较优势的充分发挥度"。① 印度在吸引留学生方面有自己独特的优势。首先，由于印度具有天然的英语语言相对优势、廉价的学习费用以及与周边国家的地缘、传统的历史、文化等渊源关系，吸引着大量的亚非拉国家的留学生到印度学习英语语言。其次，到 20 世纪末，随着印度软件业在世界范围的崛起，吸引留学生学习软件专业成为一个新的经济增长点。在印度政府的《第十个五年计划建议（2002～2007）》中提出，各高校应考虑建立一个专门机构负责高等教育国际化事项，包括进口和出口。各高校应做出相应计划并采取措施通过各种途径使自身的资源流动起来。对大学提出特别的鼓励措施，允许愿意增加25%～30%来自外国学生学费作为日常开支的大学保留10%的资金用以作为更新设备和装置的指定基金。印度对外国学生实行"四免"，即免托福、免雅思、免担保、免入学考试。只需获得本国相应层次的毕业证即可申请到印度高一级的学历层次深造。印度打算依托其 IT 等高科技优势向海外教育进军，力图建立"世界级"的高等教育，提供"世界级"的教育和培训服务。

三、印度理工学院国际交流与合作的主要特点和启示

1. 走高端国际合作道路，提升国家竞争力

印度理工学院在不到半个世纪的时间里借助国际交流与合作，突破了传统高等教育的办学模式，与世界上最发达的国家及其最顶尖的大学建立了学术、人员、研究等各方面广泛深入的联系。世界科技发展的最新动态、国际高等教育的最新进展也随之为印度理工学院所掌握、了解和吸收。也正是通过这个渠道，印度理工学院的毕业生撒向世界各地。印度理工学院的国际合作，带给印度的不仅是几所世界水平的技术人才培养大学，更重要的是树立了印度在信息技术产业上的国际地位，重塑了印度的国际形象，提升了国家竞争力。"根据世界银行对计算机软件出口国家能力的调查评估显示，印度计算机软件出口的规模、质量和成本等综合指数名列世界第一。在全球按客户要求设计的计算机软件开发市场上，印度已占据了 18.5% 的份额，成为仅次于美国的全球第二大计算机软件王国。"②

---

① 杨文武：《印度吸引外国留学生现状分析》，《南亚研究季刊》2005 年第 2 期，第 69 页。

② 熊昌义，余天恩：《印度欲当软件老大》，http：//www.cei.gov.cn.

2. 坚持基于资源的发展理念和人才培养目标

资源观（Resource-based view）认为企业只有不断获得外部资源，才能够维持自身竞争优势。同样，对于大学来讲，要想在未来发展中维持优势地位，也必须积极寻找和利用资源。资源可能来自大学内部，也可能在大学外部；可能来自国内，也可能来自国外。马德拉斯分校在其《2010 年战略规划》[①] 中指出，由于高等教育领域的竞争越来越激烈，大学必须加强与政府、企业、其它组织等的合作，需要不断地从外界吸收教师、学生和经费，以获取外界对学校的支持。作为发展中国家，印度的高等教育长期投入不足，各类型学校在发展过程中一直面临着资源紧缺的问题。但是，印度理工学院化被动为主动，积极寻求外部支持，独辟蹊径。因为印度是一个经济不太发达的国家，财力有限，资金设施等方面落后于发达国家，而硬件产业又是一个需要高资金投入的产业，所以为了避免资金匮乏，印度理工学院着力发展高人才投入的软件业，将重心放在了软件人才的培养上。人才培养目标的设定也是基于资源的考虑。

印度理工学院马德拉斯分校在其 2010 年的策略方案中，分析了学院发展的环境所发生的变化。面对这些新环境，更需要加强国际交流与合作，把握最新行业趋势、竞争获得全球利益相关者的更多资源。

表 3－3　印度理工学院马德拉斯分校发展环境变化表

以前的倾向	新的趋势	以前的倾向	新的趋势
社会导向	市场驱动	公共服务	收入潜力
政府支持	利益相关者资助	自我依靠	全球化
自我管理	利益相关者多元化	官僚化	灵活

资料来源：Strategic plan vision 2010 IIT madras［EB/OL］. http：//www. iitm. ac. in/images/stories/iitm/Strategic% 20Plan. pdf.

3. 印度政府将国家目标的实现与理工学院国际化发展策略相结合

印度的几位总理都充分认识到高等教育的振兴对国家发展和民族独立的重要性，也充分意识到印度在技术、资金、人才等各方面都很薄弱的现状，只有把目光瞄准国际资源和国际标准，借助外力实现自身教育的跨越式发展。正是在这样的思想指导下，当印度决定创建世界一流的理工学院时，就把国际援助

---

① Strategic plan vision 2010 IIT madras［EB/OL］. http：//www. iitm. ac. in/images/stories/iitm/Strategic% 20Plan. pdf.

和合作当作一条捷径。

印度政府把准了世界经济发展的脉博，扬长避短，用"人才优势"来弥补资金短板。被称为"计算机总理"的拉吉夫·甘地曾说过这样一段话："我们错过了工业革命那班车，但不能错过这第二班车，即电子革命或称计算机革命。现在我们必须紧跟这班车，追上并跳上去。"① 印度政府对于承担着培育IT精英重任的印度理工学院不仅提供政策上的保障、经费上的支持，更主动为其教学、科研等国际合作搭建平台，以国际合作的平台实现国家目标。

中国也是高等教育大国，长期处于教育投入不足的状况，近年来经济社会教育的发展有了很大改善，但还跟不上人民旺盛的需求，正在寻找提高国家竞争力的有效的战略性产业。在这几点上，印度的经验格外珍贵。

第四节　主要结论

综合美国、新加坡、印度的高职类院校发展历程及国际交流与合作的经验，虽然三地的历史、政治、经济发展等背景有很大区别，但不难看出，不遗余力地推进国际交流与合作已经成为大家不约而同的国家或地区战略。

一、教育交流的目的是为了吸收和借鉴并进而创新，这是任何一个国家、地区和民族开展教育交流最初的出发点和最终的归宿

任何一个国家、一个地区都有自己的政治、经济、文化和社会背景，而任何先进的教育理念、教育方法其实都有其生产的土壤和孕育的过程，教育国际交流首先是学习，但绝不能止于学习，学习的目的是和本国、本地的实际结合达到借鉴的目的，并通过在实践中的思考不断创新，从而形成自己的特色。美国的高等教育今天能独步天下，也要追溯到当年对于世界发达国家高等教育的吸收和借鉴，但其真正的成功之处在于采借过程中的不断创新。美国的职业教育最初是学习借鉴英国等国，但很快就结合美国国情，形成了自己特有的体系和模式。1861 年的《莫雷尔法案》产生的赠地学院，是高等教育史上的一次创举，解决了专业人才紧缺的问题。原本主要为转学而设置的社区学院在《退伍军人适应法》颁布后，职业教育的功能得到极大加强，很好地解决了就业问题。新加坡在建国之初大量派遣留学生，南洋理工学院在借鉴德国"双

---

① 转引自林承节：《印度信息产业与现代化模式》，《科学与现代化》2005 年第 4 期，第 4 页。

元制"的基础上，创造了"教学工厂"的职教模式，享誉世界。印度按照麻省理工学院的模式建成第一所理工学院之后，始终把学习借鉴放在首位，但在第三次技术革命到来之来，抓住机遇、全面投入，形成了全球首屈指的软件精英的培养模式。

二、政府的引导作用无可替代

一个国家或一个地区的政府只有充分认识到国际交流与合作的重要性和必要性，才会从国家、地区战略的高度，制定相应的政策，在国家或地区发展的不同时期，及时引导不同重点的国际交流与合作，服务于国家目标的实现。比如美国20世纪以来，通过法案的方式，设立多种基金，吸引国际优秀的学生和研究者，夯实了美国的科研实力。"9·11"之后，美国意识到自己在相当一段时间的固步自封带来的危险，主动调整政策导向，鼓励不同类型学校的学生到世界各地学习，以增进世界了解，维护国家安全。新加坡的国家意志在教育国际交流政策上体现得淋漓尽致，尤其是80年代开始意识到教育服务贸易的前景，"TOP10"的实施有效地促进了国家从纯粹的教育输入国转变为教育输入输出并举的国家，成为地区教育中心。印度政府从独立之日起，就把理工学院的发展定位在借助国际力量，走国际化道路上，国家的力量在印度理工学院的发展历程中发挥了巨大作用。

尽管这些国家政府在高校国际交流与合作中发挥了举足轻重的作用，但是各自政府的角色仍然有所差异。下表比较了这些国家和地区政府在国际化方面角色的相对力度。

表 3-4　不同国家政府在国际化方面角色的相对力度对比表

政府的角色	美国	新加坡	印度
政策制定与计划	+	+ + +	+ +
财政支持	+ +	+ + +	+ +
高等教育的市场推广	+	+ +	+
促进和签订协议	+	+ + +	+ + +
信息搜集与发布	+ +	+ +	+ +

同时我们也发现，高等院校自主权越大的国家，其非政府机构、民间组织发挥的作用越明显。美国的情况尤其突出，政府和民间两个方面的积极性，保证了高等院校国际交流与合作的政策不会有太大偏差，也保证高校国际交流与

合作资源的共享性。

三、加强国际交流与合作是经济全球化背景下各国各地区的共同策略

首先，延伸到世界每一个角落的全球化的巨大力量是所有国家在新时期下大力推进高等教育国际化的历史背景。经济全球化趋势必然要求高等教育培养出具有国际意识、熟知国际惯例，在国内和国际上均具有一定竞争力的人才，使人们能了解和尊重不同国家的文化，加强国际间的理解力。因此，培养"国际人"已经成为 21 世纪各国、各地区高等教育的一个重要目标。无论发达国家还是发展中国家或地区，无论研究型大学还是高职院校。

其次，物质资源已不再是经济和社会发展的唯一依靠，信息和知识将成为未来社会发展的主要动力。各国、各地区政府都认识到要想在越发激烈的国际竞争中生存发展，必须提供国际型的产品和服务。而高等教育国际化被就成为实现这一目标理所当然的途径之一。

再次，随着教育服务贸易的深入人心，教育作为一项重要的服务产业，在世界贸易竞争中也越来越显示出巨大的发展潜力。发达国家或地区比较早地意识教育服务贸易的巨大市场，发展中国家或地区也在积极寻找比较优势，希望在巨大的教育市场中寻找契机。

四、院校国际交流与合作的驱动力各异

美国等发达国家职业类院校开展国际交流与合作的驱动力主要是人力资源和国际理解。对于美国的社区学院来讲，鼓励国际交流合作的目的主要在于增加世界理解，拓展学生的国际视野和多元文化的生存能力。新加坡这样的新兴工业化国家则表现出对优质教育资源的需求和具有比较优势的教育资源输出的双向驱动力，强调能力建设。对于新加坡来讲，院校的国际交流与合作还担负着人力资源建设的责任。印度的主要驱动力来自自身教育水平、经济水平都比较落后，希望通过国际交流与合作引入资金、设备、师资等一系列教育教学的资源，加强自身能力建设。

第四章

我国高职院校国际交流与合作现状及分析

国际交流与合作对于高职教育本身来讲并不是新鲜的话题，后发外生型的高职教育从诞生起就与中国改革开放同步，外向型经济发展模式加速了为产业界培养一线技能人才的高职教育与国际职教界的交流与融合，中国加入 WTO，教育服务贸易在各国的兴起更为这种交流与合作增加了新的动力，同时规模和质量不断提升的高职院校也越来越自觉地意识到国际交流与合作对院校发展、人才培养的作用。目前，我国高职院校国际交流与合作的现状如何？具体采用了哪些表现方式？主要的影响因素是什么？国际交流与合作的发展路径有哪些？国际交流与合作在学院发展中处于何种地位？还存在什么问题？本章试图弄清楚这些问题。

第一节 我国高职院校国际交流与合作的现状调查

一、调查研究方案

1. 调查对象

（1）问卷调查对象

2009 年全国共有 1207 所具有高等学历招生资格的高职（专科）院校，涵盖了中国大陆 31 个省、自治区、直辖市。其中国家示范性建设高职院校 100所，也覆盖了全国所有地区，在国家示范性建设高职院校中只有一所民办高职院校（苏州工业园区职业技术学院）。本次问卷调查的对象希望实现两个覆盖：一是区域的覆盖，尽可能覆盖全国所有省、自治区和直辖市；二是类型的覆盖，尽可能覆盖各种性质的高职院校（公办、民办；职业大学、高等专科学校、职业学院；综合院校、非综合院校）。

（2）深度访谈对象

相关职教领域领导、专家、部分省教育厅国际交流处负责人、高职院校国际交流与合作工作负责人，分管国际交流合作工作的院校领导、部分教师等。

2. 调查内容

问卷调查的内容主要包括：

（1）国际交流与合作的表现形式；

（2）国际交流与合作的影响因素；

（3）国际交流与合作的意义；

（4）对本校国际交流与合作现状的评价及对未来的展望；

（5）中外合作办学的主要困难和问题；

（6）外方院校的合作动机；

（7）本校在中外合作办学中的实际收益；

（8）对中外合作办学的评价；

（9）负责国际交流与合作的部门及相关人员的培训情况；

（10）高职院校国际交流与合作的问题及建议。

深度访谈的内容主要包括：

（1）如何看待高职院校开展国际交流与合作工作；

（2）影响国际交流与合作因素有哪些，如何看待；

（3）国际交流与合作开展过程中的主要瓶颈，如何改善。

二、调查实施

因为此次问卷调查是一种纯民间的调研，并且希望覆盖到尽可能多的省份，考虑到问卷回收效果，在问卷题量的设计上就不可能像教育主管部门自上而下的调研那样细致而敏感。问卷题目的设计主要是通过前期文献梳理、本人工作实践和访谈兄弟院校国际交流与合作工作负责人综合而得。问卷首先在江苏省内部分高职院校进行初测，利用外事工作会议的机会请教同行和专家，对问卷又进行了修改而最终形成。因为国际交流与合作在某些省份、某些院校尚未开展或仅有一些很零星的互访，因此此类院校都不太愿意接受问卷调查。以某省为例，我们在电话联系的十五所院校中，有八所回复说学院尚未开展此项工作，因此不便填写。能够回复问卷的学校都至少在此项工作上有一定进展，因此调研的统计结果会与实际情况有一定出入。但研究者个人认为，这种数据的出入因为调研学校所在区域、学校类型的全覆盖而可以适当忽略。

为了提高问卷回收率，最终通过朋友、同事的关系和本人逐个学校打电话的方式，向高职院校国际交流与合作的部门负责人发放问卷 200 份。回收 179 份，其中无效问卷 18 份，实际有效问卷 161 份，覆盖全部 31 个省、自治区和直辖市，各种类型的高职院校全部都有代表院校回复问卷，有效问卷占全国1207 所高职院校的13.3%。在所有回收问卷中，示范性建设高职院校（以下简称"示范院校"）的有效问卷 54 份，占全部示范性建设高职院校的 54%，占调研总样本的 33.5%；其他院校（以下简称"非示范院校"）107 份，占1107 所非示范院校近 10%，占调研总样本的 66.5%。

对于问卷中涉及的一些问题需要进一步澄清时，主要通过电话与学校的外事负责人沟通。借助各种类型的外事或国际交流与合作工作会议、专程走访兄弟高校、2009 年中国国际教育论坛、中德职业教育论坛、原教育部副部长章新胜主持召开的中国国际教育交流协会工作调研会等契机，与相关领导、专家、高职院校国际交流与合作工作负责人，分管院领导进行深度访谈，以期了解他们对相关问题的理解和认识。

三、调查结果

1. 机构设置

在全部 161 所被调查高职院校中，负责国际交流与合作工作的组织机构可分为五种类型：一是独立设置的行政部门；二是综合职能部门兼管；三是独立设置的教学部门；四是行政与教学职能合并的独立机构；五是兼有此项职能的其他部门。具体数量及分布见表 4－1。

表 4－1　负责国际交流与合作事务的部门汇总表

负责部门类型	部门名称	数量	百分比
独立设置的行政部门	国际交流合作处、外事处（办）、对外合作处	45	28%
综合职能部门兼管	学院办公室	74	46%
独立设置的教学部门	国际合作（交流）学院	20	12%
教学和行政职能合并的独立机构	外事处和国际交流学院，外事处与处语系等，两块牌子一套班子	13	8%
兼有此项职能的其他部门	职业技术教育研究所、科技教育研究发展中心、组织人事处、产学研合作教育办公室、教务处	9	6%

从全部样本来看，国际交流与合作由学院办公室兼管占了近一半。而学校办公室在一所学校的定位既是"不管部"也是"全管部"，说明此项工作在高职院校基本还处在一种非独立的、从属的地位。"大学组织内部机构设置是一

个复杂的管理活动，既要考虑机构的责任、目标、职责范围，也要从整体或系统的视角考虑它们之间的协作和沟通。从教育经济学的角度来看，它还是一个大学内部的机构资源的配置问题"①，"大学组织内部管理机构的生成是随着内部管理事务的增加而逐步生成的，也就是说，根据大学内部管理协调的需要而生成"②。因此国际交流与合作的丰富程度、国际交流与合作在学校整体工作中的地位会决定此项工作职能是否独立。

如果再仔细分析不同类型高职院校内设机构，可以发现两种不同的倾向。在全部54所被调查示范院校中，把国际交流与合作工作的职能划归学院办公室的院校只有12所，占到被调查示范院校的22%；而以国际交流合作处或外事处（办）命名的独立设置行政机构，有28所，占到被调查示范院校的52%。也就是说超过一半的被调查示范院校已经把国际交流与合作工作作为学校的一项非常重要的职能，设立了专门部门全面专业地负责。

再来看看107所非示范院校中，由学院办公室兼管的有62所，占全部被调查非示范院校的58%；而独立设置的外事办（处）或国际交流处只有17所，占全部被调查非示范院校的16%。两项数据几乎与被调查示范院校完全相反。被调查非示范院校大部分仍将国际交流与合作工作划归学院的综合部门——办公室管理，一方面便于工作统筹，另一方面也应该是因为国际交流与合作的工作量还不足以、尚无必要单独设置一个部门专门管理。

与此相关的另一组数据多少也说明了同样的问题：69.8%的受访示范高职院校部门负责人表示"接受过与国际交流与合作工作领域相关的培训"，而仅有18.2%的非示范高职院校部门负责人表示"接受过与国际交流与合作工作领域相关的培训"。这两个数据与部门专业化的数据基本吻合。

2. 国际交流与合作的表现形式

根据文献梳理、查阅网站信息、咨询专家意见，笔者汇总列举了20种国际交流与合作的表现形式，问卷统计的情况显示（见表4-2）：除了"境外办学"目前尚为空白外，其他各项都有高职院校在开展。在最初的问卷回收数据中，昆明冶金高等专科学院选择了"境外办学"一栏，后经笔者电话与该院此项工作的负责人确认，该校确实已经计划在境外设立办学点，准备工作也在进行中，但目前仍处于申请报批阶段。

---

①　胡仁东：《大学组织内部机构设置研究》，华东师范大学博士学位论文2007年，第158页。
②　同上：第162页。

留学生分进修（培训）生和学历生两种。部分高职院校已经开始招收进修（培训）生，但在全部 161 所被调查高职院校中，有七所在调查问卷中选择了"招收攻读学历留学生"一项，但经再次确认，有两所学校对于"招收攻读学历留学生"的意义产生误解，把中外合作办学项目理解为"招收攻读学历留学生"。所以在被调查学校中实际仅有五所，且均是示范性建设院校，经确认招收了极个别的学历留学生。分别是：上海医药高等专科学校从 2009 年开始在"中美合作护理专业"开始招收外籍长学制学历留学生；武汉职业技术学院 2007 年招收了一名也门籍的学生学习机械专业；昆明冶金高等专科学院从 2007 年起在三个专业招收学历留学生（冶金技术、市场营销和电子商务），目前有越南籍和老挝籍的共计 17 名留学生，2009 年有三名留学生获得中国政府奖学金；威海职业学院 2009 年招收一名韩国籍的烹饪专业学生；淄博职业学院 2010 年春季入学 10 名来自非洲卡麦隆的学生学习汉语专业。根据教育部网站上公布的 2008 年外国留学生的统计数据，专科层次的外国留学生，2008 年度在校生人数仅为 613 人，本科院校这个数据为 49855 人。① 受访高职院校均表示学校招收来华留学生并不是为了盈利，有些甚至是投入远远大于收益，主要是为了创造一个多元文化的国际校园，当然能有外国学生来学校学习，也提高了学校国内外声誉。教育部国际合作与交流司司长张秀琴在接受记者采访时曾经指出：有些国家发展留学生教育是为了扩充财政收入，其主导策略是促使教育成为一种出口产业，把教育视为一种增加收入的贸易。和这些国家相比，我国高校现有 2000 多万在校生，外国留学生只占其中很小一部分，我们不可能把增加国家财政收入作为发展留学生教育的目的。中国接收来华留学生的最大效果就是让国外的一些年轻人了解中国。同时，他们在中国学习的知识和技术有利于回国以后的发展，他们因此也很感激中国。在来华留学生工作中，坚持培养更多了解中国和对华友好的人士这一教育宗旨从建国以来一直延续至今，我们会在今后实际工作中继续坚持。②

从表 4 - 2 的数据可以看出：被调查高职院校开展国际交流与合作的总体情况是形式趋于多样但层次还不高，形式由易到难，输入远远大于输出。尚无任何一项内容被所有院校采用，境外办学还未有先例；而与外方院校实现学分

---

① 资料来源：中华人民共和国教育部官方网站．http：//www. moe. edu. cn/edoas/website18/45/info1261558323135145. htm.

② 周一，邓明茜：《提升教育品质和实力——访教育部国际合作与交流司司长张秀琴》，《世界教育信息》2009 年第 8 期，第 11 页。

互换/互认、参与国际科研合作、引进国际职业资格证书等实质性合作还不常见。招收留学生（包括短期和学历留学生）尚为鲜见，说明我们对于海外学生的吸引力还很缺乏。绝大多数院校都有与国（境）外院校间师生互访、教师境外专业培训、聘请外籍语言教师的交流项目。虽然组织国际学术会议、与国（境）外企业深度合作只有不足10%的院校有所涉足，但显示出有个别高职院校具备深入、全面参与国际交流与合作的能力。

表4-2 国际交流与合作的表现形式

国际交流与合作的表现形式	院校数	百分比
（7）境外办学	0	0.0%
（4）招收攻读学历留学生	5	3.1%
（20）组织国际学术会议	12	7.5%
（15）承担国（境）外专业人员专项培训	14	8.7%
（17）招收在校生的国（境）外非学历培训课程	14	8.7%
（12）与国（境）外企业深度合作	15	9.3%
（6）引进国外职业资格证书体系	20	12.4%
（8）参与政府间合作项目	21	13.0%
（2）招收短期留学生	24	14.9%
（9）与国（境）外院校教师学术科研合作	25	15.5%
（19）开展学生海外实习项目	35	21.7%
（10）教师境外语言培训	43	26.7%
（18）参加国际学术会议	43	26.7%
（14）聘请外籍专家	49	30.4%
（5）参与国际组织的交流与合作项目	51	31.7%
（16）与外方院校学分互换/互认	59	36.6%
（1）计划内招生的合作办学项目	68	42.2%
（13）聘请外籍语言教师	100	62.1%
（11）教师境外专业培训（包括管理者）	103	64.0%
（3）与国（境）外院校间师生互访	117	72.7%

高职院校的国际交流与合作遵循了由简到难的过程，主要先从双方互访开展，聘请外籍语言教师和教师境外专业培训都是相对操作比较容易、见效比较

明显、受外部因素影响较小的交流方式。与此相反，境外办学、招收攻读学历留学生和组织国际学术会议等不仅涉及学校自身的综合实力和国际影响力，还涉及到一系列的外部因素的影响。

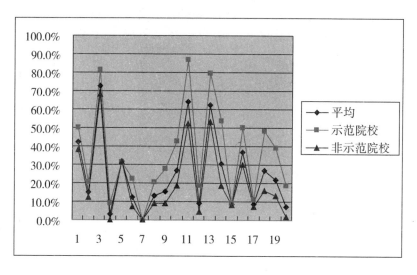

图 4-1　国际交流与合作表现形式对比图

国际交流与合作的表现形式	国际交流与合作的表现形式
（1）计划内招生的合作办学项目	（11）教师境外专业培训（包括管理者）
（2）招收短期留学生（进修/培训生）	（12）与国（境）外企业深度合作
（3）与国（境）外院校间师生互访	（13）聘请外籍语言教师
（4）招收攻读学历留学生	（14）聘请外籍专家
（5）参与国际组织的交流与合作项目	（15）承担国（境）外专业人员专项培训
（6）引进国外职业资格证书体系	（16）与外方院校学分互换/互认
（7）境外办学	（17）招收在校生的国（境）外非学历培训课程
（8）参与政府间合作项目	（18）参加国际学术会议
（9）与国（境）外院校教师学术科研合作	（19）开展学生海外实习项目
（10）教师境外语言培训	（20）组织国际学术会议

从图 4-1 可以看出，在示范院校和非示范院校的对比中可以发现，除了

第五项外，几乎每一项的开展范围，都是示范院校优于非示范院校。被半数以上示范院校采取的国际交流与合作方式有六种，分别是：计划内招生的合作办学项目（50.0%）；与国（境）外院校间师生互访（81.5%）；教师境外专业培训（包括管理者）（87.0%）；聘请外籍语言教师（79.6%）；聘请外籍专家（53.7%）；与外方院校学分互换/互认（50.0%）。而被半数以上非示范院校采取的国际交流与合作方式只有三种，分别是：与国（境）外院校间师生互访（68.2%）；教师境外专业培训（包括管理者）（52.3%）；聘请外籍语言教师（53.3%）。在其他形式上，示范院校也表现出比非示范院校明显的活跃度。

在以下六个项目上，示范院校和非示范院校存在明显差异。（见表4-3）

表4-3 "示范院校"与"非示范院校"国际交流与合作形式对照表

国际交流与合作的表现形式	示范院校	非示范院校
（10）教师境外语言培训	42.6%	18.7%
（14）聘请外籍专家	53.7%	18.7%
（16）与外方院校学分互换/互认	50.0%	29.9%
（18）参加国际学术会议	48.1%	15.9%
（19）开展学生海外实习项目	38.9%	13.1%
（20）组织国际学术会议	18.5%	1.9%

3. 国际交流与合作的影响因素

（1）问卷调查的结果

在列举的十个影响因素中，属于外部影响因素的有：院校所处地区，地方政府的支持力度，政策法规，信息渠道；属于内部影响因素的有：院校专业结构，师资队伍，领导观念，工作经费，院校自身发展水平，院校此工作人员个人能力。

表4-4　国际交流与合作的影响因素

	影响因素	很大	比较大	不太大	不大
外部影响因素	院校所处地区	27.5%	55.0%	14.5%	3.0%
	地方政府的支持力度	27.8%	55.5%	13.9%	2.8%
	政策法规	47.1%	42.3%	6.7%	3.9%
	信息渠道	33.9%	53.6%	8.9%	3.6%
内部影响因素	院校的专业结构	19.5%	61.1%	15.7%	3.7%
	院校的师资队伍	23.4%	57.0%	14.0%	5.6%
	领导观念	49.6%	47.0%	2.6%	0.8%
	工作经费	26.9%	58.3%	10.2%	4.6%
	院校自身发展水平	32.3%	64.5%	1.6%	1.6%
	院校此工作人员个人能力	20.2%	65.4%	10.6%	3.8%

从表4-4可以看出：

①超过80%的学校认为上述所有十种因素对于高职院校国际交流与合作的影响是比较大或很大。

②在外部影响因素中，高达近九成的学校认为"政策法规"对高职院校国际交流与合作的影响是比较大或很大，而近一半的学校认为"政策法规"的影响很大。而对"院校所处地区"、"地方政府的支持力度"和"信息渠道"，则有超过半数的院校认为其影响是比较大的。在回答问卷的开放式问题"你觉得高职院校国际交流与合作存在哪些问题？"时，相当多的院校提及政策问题，如"计划内招生的合作办学项目很难得到审批"，"相关政策不稳定"，"政策一刀切现象严重"等。

③在内部影响因素中，96.6%的院校认为"领导观念"对于高职院校国际交流与合作的影响是比较大或很大，半数的院校认为有很大影响，只有3.4%的院校持反对态度，微乎其微。近2/3的院校把"院校自身发展水平"和"此项工作的具体人员的个人能力"看作是对高职院校国际交流与合作具有比较大的影响。超过半数的院校认为"专业结构"、"师资队伍"、"工作经费"对于国际交流和合作具有比较大的影响。值得注意的是，只有3.2%的院校认为"院校自身发展水平"对于开展国际交流与合作的影响"不太大"或"不大"，是所有十个因素中作出此两项选择的最低值，甚至低于"领导观念"不重要性的选择比例。可见，绝大多数学校是把国际交流与合作建立在对现有

内部资源的评估基础上。这也说明为什么示范院校总体上来讲国际交流与合作开展得比非示范院校要活跃、有实效。

④在国际交流与合作的影响因素中，被高职院校认为是最重要的影响因素分别是领导观念和政策法规。既有内部因素也有外部因素，但内部因素的影响要大于外部因素的影响。

（2）深度访谈的结果

笔者试图通过一系列的深度访谈理清这十个影响因素的实际作用。对访谈记录进行整理归纳如下：

①在影响高职院国际交流与合作的因素中，被谈论最多的是"领导观念"。在这一点上，高职教育的专家、教育行政部门官员、院校国际交流与合作的部门负责人和院校领导达成高度的一致。领导观念是一项工作在学校地位和受重视程度的关键。大家普遍认为内部因素的影响力要大于外部因素，领导观念决定了一个学校国际交流与合作的主观能动性的大小。广州某职业技术学院的外事处负责人的谈话比较有代表性，"如果领导认识到国际交流与合作的重要性，他就会从战略的高度、系统地考虑这件事，无论从学校的发展规划还是部门的设置、经费的安排、职责的划分都会有明确的规划。而不是仅仅作为一般行政部门，完成事务性工作"。综合访谈中所涉及的各种类型领导在院校国际交流与合作中所发挥的作用，可以将"领导"大致分成以下几种类型：

第一种是创新型。领导本人观念领先，战略规划适度超前，配套措施得力，不畏阻力。这样的领导一般均具有海外学习背景或所学专业本身已经具备国际化视野，会主动创造条件开展国际化活动，能自觉从国际化的视角来考虑学校的发展。

第二种是适应型。领导本人观念与时代要求、地区发展水平基本同步。可以按照学院现有内部资源规划学校发展，也能把握出现的机会。但并未把国际交流与合作作为重要发展战略，也不会主动、创新地开展工作。

第三种是跟随型。领导本人对于国际交流与合作的理解不深刻，看到国际交流带来的一些好处，但也害怕同期出现的一些不适应和困难。因此策略选择上就停留在解决"有"和"无"的层面。目标是不能显著落后于其他兄弟学校，但也不会去做系统规划。

第四种是攀比型。领导本人混淆了国际交流与合作的手段与目的。看似学校开展了很多国际交流，但仔细分析交流内容，某些项目根本不适合该校实际，某些项目造成重大的资源浪费，只重视表面的数量和种类，不追求实效性、针对性和可持续性。

当然不排除个别领导对于国际交流与合作采取完全忽视的态度，但这一类型在访谈中未曾涉及。

在回答开放式问题时，这样一些答案应该也能从上述四种类型中找到缘由，"国际交流与合作局限于低层次的考察，互访，交换和培训等"、"面子工程多，浮躁，为培养高素质技能型人才合作的少"等。

②政策法规的影响涉及政策导向、项目审批等。上海某高职院校的国交院负责人谈到，"国家对海外教学点设置的政策有瓶颈，上海中长期教育规划中有这样一句话，鼓励到海外设置教学点。但也只是一句话，还没有出台配套措施，实际操作中仍有很多难度，我们只能观望。学生要实现海外就业，因为中国与其他国家签证等方面的外交原因，并不如一些其他国家便捷"。四川某高职院对于"中外合作办学"漫长的审批过程颇有微词，"合作双方辛辛苦苦谈成的合作意向，可是审批周期太长，一拖再拖"。广东的高职院校充分认识到中外合作办学是一个可以全方位交流的载体，但认为主管部门的审批近乎苛刻。国家政策一刀切的现象太严重。江苏部分高职院对于限制一所学校只能举办四个中外合作办学项目有诸多不解。关于"地方政府的支持力度"，没有哪个地方政府会不鼓励高职院校的国际交流与合作，但不同地区的教育主管部门对于政策的把握尺度和支持的积极性、创新性有很大差别。内陆省份的教育主管部门比较严格地按照相关文件执行，不太有创新的政策出台。而沿海省份会主动创造条件鼓励高职院校开展国际交流，在政策尚为空白或尚不健全的时候就开始探索，等到政策出台，已经是水到渠成。地方政府也会主动弥补中央政府政策的不全面，比如招收学历留学生原来只限于本科院校，部分省份已经放宽到高职院校。中国政府奖学金极少眷顾在高职院校就读的留学生，地方政府设立的地方政府奖学金则设专项弥补上这一块。

③在访谈中，很多学校的外事部门负责人谈到目前学校的师资外语水平、专业水平和对外交流意识已经成为各项合作项目有效推进的重要制约因素。山东某高职院外事负责人这样评价，"中方教师的专业水平基本达不到与国外开展合作科研的层次。个别有这个专业能力的教师，外语水平达不到"。学校的专业结构也在一定程度上制约了开展国际交流与合作的可能性。比如化工类专业因为其高温高压、易燃易爆、生产过程其实是通过数据控制，属于知识密集性的产业，在国外一般仅在本科及以上院校开设这个专业。根据对等交流合作的原则要求，就很难寻找到合适的合作院校。相对而言，以服务类、经管类、

计算机类等专业为主的院校在寻找合作伙伴方面就便捷很多。以江苏省为例，该省在海外有三个师资培养基地，从2003年起每年对全省高职院校专业教师进行海外大规模集中培训。培训专业包括数控、机电、电子、软件（动漫）、商贸（财经）等。部分学校机电专业的师资已经完成了全部一轮培训，已无师可派了。但作为一个化工大省，始终未能开发出化工类师资的培养渠道。

④运行机制是在访谈中被很多已有较为丰富的国际交流与合作经验的院校领导和外事负责人提及的影响因素。主要表现为：校内部门之间的职责不明晰、推诿扯皮；项目引进后跟进效果不佳；内外资源缺乏整合，增加了大量人才、物力、财力和精力。这些现象的背后其实就是顶层设计、系统规划没有跟上学校国际化活动的发展要求。

⑤出乎意料的是，对于"院校所处地区"，受访人员均认为其影响力不大，与问卷调查的数据有所出入。一位贵州某高职院的领导谈到，"只是想做就一定能做到。当然如果具体到外方院校的选择，他们可能会从经济收益的角度考虑，更多地选择沿海省份。如果我们具有自己的比较优势，就会有适合我们的交流与合作项目"。

4. 国际交流与合作的意义

不同的校开展国际交流与合作的动机不同，策略不同，其产生的意义也会有所差异。但不管什么样的动机，当我们打开视野、敞开胸怀，与世界交流沟通，一定会在眼界上、观念上有所改变，也会触动某些学校教育、教学、管理等深层次的问题，只是程度上有所差异而已。调查问卷中所列的14项内容将国际交流与合作的意义分成三个维度：一是学校形象，具体包括"提高学院声誉"、"加快学校国际化进程"、"增加世界理解"；二是内部建设，具体包括"引进优质教育资源"、"学习先进的教育管理经验"、"改进学校运行机制"、"改革课程体系"、"以国际先进标准设置专业"、"教育教学改革的催化剂"、"更新教育理念"；三是实际成效，具体包括"培养具有国际素质和国际劳动力市场就业能力的学生"、"培养具有国际视野的师资队伍"、"培养社会、地区紧缺人才"、"带来经济收益"。具体统计数据见表4-5。

表 4-5　国际交流与合作对高职院校的意义

	意　义	百分比
学校 形象	增加世界相互理解	26.1%
	提高学院声誉	42.9%
	加快学校国际化进程	57.1%
内部 建设	改进学校运行机制	14.9%
	改革课程体系	30.4%
	以国际先进标准设置专业	32.3%
	教育教学改革的催化剂	36.6%
	更新教育理念	50.3%
	学习先进的教育管理经验	51.6%
	引进优质教育资源	64.0%
实际 成效	带来经济收益	12.4%
	培养社会、地区紧缺人才	25.5%
	培养具有国际视野的师资队伍	42.9%
	培养具有国际素质和国际劳动力市场就业能力的学生	42.9%

　　整体来看，国际交流与合作对于"学校形象"而言，被调查院校认为最重要的是加快了学校的国际化进程，当然与此同时也提高了学校声誉。但与仅仅 1/4 院校选择"增加世界相互理解"的结果来看，学校声誉还主要是在国内范围得到提升。学校的国际化进程更多地是在资源、理念输入的过程中，加大了对外部世界的了解，而在增进与世界各国相互理解方面还是比较欠缺。在深度访谈中，有一位院长这样说到，"就像中国了解世界要比世界了解中国一样，中国的高职院校了解世界发达国家的职业教育，而很多国家并不了解中国的职业教育。这与我们缺少品牌意识、营销意识有关。教育服务贸易中，高职教育是大有可为的。我们首先要让世界，至少是周边邻居了解我们"。

　　在"内部建设"方面，引进优质教育资源获得大家的共识，有 64% 的被调查院校选择了这一项，也是所有十四项内容中获选最高的选项。"更新教育理念"、"学习先进的教育管理经验"分别以 50.3% 和 51.6% 得到过半数院校的认可。但对专业、课程、教学改革的促进只得到 1/3 院校的认可。而国际交流与合作对学校运行机制的改进是最不明显的。并非国际交流与合作不会改进学校的运行机制，也不是不需要改进，而是学校的运行机制涉及方方面面，中国的高职院校大部分还是公办院校，还主要根据政府主管部门的指令行事，办学自主权和市场竞争意识都不强，某种程度上讲，也不需要太强。因此，运行机制的改进并不是当务之急。

对于"实际成效"而言，42.9%的被调查院校认为师资队伍和毕业生质量都因为开展国际交流与合作而得到提升。尤其是 21 世纪以来，各地各校都把教师的海外培训明确地列入工作计划，也把引鉴采借世界发达国家的职教经验和教学方法作为教学改革的重要内容。比如"学习领域"、"基于工作过程导向的课程开发"、"CBE 理论"等等。而与跨国公司的深度合作、国际职业资格证书的引入等确实培养了一批具有国际劳动力市场就业能力的学生。"培养社会、地区紧缺人才"得到 1/4 院校的认可。获得"经济收益"目前还不是高职院校在开展国际交流与合作过程中主要考虑的问题。因为我们的教育水平总体上来讲还处于不发达的状态，还需要广泛的学习。而西方发达国家大多改变了过去教育援助的传统，而把教育输出作为一种盈利手段，把教育培训作为一种产品进行经营。所以无论是引进来还是走出去，我们都需要投入较大的资金。因此，虽然只有 12.4%的院校选择了这一选项，笔者还是把调研问卷拿出来仔细核对，并电话联系了相关负责人，得到的答案是这些学校均有中外合作办学项目，且年招生数和在校生数均具有一定规模。师生的交流与海外培训基本上都是在合作院校之间进行，部分费用是互免的。而在中方境内产生的费用并未计入国际交流与合作的成本。中外合作办学项目的收费要远远高于普通专业。因此如果运作得当的话，是会有部分经济盈余。但相当数量学校的外事负责人呼吁：应该把中外合作办学项目的办学盈余再投入改善合作项目的软、硬件建设上来。让交费比普通生高的学生确实享受到与交费等值的教育服务，让中外合作办学项目具有可持续发展的生命力。

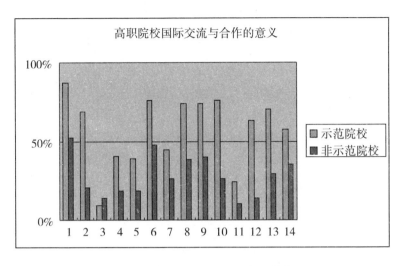

图4-2 高职院校国际交流合作的意义

（1）引进优质教育资源

（2）教育教学改革的催化剂

（3）带来经济收益

（4）增加世界理解

（5）培养社会、地区紧缺人才

（6）加快学校国际化进程

（7）以国际先进标准设置专业

（8）更新教育理念

（9）学习先进的教育管理先进

（10）培养具有国际视野的师资队伍

（11）改进学校运行机制

（12）改革课程体系

（13）提高学院声誉

（14）培养具有国际素质和国际劳动力市场就业能力的学生

除了按照"学校形象"、"内部建设"和"实际成效"这三个维度进行数据统计外，笔者还按"示范院校"和"非示范院校"两个维度又进行了一次数据统计（图4-2）。国际交流与合作对学校发展的意义更被示范院校认同，各项内容的选择都与非示范院校有很大差异。这与大多数示范院校国际交流与合作工作开展的丰富性有关，当然这些院校因为示范性建设获得大量的建设经费，充足的经费提供了坚实的保障。查阅百所示范院校的建设方案，几乎所有的示范院校在"教师海外培训"一项的投入都在百万元以上。

表4-6 "国际交流与合作对院校的实际意义"数据统计表（示范院校）

序号	国际交流与合作的意义	百分比
1	引进优质教育资源	87.0%
2	培养具有国际视野的师资队伍	75.9%
3	加快学校国际化进程	75.9%
4	更新教育理念	74.1%
5	学习先进的教育管理经验	74.1%
6	提高学院声誉	70.4%
7	教育教学改革的催化剂	68.5%
8	改革课程体系	63.0%
9	培养具有国际素质和国际劳动力市场就业能力的学生	57.4%
10	以国际先进标准设置专业	44.4%
11	增加世界理解	40.7%
12	培养社会、地区紧缺人才	38.9%
13	改进学校运行机制	24.1%
14	带来经济收益	9.3%

在14项指标中有九项指标，半数以上的示范院校持认同态度，尤其是：引进优质教育资源（87.0%）、培养具有国际视野的师资队伍（75.9%）、加快学校国际化进程（75.9%）、更新教育理念和学习先进的教育管理经验（74.1%）、提高学校声誉（70.4%）、教育教学改革的催化剂（68.5%）、改革课程体系（63.0%）得到大多数院校的认同。对于非示范院校而言，仅有一个项目得到半数以上的院校认可，即引进优质教育资源（52.3%）。表4-6、4-7所示。

表4-7 "国际交流与合作对院校的实际意义"数据统计表（非示范院校）

序号	国际交流与合作的意义	百分比
1	引进优质教育资源	52.3%
2	加快学校国际化进程	47.7%

序号	国际交流与合作的意义	百分比
3	学习先进的教育管理经验	40.2%
4	更新教育理念	38.3%
5	培养具有国际素质和国际劳动力市场就业能力的学生	35.5%
6	提高学院声誉	29.0%
7	以国际先进标准设置专业	26.2%
	培养具有国际视野的师资队伍	26.2%
9	教育教学改革的催化剂	20.6%
10	增加世界理解	18.7%
	培养社会、地区紧缺人才	18.7%
12	改革课程体系	14.0%
	带来经济收益	14.0%
14	改进学校运行机制	10.3%

5. 对国际交流与合作现状的评价和前景的展望

对学校"目前国际交流与合作的现状"满意度的调查显示（见表4-8），表示"很满意"的院校只有4所，仅占被调查院校数的3%；但61.4%的被调查院校表示"比较满意"。选择"不太满意"和"很不满意"的不足一成院校。而在回答"贵校对国际交流与合作重视程度"一题时（见表4-8），22.3%的被调查院校觉得学校的重视程度令他们"很满意"，超过半数的学校回答"比较满意"。这两项相加已经达到了76.9%。正如前文所言，凡是愿意配合做调查问卷的院校，都开展了一些国际交流与合作的工作，这些学校对国际交流与合作相对也比较重视。但就全国而言，这一数据可能是偏高的。

表4-8 对国际交流与合作满意度、重视程度统计表

内容 ＼ 满意度	很满意	较满意	一般	不太满意	很不满意
贵校国际交流与合作的现状	3.0%	61.4%	27.3%	6.8%	1.5%
贵校对国际交流与合作重视程度	22.3%	54.6%	20%	2.3%	0.8%

绝大多数被调查院校（69.2%）对"国际交流与合作的前景"充满信心，

认为前景一定"很好",而认为前景"一般"的有30.1%,仅有0.7%的被调查院校认为前景不会"太好"。

对于"高职院校国际交流与合作对学校将要发展的作用",79.4%的被调查院校认为"将会发挥重要作用",19.1%的被调查院校认为国际交流与合作"有更好,但作用不会太大";仅有1.5%的被调查院校认为国际交流与合作是"可有可无,面子工程"。

6. 中外合作办学情况

中外合作办学是国际交流与合作中一个比较特殊的内容,"可以实现动态的、直观的研究和借鉴,也可以结合我国国情,有选择地成系统地引进名校办学的成套'软件',成建制地培训提高我们的教师队伍,保进提高教学水平和加快体制改革"[1]。在合作实践中,我国高职院校的实际收益到底是什么?外方合作院校的动机是什么?合作办学的困难在哪里?中国高职院校如何评价目前的合作现状?以下是这些问题的反馈。

(1)本校在中外合作办学中的实际收益

①问卷结果

表4-9　高职院校通过中外合作办学获得的主要收益

收益内容	百分比
学习先进的教育理念	70.7%
学习先进的教学方法	66.7%
提高人才培养质量	59.7%
营造国际化的校园氛围	58.2%
学习先进的学校管理理念	56.9%
给学生提供更多的入学机会	50.1%
提升学校的显性指标	33.5%
培养锻炼师资	33%
引进原版教材	19.9%
改进原来的专业	19.9%
带来经济收益	15.5%
新建紧缺专业	9.2%

① 江彦桥:《高等教育国际交流合作篇》,《改革开放30年中国高等教育发展经验专题研究》,教育科学出版社2008年版,第90页。

通过中外合作办学，高职院校认为实际收益居前三位的是：学习先进的教育理念（70.7%）、学习先进的教学方法（66.7%）、提高人才培养质量（59.7%）（见表4-9）。说明中外合作办学总体上还是起到了引进优质教育资源，提高人才培养质量的目的。

②访谈结果

就调研数据中的几项内容，笔者专门通过访谈做了进一步了解。首先，出乎意料的是最少的院校从中外合作办学中收获到"新建紧缺专业"的益处。《中外合作办学条例实施办法》第三条明确指出，鼓励在国内新兴和急需的学科专业领域开展合作办学。通过深度访谈总结出以下几方面的原因：首先，如果是国内紧缺专业，那么中方院校在师资、实验实训条件等方面可能储备不足，学校在引进过程中信息过于不对称，难免不太敢做决断。其次，部分省份中外合作办学项目在申报时，要求按照当年学校招生专业名称进行申报，紧缺专业往往不在已招生目录中，需要提前一年向所在教育主管部门的高教处申报新专业。也就是说，新专业审批权在高教处，而中外合作办学项目的审批权在国际交流处。第三，大部分院校在中外合作办学起始阶段要解决的是"有"和"无"的问题，因此在现有专业，尤其是投入较小的文科专业上先行试点，既满足了数量的要求，也不至于过于牵扯精力。但随着国家和地方政府对中外合作办学的要求越来越规范，学校也积累了一些合作经验，更多的院校开始思考如何在紧缺专业上开展合作，但困难较大。

再者，"引进原版教材"和"改进原有专业"，这两项本应是中外合作办学的主要收益，却只有不到二成的学校选择。对于"原版教材"的问题，一位山东某高职院的国教院院长这么总结，"我们尝试用过原版教材，但原版教材的使用存在三方面的障碍：一是学生的英文水平达不到原版教材的要求。二是外国原版教材与中国教材在编写的体例上有很大区别，要求的教学方法也不相同。因此如果是外方教师授课，他的教案才是授课的重点，包括教材在内的一系列资料是供学生课前课后阅读，而不是课堂上使用。学生长期形成的只听教材、只学教材的学习习惯也一时适应不了。而中方教师习惯的教学方法是照本宣科、紧扣教材，所谓"备课"也就是把教材先于学生学习一遍。中方教师反映厚厚一本原版教材根本没法在规定的课时内上完。最后一个原因就是原版教材的费用太高，如果一个专业引进若干本原版教材，学生的负担就很重。"中外合作办学的专业上存在三种模式：照搬式、嫁接式和融合式。所谓照搬式，就是把外方专业全盘照搬，这往往存在于合作办学的初期。所谓嫁接式，就是把中、外方的课程按一定比例简单叠加，中方负责中方的课程、外方负责外方的课程。大部分学校目前采用的就是这样的方式。而所谓融合式，就是双方就各自本专业的特点和优势，进行整合和再设计，从而达到既引进了外方优势资源，又结合中方特点的目的，且在磨合中不断完善。这当然是合作办学专业应该追求的方向。

最后，"培养锻炼师资"本也是我们进行中外合作办学的主旨，但也仅仅只有三成的学校认为达到了此项目的。江苏两高职院的情况比较有代表性。其中一所高职院校的管理模式是，外事办负责合作项目的洽谈，而中外合作班的教学由各专业所在系部管理。课时量按首次上课1：1.8，重复课1：1.5来计算课时。但仍然没有老师主动上合作班的课。现在各校师资紧张是一个普通现象，老师的课时量普遍偏高，这种课时优惠并不具吸引力。学校教师的绩效考核主要以课时数量来计工作量再加一些科研的要求。上普通班的课，教学方法、教材内容都很熟悉，因此比较轻松。上合作班的课，仅备课就花费大量时间，而且还有外方不断督教、教考分离的压力。还有一个关键点就是，合作专业的专业发展并未列入学校的专业发展规划，因此合作班的工作对教师本人来讲都是额外工作，不会给他本人专业业绩加分。另一所高职院校的管理模式是成立了国际教育学院，但专业师资需从各专业所在系借用。这些老师认为是在帮国教院的忙，不愿意花费太多的时间在合作专业的建设和教材教法的研修上。因此学校经过调整，中方教师只教授中文课程，沿用原有教材。外方教师上外方课程，大家互不干扰。这种合作模式当然不可能在师资培养上起到什么作用。"合作专业师资的融合"是被调查院校在开放式问题中比较集中提到的一个问题。在前面有关"国际交流与合作对向职院校的意义"一题的调查中，有42.9%的受访学校认为国际交流与合作在"培养具有国际视野的师资"方面是发挥作用的，结合本题的调研，受访院校负责人坦诚，师资培养的途径上，境外培训的收效要胜过中外合作办学项目。虽然从理论上讲，这一点有些难以理解，但从实践效果看来，这与现行的院校内部管理体制和合作办学的合作方式有关。但部分院校进一步说明，随着这种内部管理体制的矛盾越来越突出，问题的解决反而现出曙光。

（2）外方院校的合作动机

被调查院校认为列于前三位的外方合作院校的主要合作动机是：获得经济收益、建立海外生源基地和扩大国际知名度。所有被调查院校中92.2%的高职院校认为外方的主要动机是获得经济收益，54.9%的学校认为外方主要是为了建立海外生源基地，47.1%的学校认为外方主要是为了扩大国际知名度，极其个别的院校认为外方院校的合作动机中包括价值观输出、政治利益和无私援助。部分院校在访谈中给笔者算了一笔双方合作经费分成的细帐以及外方来华人员费用支出后认为，他们的合作院校纯粹是为了给本国师生提供一个多元文化、海外经历的机会。所有不同的合作伙伴的合作动机差异相当大。

（3）中外合作办学遇到的主要困难和问题

对于中外合作办学中的主要困难依次是：政策审批（64.6%），生源质量（56.3%），招生（52.1%），资金（43%.8%），国外学历、学位证书的认可（39.6%），语言（35.4%）。而在90年代被广泛关注的教育主权、外汇和税收问题都极少被提及（分别是4.2%、6.3%和6.3%）。认为"领导观念"是中外合作办学中的主要困难的院校占22.9%。这与前文中对于"国际交流与合作的影响因素"调查结果对比可见，对于国际交流与合作的众多形式来讲，中外合作办学一项，大多数院校的领导是持支持和鼓励态度的。值得一提的是，在调研问卷中，有两所院校注明因为生源不足，目前已经基本停办国教院。如果中外合作办学不能办出特色和质量，这种现象会在更多的学校发生。

（4）对中外合作办学的评价

被调查高职院校对中外合作办学项目的评价基本是比较满意的，很满意和很不满意的学校都很少。（见表4-10）

表4-10 对中外合作办学项目的满意度

内容　　　　　　　　　　满意度	很满意	较满意	一般	不太满意	很不满意
您对贵校目前中外合作办学项目	0.8%	55.8%	30.3%	9%	4.1%

四、主要调查结论

1. 大部分高职院校对于国际交流与合作已经从不同层面上认识其作用，并已付诸具体行动。

2. 高职院校的国际交流与合作，目前还多倾向于人员互访、师资海外培训及聘请外籍语言教师等表面形式，深层次的合作项目尚不普遍。这也与大多数学校未必认真思考国际合作与交流的本质及对高职院校发展的意义有关。

3. 国际交流与合作的开展有明显的不平衡性，尤其是院校自身发展水平对国际交流与合作的影响很大。因此示范性院校总体上优于非示范性院校，也从中获得更多收益，显示出马太效应。

4. 领导观念对于院校开展国际交流与合作起到至关重要的作用。校内运行机制和管理体制是制约国际交流项目发挥作用的重要因素。高等职业院校对于推动国际交流与合作还缺乏系统思考和整体规划。

5. 各方利益诉求的区别，导致教育主管部门的政策或学校部分国际交流的项目设计初衷在实践中并没有得到很好地落实。

6. 中外合作办学是各校都希望达成的合作项目。但在项目审批上的诸多限制，以及后续运行中的问题，有较大的调整空间。

7. 提高国际交流与合作的长期效益是摆在绝大多数高职院校面前的任务。

8. 政府应该在高职院校层面的国际交流与合作中扮演"积极作为"的角色，宏观指导、整合资源、提供支持。

9. 高职院校对于国际交流与合作的前景普遍看好，也普遍认为将在学校发展中发挥重要作用。

第二节　我国高职院校国际交流与合作的实践探索

目前我国广大高职院校开展了大量形式多样的国际交流与合作，有些是有意识的、从战略角度出发的系统行为，有些仍然是随意的、零星的行为，但不管是基于什么动机开展的实践探索，都为我们研究高职院校国际交流与合作提供了丰富的素材。通过这些院校层面的具体实践，我们可以更加清晰地梳理目前高职院校国际交流与合作中取得的经验、遇到的问题，以及今后发展的方向。

一、学院定位与发展战略

理念决定行动，定位决定战略。笔者搜索了几乎所有百所示范性建设高职院校及部分其他院校网站，明确提出国际化发展战略的学校很少，明确在国际职教领域找准自身定位的学校更少。但仍有部分高职院校在自身发展过程中，在越来越丰富的国际交流与合作的实践中，意识到国际交流与合作是促进学校发展的有效途径，因此会从战略的高度统整学院的国际交流与合作的各项活动，提高针对性，提高效率。如：深圳职业技术学院很有气魄地提出建设"世界一流职业技术大学"；上海医药高等专科学校提出"立足上海、服务全国、走向世界"的服务定位；四川国际标榜职业学院提出"立足四川、面向全国、走向世界"；青岛职业技术学院"十一·五"规划中提出学院发展的

"四大战略"——专业核心发展战略、与大企业合作战略、多形式培训战略、国际交流与合作战略；新疆农业职业技术学院在《示范院校建设项目总结报告》① 中提出学院今后的努力方向：围绕国际化人才培养目标，开展国际化合作办学体制的研究，构建国际化合作办学平台，建立与中亚地区高校、企业的合作关系，培养国际、国内两用人才，实现生源国际化、师资国际化、教学科研服务国际化。

二、引进优质教育资源

当前，高职院校国际交流与合作的主要目的是引进优质的教育资源，促进教育教学改革。

1. 引进先进职教模式

［案例4－1］②

自2000年起，广东省教育厅开始与英国教育文化委员会的合作与交流。初期主要是选派职业院校专业教师到英国学习、观摩。2002年开始，广东农工商职业技术学院与英国爱德思国家职业学历及学术考试机构（Edexcel）举办中英职业教育合作项目——BTEC（HND）课程，合作与交流有了实质性的载体与平台。结合"新世纪广东省高等教育教学改革工程项目"，6个围绕中英职业教育合作项目的子课题的教学研究与实践在14所院校分别展开。其中农工商职院作为该项目的组织单位，将6个子课题有机地融为一体，进行了长达6年的研究与实践。不仅学习"以学生为中心"的教育理念，而且从职业资格证书、课程体系、教学内容、教学方法、考评方式等全方位开展学习、引进、吸收、创新与推广，产生了积极的影响。

中国的高职院校或出于自觉，或出于盲目都在不同程度上，通过不同的途径了解学习国外先进的职教模式。因为政府的引荐、学者的介绍，几乎所有高职院校对当前比较成熟的北美CBE、德国双元制、澳大利亚TAFE、英国BTEC等都耳熟能详。但大多数学校对每一种教育模式都没有真正细致深入的研究，因此能在实践中消化吸收的并不多。一种教育模式的形成绝非一朝一夕，它依赖于特定的社会制度、经济状况和文化渊源，牵一发而动全身。不可

---

① 资料来源：《中国高职高专教育网．新疆农业职业技术学院示范验收材料》，http：//www. tech. net. cn/page/N066/2009092000002. html.

② 资料整理自：《基于广东地区中英职业教育合作项目推动高职教育教学改革的研究与实践》，http：//www. gdaib. edu. cn/sbcgj/wenjian/kxzj. pdf.

能在一国成功的模式可以完全稀植到另一个国家也依然成功，必须经过本土化的改造和创新。西方发达国家的职教模式往往到了中国就水土不服，就是因为我们只是片面地了解某一种教育模式的表面特点、强调其客观环境，不能深入下去，研究透彻，获其背后的思想精髓，不能结合本国、本地、本校的实际情况进行改造。对教育模式的学习引进要能经过系统的研究和长期的实践才会有所收效。

2. 引进国际职业资格证书

职业资格证书是职业技术教育与劳动力市场联系的纽带。因为标准的先进性和运作的规范性，不少工业化国家、行业协会的职业资格证书不仅在本国，而且在国际上都具有很好的声誉和通行度，尤其是在劳动力市场上得到广泛认可，故被称之为"国际职业资格证书"。随着经济全球化步伐的加快，跨国企业对国际化人才的需求，使得相关行业的"国际资格证书"成为进入这个领域的通行证。引进国际职业资格证书不仅可以使学校的专业教学参照国际先进技术和水平，还可以使学生在获得资格证书后具备国际劳动力市场就业的准入资质。深圳职业技术学院目前共有 8 个专业与外向型企业合作按照国际化标准制订人才培养方案，在计算机网络技术等 18 个专业中引进了国际权威职业资格证书共 63 种。[①] 相当多学校开展注重培养拥有国际职业资格证书的师资。重庆工业职业技术学院引进国际职业资格证书课程师资培训项目 5 种，获得国外各种职业资格证书师资人数 49 人，3 名教师受聘为欧洲职教协会（EBG）中国西南地区数控培训师。[②]

3. 引进原版教材和教材编制理念

教材不仅是反映知识技术的媒介，还是落实教学思想的载体。我国与发达国家在新技术的应用领域有较大差距，在教学思想上差距更大，这些都集中反映为高职高专教材体系落后、教材内容落后。对国外原版教材，主要是技术应用领域的教材，实行"拿来主义"，将有利于学生更快地到达技术前沿，但前提条件是教师要有与时俱进的学习能力，这种学习能力不仅体现为专业知识的学习还体现在教学方法的改进，否则单纯原版教材的引进并不产生直接的教学效果。对高职院校来讲，除了原版教材的引进，还要考虑进行双语教材编写。

---

① 资料来源：深圳职业技术学院国家示范校建设验收工作相关材料公示专栏，http：//jpkc. szpt. edu. cn/gongshi/.

② 资料来源：重庆工业职业技术学院示范院校建设验收专栏，http：//222. 178. 57. 19：7070/xmbg/index. html.

一方面是基于高职学生生源的现实考虑，另一方面是基于原版教材所反映的国外风俗习惯、思维方式都与中国差异较大，如商务沟通、市场营销等，有必要融入一些中国元素，以使内容更具多元化，既适应国际市场，也满足中国市场的需要。

[案例4－2]①

上海电机技术高等专科学校认为国际化办学理念极具可操作性的一点，就是直接引进国外原版的教材进行教学，提高学生的外语水平。针对上海高职毕业生进入外资高新技术企业就业机会增多的趋势，在一定的时间内有效地提高高职高专毕业生的外语理解和应用水平尤为重要。从1998年开始，学校在工业电气自动化、计算机应用与维护、机械制造工艺与设备以及工业外贸四个专业，已成建制地引进和使用国外原版教材，并实施双语教学。这种模式不但使学生掌握了新知识和新技术，而且强化和提高了外语教学的质量和水平，增强了学生的国际交流与合作能力。

在交流与合作中，我们也发现一些国家的职业教育教材与我们有很大区别。如英国职业学院没有统编教材，教师通常会将培养目标分解成若干种能力，每种能力有相应的模块，在教学中按照能力模块进行授课，并根据能力模块所需的知识与能力，从专业书籍或最新专业报刊中整理出时效性、个性化强的教学内容复印给学生。授课地点多在实训场地，学生课后要靠到图书馆查阅资料或在实训场地动手操作，巩固所学知识，学生的自学能力、创新精神由此逐渐培养而成。这也是我们学习借鉴，进行教材改革的思路。

三、人员流动

教师和学生的流动是高等院校国际交流与合作最直观的表现形式。

1. 教师国际交流

清华大学梅贻琦校长曾指出，"所谓大学者，非谓有大楼之谓也，有大师之谓也"。哈佛大学前校长科南特也曾说过，"大学的荣誉不在它的校舍和人数，而在于它一代一代教师的质量"。师资队伍是学校的核心竞争力，它决定了一所学校的办学水平和人才培养质量。无论是教育理念的更新、教学方法的改进，还是专业课程建设、人才培养质量的提高，最终都要落实到教师身上。

---

① 上海电机技术高等专科学校：《培养具有国际交流与合作能力的技术应用型人才》，《中国高等教育》2002年第15、16期，第29页。

表4-11 部分首批"示范建设高职院校"建设期间师资境外培训情况汇总表

序号	院校名称	示范院校建设期间教师境外培训情况
1	天津职业大学	专业带头人和骨干教师96人次赴新加坡、德国、日本、美国、澳大利亚以及香港地区培训
2	邢台职业技术学院	76人次教师赴德国、日本、新加坡等国家考察和学习
3	山西财政税务专科学校	专业带头人、骨干教师41人教师赴美国、加拿大、澳大利亚、新加坡、香港等国家和地区进修学习
4	辽宁省交通高等专科学校	80人次优秀骨干教师赴德国、新加坡、香港等国家和地区学习交流
5	长春汽车工业高等专科学校	70余名教师分别至日本丰田公司,德国大众奥迪公司,香港理工大学,新加坡理工学院进行培训
6	黑龙江建筑职业技术学院	80余名骨干教师出国进修学习
7	上海医药高等专科学校	43名教师到国外深造、进修、交流
8	南京工业职业技术学院	109人次海外学习
9	无锡职业技术学院	教师出境学习交流和访问的数量从建设前的100人次提升至250人次
10	芜湖职业技术学院	23名管理人员和专业教师赴德国、美国、日本、新加坡、香港学习、培训、交流
11	威海职业学院	78名教师和管理人员到境外进行学习交流,开展合作办学、专业建设和师资培训等方面研讨
12	平顶山工业职业技术学院	6名骨干教师赴德国培训,63名教师分批到香港理工大学学习、培训
13	长沙民政职业技术学院	15人次参与国际交流与合作
14	湖南铁道职业技术学院	81人次赴德国、香港、英国、澳大利亚学习,另选派人员至加拿大、日本、巴西、新加坡学习
15	南宁职业技术学院	10多名教师赴加拿大、德国、越南、泰国等合作院校进行教学学术交流
16	成都航空职业技术学院	骨干教师带课题到德国、新加坡、日本、瑞士、香港参加提升教学设计与实施能力的培训116人次
17	四川工程职业技术学院	教师出国研修52人次

续表

序号	院校名称	示范院校建设期间教师境外培训情况
18	杨凌职业技术学院	52名专业带头人和骨干教师赴德国、法国、英国、俄罗斯、韩国、香港等国家和地区学习、培训、考察
19	青岛职业技术学院	12个国家、44所院校或机构、54批次、237人次
20	深圳职业技术学院	152名专业教师到德国、英国、美国、日本等国家进行为期半年至一年的专业或课程开发进修学习。

资料来源：各相关院校网站《示范建设总结报告》。

由于高职人才培养的目标就是要面向企业一线、技术前沿，加上经济全球化的快速推进，作为高职教育的实施者，高职院校教师更需具备全球视野，了解行业动态，掌握先进的职教理念。目前高职院校的教师国际交流主要还是以境外培训为主。以全国首批28所示范性高职院校为例，在三年示范建设期内，所有学校都投入专款，用于教师的境外培训（表4－11）。

［案例4－3］①

重庆工业职业技术学院规定，担任国际合作教学项目的任课老师必须亲自到国外学习实践，获得相关的国外职业资格证书，才能给学生授课。学校示范建设专业的老师都参与了一次或几次出国学习的机会。通过不断的实地专项学习培训，不断的深造，学校拥有一支强大而具有实力的"双师型"师资队伍，为学院开展国际交流与合作项目引进先进的国外职业资格证书课程打下了坚实的师资基础。

仅2008年，该院先后启动了模具专业教师赴德国参加VAMOS软件培训项目、欧洲职教协会德国数控技术职业资格证书合作项目、课程体系改革赴新加坡南洋理工学院培训项目、澳大利亚启思蒙TAFE学院酒店管理专业师资队伍职业资格证书培训项目、美国密西根底特律亨利福特社区学院"职教领域访问教师交流合作"项目、新加坡南洋理工学院教学与学生素质开发培训项目、美中友好志愿者项目、澳大利亚启思蒙TAFE学院管理者能力建设培训项目、新加坡南洋理工学院"办学理念与教学管理研习班"学习项目、澳大利亚澳发署亚太地区职教领域领导能力建设奖学金项目等数十个国际交流合作项目。

---

① 《探索城乡统筹及国际合作背景下的高职教育》，《重庆晚报》2009年01月06日。

通过分析各校在建设方案中列举的师资海外培训计划并结合院校访谈，目前高职院校海外师资培训目标深浅不一，有刚性和柔性之分，有显性和隐性之别。大致可归纳为：开阔眼界；学习先进的职教理念；借鉴专业课程开发思路；了解行业最新动态；学习行业最前沿的技术；学习先进的教学模式和授课方法；提高外语水平；完成科研课题等。

目前高职院校采取的师资培训方式主要有四种：一是组团赴国外院校接受短期、密集、综合培训，如近年来许多高职院校均选择成建制地到新加坡南洋理工学院接受系统培训；二是以合作友好院校、教育机构、合作跨国企业为载体，进行专业教师的互访及短期专业培训；三是参加行业、教育主管部门组织开展的专项培训团组，如重庆的几所高职院校参加中澳（重庆）项目的师资培训，江苏省教育厅每年组织的高职专业教师海外培训项目等；四是以访问学者身份在国外院校、科研机构学习半年或一年。

海外师资培训的经费来源，除了教育主管部门组织开展的专项培训团组有一定教育厅划拨的配套经费外，其余经费均属学校自筹。

教师参加在国内召开的国际会议是高职院校乐意接受的一种方式，但参加国外举办的国际会议尚不多见。对部分高职院校的访谈了解到主要原因有两点：一是经费问题。仅国际机票一项就让很多学校避之不及。二是领导的认识问题。教师要参加的国际会议，大多属于其专业领域，领导认为这与学校的声誉关系不大，但投入太大。

2. 引智工作

外籍专家、外籍教师是高校引进国外智力的重要形式，是加强专业建设、提高师资队伍水平和科研能力、培养人才的重要途径。高职院校外籍专家或教师的聘用主要集中在两个领域，语言类和专业类。目前大多数高职院校主要聘请的是语言类外教，且多为一年以内的聘期。外教的流动性大带来很多问题：一是中方很难通过简单面试就能了解外教的教学水平和工作态度；二是外教不熟悉学生情况及学校教学规范；三是学生的学习没有连续性；四是给学校外事部门、教学部门带来很大的重复性工作负荷。

当前，中外合作办学项目中的外方教师是高职院校引智工作中的一个重要途径。虽然中外合作办学的相关文件对合作项目的外方教师资质、授课课时等有明确规定，但在现实中，由于管理体制不完善，许多外方学校并没有严格按要求派遣其本校优秀教师来中国参与合作教学。在有些中外合作办学机构，外籍教师中只有 3% ~ 5% 是来自外方本校的教师，还有 95% 是外方高校从社会临时招聘来的，其专业素质和教学水平很难得到保障。① 另外，从成本角度考虑，中外合作办学项目的外教往往是短期"支教"性质，他们的课程被密集安排在短则几天、长则一个月内，来华工作时间很短。教师往往尚未适应当地的环境就回国了，学生在很短的时间内根本来不及吸收消化，课程就结束了。对于外籍教师的服务、文化冲突等问题，多有论述，此处不再赘述。

学校都期望能够聘用一支相对长期、稳定、高质的外教队伍。但制约因素很多，比较成功的经验虽不太多，但仍可例举一二：天津中德职业技术学院聘请的外籍专家均工作业绩突出，其中德方专家组组长、西班牙专家组组长、德方教学总监先后获得中国总理授予的中华人民共和国对外国专家的最高奖项"国家友谊奖"，一名德方专家获得天津市人民政府对外国专家的最高奖项"海河友谊奖"。② 上海医药高等专科学校国际护理教育委员会邀请来自中国、美国、英国、芬兰、挪威、荷兰、澳大利亚、新西兰等8所国外知名大学护理学院院长担任委员，定期开会，以"智囊团"身份为学校护理专业发展提供顶层设计。该校聘请的部分外籍专家有工作达八年、十年之久，其他外教在校工作时间均在一年以上。其中一位专家获得上海市唯一一位外籍"东方学者"称号。③ 青岛职业技术学院2007年专门成立了海外职业教育实训研发中心，组建了由40名专家组成的研究团队，对高职教育进行深入研究。④

3. 学生国际流动

在国家间日益相互依存的世界里，哪个国家拥有更多的具有国际知识和国际经验的人才，哪个国家就将占有优势。无论是美国正在极力通过的《西蒙法案》，还是欧盟的伊拉斯谟计划，都旨在为学生的国际流动提供支持和资助。中国高职院校在经费紧张的情况下，采用多种途径做出很大努力。

（1）学生海外经历

［案例4-4］⑤

天津职业大学酒店管理专业近三年先后派遣学生赴新加坡、美国迈阿密、

① 《引进国外教育资源培养国际型应用人才的实践与思考》课题组：《中外合作办学机构外籍教师资源的实证研究》，《天津成人高等学校联合学报》2005年第3期，第100页。

② 资料来源：天津中德职业技术学院示范性院校建设方案，http：//www.tech.net.cn/page/N067/15654.html.

③ 资料来源：上海医药高等专科学校国家示范性高等职业院校建设计划"验收资料"，http：//www.sihs.cn/yszl/.

④ 资料来源：青岛职业学院海外职业教育实训研发中心内部资料。

⑤ 资料来源：天津职业大学国家示范校建设验收工作公示材料，http：//www.tjzd.net/yanshou/.

香港、澳门等地酒店顶岗实习，使学生开阔了视野，提高了综合素质和服务能力。2008 年 10 月，专业 11 名学生、1 名教师组成教学班赴美实习研修期间，在迈阿密戴德学院酒店管理专业学习美国酒店企业运作流程和酒店业英语等专业课程，并在迈阿密凯悦酒店、万豪酒店的餐饮、前台、宴会、客房和康体等岗位进行顶岗实训。八个月中，学生无论是英语口语，还是专业技能都得到了切切实实的锻炼和提高。

酒店管理专业采取培养环节对接方式，2008 年启动了与美国佛罗里达州迈阿密戴德学院的联合培养，即学生第五学期开始到美进行相关课程的研修、实践技能的训练，直接到酒店顶岗上班。学习结束后，学生继续回到国内进行教学计划所安排的有关课程学习。在美期间，所学课程、实践经历分别作为学业成绩，纳入原培养方案内的理论课程、实践课程成绩。首批 15 名学生返回国内后的最大感受是，专业学习的自觉性更高了，职业意识更强了，增强了学生社会就业能力。

虽然海外经历对于学生来讲有诸多不言而喻的好处，但是高昂的费用始终是一个困扰大多数学生和学校的问题。"以澳洲实习为例，实习大概四周到八周，各项费用包括审核费用、医疗保险、寄宿家庭费用、实习安排费用以及生活费等，合计下来将近 8000 澳元，这还不包括往返的机票费用。"① 如果仅靠学生自筹经费，这项交流工作的受益面始终很有限。深圳职业学院在《推进国际化工程计划》中明确把"学生的海外经历"写入工作计划中。上海市教育"十一五"发展计划中已经写入"将设立政府基金支持高校学生出国（境）交换"②。不少学校开始想法设法给学生提供各种海外经历的机会，或以互换学生的方式、互以各自承担一部分费用的方式。

（2）学生海外留学

戚业国认为，人们选择高等教育更多地是作为一种投资，因为"高等教育是把不同的人配置到社会不同职位最合法和最容易为人接受的途径"③，"教育具有这样一种位置商品的作用，人们对高等教育的需求本质上是对社会分层

① 尚永芳，侯玥韦，张茜：《海外实习打造高职院校国际化人才》，《国际人才交流》2008 年第 5 期，第 53 页。

② 江彦桥：《高等教育国际交流合作篇》，《改革开放 30 年中国高等教育发展经验专题研究》，教育科学出版社 2008 年，第 107 页。

③ 戚业国：《民间高等教育投资的跨学科研究》，复旦大学出版社 2001 年版，第 84 页。

和流动的需求，追求的是教育作为社会位置配置符号作用的功能"①。因此，即使在中国已经实现了大众化的高等教育，仍然无法满足民众的需求，所以相当一部分经济条件许可的家庭，仍然希望通过海外升学的途径获得更优质的教育资源。高职院校类似的国际交流常常受到学者的指责，认为是充当了国外教育机构的预科班和生源基地。但是在国内高职学生升学通道尚未打通的情况下，国内教育资源并不丰富的前提下，如何平衡学生现实的需求和教育资源短缺的矛盾是一件见仁见智的事情。当前，高职院校学生的海外升学主要通过学校的海外友好学校的渠道。2009 年开始有一种新的模式正在试点。

[案例 4 - 5]②

2009 年开始，一种新的高职学生海外升学模式在江苏试点。江苏省 11 所高职院校共同组建"海外本科直通车"合作联盟，选定 21 个特色专业联合招收"海外直通车"项目学生。该项目的特点是国内多所优质职业教育学院与国外多所高校直接对接，由一个专门的基金会负责海外高校的甄选，并就学分承认、续读时限、课程衔接、语言能力、招生办法、收费标准、奖学金等方面达成协议。与普通中外合作办学项目相比，其优势在于：一是由于"海外直通车"项目在专一批次招生且海外升学的目标非常明确（江苏省其他大部分专科层次中外合作项目在专二批次招生，部分学生是在考分不好的情况下无奈选择了中外合作办学项目），因此在生源质量上、学习动机上都明显占优；二是因为省内多所高职院校同时在 21 个专业内招生，国外高校的生源较有保障，因此学费相对较为优惠；三是因为合作模式相同，基金会专门出台了一系列的项目管理办法，定期组织教学检查观摩评测，国内院校之间建立了定期交流机制，有利于教学质量的提高；四是由基金会统一开发的英语强化课程嵌入学校的正常教学计划中，英语课程的外教由基金会统一推荐，并进行专门的培训，旨在保证学生能达到外方院校入学标准，对于国内院校的英语教学是一个很好的借鉴；五是借助项目发起人及其工作机构长期的对外交流经验，所选择的海外院校办学水平和专业水平都是适合的，同时可以为学生提供专业化的升学服务。11 所高职院校因为无需修改专业教学计划，无需为学生海外升学的繁杂手续操心，却能够给更多的学生提供海外升学的安全优质的机会，何乐不为？

国内目前很多学校都在开辟学生海外升学的渠道，有苦于信息不畅，对外

---

① 戚业国：《民间高等教育投资的跨学科研究》，复旦大学出版社 2001 年版，第 76 页。
② 资料来源：江苏省海外直通车项目资料（内部资料）。

方学校资质评估不准；有苦于生源太少，无法取得较低的收费协议；有苦于校内人手不足，不能提供专业的海外升学咨询和服务，最终是学分互换协议签了很多，但真正落实的很少。相信这种办学模式不仅会吸引更多的国内高职院校，也会吸引更多的国外院校。

（3）学生国际就业

"以就业为导向"是高职院校的办学宗旨，随着经济全球化进程的加速，国内国际两个劳动力市场都将是高职毕业生的舞台。要进入国际人才市场，必须要通晓国际行业惯例，具备行业准入资格。"从教育经济学的供求理论分析，需求方是最清楚教育界产品的优劣，也就是说，作为产品用户方的企业界是最清楚本国教育系统培养的学生在全球市场上的竞争能力。"① 培养服务于生产一线的高素质技能型人才的高职院校在国际交流与合作中有一个非常特别的合作对象——跨国企业。通过与跨国企业的合作，将国际劳动力市场的人才标准应用于人才培养的目标上，可以切实提高学校的办学水平和育人质量。

［案例4-6］②

1997年，新加坡总理吴作栋先生视察中新苏州工业园区，提出建立一所培训工人的学校，为跨国公司培养"具有国际竞争力的技术工人"。在两国政府高层的关心下，新加坡南洋理工学院转移办学软件，创建了苏州工业园区职业技术学院（IVT）。十年来，学院有效引入外企行业标准和管理模式。历届毕业生80%以上被欧美企业录用，在外企中享有很高的声誉。

仅以一个跨国企业招收的该院学生过程为例。20世纪末，博世汽车部件（苏州）有限公司设立。作为全球第二大汽车技术供应商，全球员工超过23万，遍布50多个国家的跨国公司发展战略的转变，自然引发了新一轮产业位移，其配套企业纷纷向苏州聚合。对于60%的订单来自博世公司的安通企业来说，决定在苏州太仓投资建厂，就近服务客户，计划需求技术员工700人。此时一座被外企誉为蓝领"西点军校"的高职院进入安通视野。这就是苏州工业园区职业技术学院。

2005年4月，IVT首批12名2005届毕业生经过安通公司近乎苛刻的面试后赴德培训。2005年11月和2006年6月，又有2006届与2007届20名学生

① 郭玉贵：《全球化背景下美国教育政策的战略调整（摘要）》，《中国高等教育评估》，2005年第4期，第10页。

② 单强：《做中学——从中国高职的"教学工厂"到德国企业的"Akademie"》，《电子制作》2009年第5期，第6页。

被录取。他们分批飞往斯图加特总部，开始了严格的德国式封闭训练。"两周到六个月后，所有的同学都进入了生产一线，至今没有生产一件废品。"安通公司段经理自豪地告诉我们。在后来的一场惊心动魄的技术大比武中，来自德国、波兰、捷克和中国的学员同台竞技，IVT学生获得了10个关键岗位中的五个。顾文彬这位文质彬彬的学徒随后被派往波兰安通工厂培训那里的技术工人。

（4）学生参加国际大赛

国际大赛是检验教育质量的载体之一。不少高职院校通过参加国际大赛检验教学、锻炼学生。

［案例4-7］①

2009年9月19日，广西机电职业技术学院2007级焊接专业学生黄锦，代表中国队赴德国参加DVS国际青工焊接比赛中获得了21岁青工组团体银奖。DVS国际青工焊接比赛是按照德国DVS焊接标准，由德国焊接学会主办的具有国际影响力的青工焊接大赛，这次比赛共有24名选手参与了角逐，分18岁青工组和21岁青工组两个级别进行比赛，各参赛选手都是经过各国预赛层层选拔出来的。这是中国焊接界第一次派出青年技工参与国际性赛事。

4. 招收来华留学生

来华留学生分学历留学生和进修（培训）生两种。由于高职院校目前仅限于专科层次，且暂无便捷的上升通道，奖学金提供渠道很少，在招收海外学历留学生方面不具有吸引力。

在招收海外进修（培训）生方面，一些高职院校发挥区位优质和专业优势，做了很好的探索。比如②：威海职业技术学院近三年接收了54名韩国学生进行半年的中文研修学习，举办了韩国友好学校短期交流活动，先后有191名韩国学生和12名教师来院进行7~12天的汉语、书法、艺术、中国烹饪技术、中国建筑技术等方面的文化交流活动。新疆农业职业技术学院充分发挥毗邻中亚国家的地缘优势，2007~2008年间，招收中亚国家留学生160人。广州民航职业技术学院接受香港专业教育学校青衣分校飞机维修专业学生来校实习，完成1/3的专业课程量。昆明冶金高等专科学校招生的学历留学生均来自邻近的越南和老挝。上海医药高等专科学校示范院校建设期间接收来自国外的

---

① 资料来源：http://www.tech.net.cn/page/N004/2009101400007.html.
② 资料来源：中国高职高专教育网相关示范院校验收材料，http://gzgz.nbpt.edu.cn/sfys/.

318 名交流学生。

高职院校招收留学生可以实现以下几个目标：一是营造国际化校园氛围，促使学校管理工作与国际接轨；二是使学生群体多元化，增加中外学生交流的机会，提高中国学生的视野和适应力；三是促进本校教师教育教学水平的提高；四是将中国文化更广泛地传播出去，增加学院的知名度和国家的影响力。

高职院校目前的留学生群体呈现以下特征：一是时间短，多为短期交换生、语言进修生；二是人数少，对于绝大多数高职院来讲，留学生还是一个新鲜事物，每学期各类留学生的人数能保持在几十人的学校非常少见；三是地域窄，大多数留学生来自与学校所在地邻近的国家或地区，无论是文化还是习俗上的区别都不是很大。因此高职院校对这样极少数的留学生关怀备至、体贴入微。但这些特点并不说明我们就不需要在留学生群体普遍存在的文化适应、跨文化冲突、管理细节上加以总结和提高。如何利用好留学生资源也是需要研究的问题。

四、举办中外办学项目

中外合作办学是高职院校十分青睐的一种国际交流与合作的方式。以合作项目为载体，可以实现全方位深入动态的学习借鉴。但在众多中外合作办学项目中，也存在鱼龙混杂的现象，对国外院校的资质审查不严、合作无实质优质资源引进、变相高收费等现象也时有报道。教育部 2006 年下发的《关于当前中外合作办学若干问题的意见》和 2007 年印发的《关于进一步规范中外合作办学秩序的通知》均提到中外合作办学工作中的一些突出问题，甚至指出 2008 年底以前，原则上暂缓受理此类中外合作办学机构和项目的备案编号申请。

因此在问卷调研和访谈中，很多高职院校都提到中外合作办学项目的审批难问题。全国专科层次中外合作办学项目的实际数量至今没有权威数据。但通过会议交流、同行交流等渠道得知，全国范围内高职院校开展中外合作办学的情况非常不平衡，某些省份必须以一刀切的方式要求所有高职院校不得招收超过四个专业的中外合作办学项目，还有一些省份连国家示范性建设高职院都没有中外合作办学项目。浙江省是全国唯一一个在政府平台上公示所有中外合作办学项目和机构的省份。2009 年 7 月在全国率先开展高等专科教育中外合作办学项目办学质量调查，并制定了《浙江省高等专科教育中外合作办学项目办学质量评议指标体系》（见表 4 - 12）。

表4-12　浙江省中外合作办学项目办学质量评议指标体系

一级指标	二级指标
1. 培养目标 与培养方案	（1）培养目标
	（2）培养方案
2. 项目管理	（3）管理机构
	（4）资金管理
	（5）招生和学籍管理
	（6）质量过程保障
	（7）文凭证书管理
3. 培养条件	（8）政策环境
	（9）教学设施
4. 师资队伍	（10）师资评聘
	（11）师资结构
	（12）师资队伍建设
5. 教学组织	（13）教学计划
	（14）教学大纲及教材
	（15）教学方式
	（16）教学文件及教学档案
6. 培养质量	（17）学生满意度
	（18）毕业论文、报告及毕业设计
7. 办学效益	（19）办学社会效果
	（20）优质教育资源引进
8. 办学特色	（21）办学特色

　　资料来源：浙江省教育厅办公室关于开展高等专科教育中外合作办学项目办学质量调查的通知，http://www.zjedu.gov.cn/gb/articles/2009-07-07/news20090707084806.html.

　　以下是一例中外合作办学的成功案例。学校以项目为载体，不断深化合作内涵，实现了教学、管理、科研、社会服务等全方位的突破。

　　［案例4-8］①

---

　　① 资料整理自：中外合作办学特色项目第一阶段报告，http://gjjl.zjbti.net.cn/iec/upfile/20071023151232830.doc

浙江工商职业技术学院于 2002 年获批与澳大利亚霍姆斯格兰学院开始合作办学。由最初一个专业招收 40 多人，发展到四年后四个专业 300 多人。学院每年派教师去 HOLMESGLEN 学院接受培训，四年共有 27 名教师获得澳大利亚从事 TAFE 模式教学工作的四级工作证书和其他专业证书。HOLMESGLEN 学院长期在该院派驻有两位教师，四年共有 30 多位教师和管理人员来院指导工作。

　　通过合作办学项目，引进了 HOLMESGLEN 学院的原版英文教材，并结合浙江实际自编讲义。所授课程全部由澳大利亚 HOLMESGLEN 学院设计，澳方教师与中方教师授课比例为 3：1。专业课程设置以澳方 TAFE 模式为根本，中方根据实际添加部分适合中国，特别是宁波地区的实践性课程。学生实行弹性学制。学生的学分认定分成基本学分、奖励学分和学分互认三个层次。基本学分以学生根据课程计划必须达到要求的教育教学量为基本评价指标。奖励学分将学生参加专业技能竞赛以及非学校计划安排的学生自主学习的课程纳入奖励学分的范畴。学分互认指中方课程的学分能够得到外方的承认，并作为激励措施，记入学生毕业考核档案当中。学校采用科学的水平测试和柔性晋升制度来检测教学质量和鼓励学生学习积极性。

　　2004 年 11 月学院与 HOLMESGLEN 学院共同成立了科研机构——"浙江工商职业技术学院 TAFE 教育研究中心"并开展了一系列相关研究。2005 年 10 月，学院与澳大利亚霍姆斯格兰学院成立了面向全国的"TAFE 师资培训中心"。

　　中外合作办学是一个很好的资源载体。办学中的合作不仅体现在学生培养上，还可以延伸至教学科研领域和社会服务领域。如上例中合作双方共同开展的科研工作，使得从合作办学的实践中生发出的理论更有鲜活的指导意义，站在更高更全面的视角梳理的理论对于办学实践的更具指导性。上例中合作双方共同开展的面向全国师资的培训中心，既是合作双方品牌、声誉的提升，也提出了更高的要求，从而使得合作走入更深入、更良性的互动轨道。

　　中外合作办学是一个很好的学习载体，可以直接学习到合作方院校先进的教育教学、评价管理经验。但再好的经验，只有内化为学院自身的发展力才能取得实效。无论是师资的培养、教材的选用、教学管理的安排，还是实验实训的设计、考核评价的方式等，都需要在借鉴先进经验的同时，充分考虑本土实际，这样的合作才是务实的、有效的。

五、其他国际交流与合作形式

1. 举办国际会议

参加或主办国际会议是高职院校参与教育国际交流与合作的一种新的形式，虽不多见，但已有涉足。如江苏经贸职业技术学院主办了"2008 年中德职教论坛"，深圳职业技术学院举办了"2003 年中英职教论坛"，青岛职业技术学院 2007 年和 2009 年均成功主办了"高等职业技术教育国际研讨会"。

2. 加入国际性民间组织

民间组织在国际交流与合作中发挥了越来越大的作用，如美国的 NAFSA，中国的国际教育交流协会。目前跨地区的民间组织也方兴未艾。国际交流与合作本来对于个体院校来讲，本来就是一个基于自身发展需求的资源交换以及为了共同的目标而进行合作。因此，如果有一个有着共同兴趣的网络，大家可以在更大的范围内实现信息交换和资源共享，应该是一件事半功倍的事。

[案例 4 - 9]①

无锡商业职业技术学院于 2002 年加入社区学院国际发展协会（Community College of International Development），简称 CCID，总部设在美国。社区学院国际发展协会是以北美国家为主的国际高职教育交流与合作组织，是世界上两个重要的高职教育国际交流组织之一，学院作为中国唯一的 CCID 成员学校与其它 CCID 成员学校形成了良好的交流与合作关系。我院领导及骨干教师已连续五年参加了 CCID 在美国、日本和阿根廷等国举办的交流活动，多家 CCID 成员学校如美国绿河社区学院等院校到我院访问交流。CCID 已成为学院开展对外交流与合作项目的重要平台。

3. 与跨国企业的合作

"工学结合，校企合作"的培养模式要求高职院校加强与企业的合作，以缩短学生的就业磨合期。以往谈到校企合作主要是从学生就业的角度来考虑，现在更多的高职院校把与行业内国际顶尖的跨国企业的合作作为战略重点来发展。共建实验实训中心是其中的一种合作方式。这种方式可以提高学生的动手能力，满足企业的人才培养需要；可以把企业的技术标准引用到教学中来，不断更新教学内容，紧跟行业前沿；可以保持教师与企业的紧密接触，提高技术服务的能力。

---

① 资料来源：无锡商业职业技术学院建设方案，http：//sfysw. wxit. edu. cn/.

［案例4－10］①

2009年10月31日，福建信息职业技术学院与美国通用电气（GE）公司共建的、总投资共1730万元人民币的"GE Fanuc 自动化系统实验实训室"正式启用。该实训基地具有国内一流的自动化实训条件。该实训基地的正式建成，使福建信息职业技术学院获得了GE Fanuc发展最前沿的硬软件设施和技术支持，为学生提供了学习实训、技能培训的优良环境，为教师开展科研工作创造了良好的平台，大大缩短了学校教育与企业对人才需求的差距，也有助于通过技术培训和技术服务推广GE Fanuc技术，从而实现校企双方互惠共赢。GE Fanuc与高校共建的自动化系统集成实验实训室，是集学生实验实训、师资能力训练、技术对外培训、企业生产实验和科技研发实验"五位一体"的训练基地。

高职院校为跨国企业提供员工培训是另一种方式。辽宁省交通高等专科②学校近年来成为德国巴斯夫、华晨宝马、一汽丰田等知名企业培训中心，企业赠送教学设备，学校提供技术培训。天津中德职业技术学院③是欧洲空中客车A320系列飞机总装线技能人才测评中心，欧洲空中客车A320系列飞机总装线技能人才培训中心，德国GTZ项目在华信息服务中心，西班牙发格（FAGOR）公司培训基地，美国UGS公司授权UG CAD/CAM/CAE软件培训中心。在培训方案制定和实施过程，在对培训效果的评估和反馈环节中，高职院校均可以得到企业最前沿的需求，可以反哺于学校的专业教学改革。

4. 探索教育输出的渠道

中国高职教育经过三十年的发展，部分高职院校已经形成自己的特色专业和相对优势。因此改变目前单一的教育输入地位，向特定的国家或地区进行教育输出已经成为部分高职院校的中短期目标。广州民航职业技术学院从2003年起与香港专业教育学院青衣分校合作，利用自己良好的实习条件，承担该校飞机维修专业三分之一的课程。昆明冶金高等专科学院正在申请在老挝举办境外教育。一些起步比较早的高职院校开始把目标瞄准国外教育市场，试图把优质的高职资源尤其是特色的专业向外输出。但截至目前为止，尚没有一所高职院校实现境外办学。从院校自身的总结材料来看，种种探索虽还不算真正意义

---

①　资料来源：http://www.tech.net.cn/page/N004/2009110200027.html.

②　资料来源：辽宁省交通高等专科验收材料，http://www.lncc.edu.cn/sfxys/index.html.

③　资料来源：天津中德职业技术学院网站，http://59.67.48.243/code/index3.asp.

上的教育输出，但已经可以看出努力的方向。

［案例 4 – 11］①

南宁职业技术学院院充分利用"中国——东盟自由贸易区"区域经济建设平台，积极开展与东南亚国家职业技术教育的国际合作与交流，扩展视野，构筑职业教育跨国合作的基础平台。

一方面输出先进职业教育教学管理模式、优质职业教育教学资源、高素质毕业生，扩大我国高职教育在东南亚的影响力。学院先后派出十多名教师赴加拿大、德国、越南、泰国等合作院校进行教学学术交流；近三年，先后接收40 余名外籍学生到学院参加学习，为外籍学生提供 500 余人次职业培训，并创造条件逐渐扩充留学生数量；安排 300 名学生进入外企基地进行顶岗实习，大力拓展学院毕业生在东南亚地区的就业市场。同时，学院历年有大量高素质毕业生实现境外就业，在越南、缅甸、马来西亚、印度等东南亚国家的优势工业、旅游、交通运输、物流等行业担任技术骨干，这些毕业生视野开阔、外语能力强、专业素质好，深受境外企业的欢迎，为"中国——东盟自由贸易区"的双边建设及贸易往来提供了人才支持。

另一方面，学院引进和共享国外先进职教理念和优质职教资源。近三年来，80 余名来自泰国、马来西亚、越南等 3 个东南亚国家的职业院校教师到学院开展教学交流，学院与越南、泰国合作院校互训学生 700 名，与外国合作院校及外国企业共建 10 多个外企基地，共同完成课程共建等多项合作项目。

第三节　我国高职院校国际交流与合作的成绩、问题及趋势

中国的高职院校在国际交流与合作领域开展了丰富多彩的实践探索，取得了一些成绩，虽然还存在不少问题，但无论是客观环境还是主观动力都决定了高职院校国际交流与合作的发展趋势向好。

一、我国高职院校国际交流与合作的成绩

1. 总体上呈现区域广泛、形式多样、对象多元、内涵深化的良好态势

（1）交流合作的区域广泛化

可获资料明显显示，高职院校国际交流与合作的区域分布呈现从欧美向亚

---

① 资料来源：南宁职业技术学院验收材料，http：//www.ncvt.net：6688/sf/link.htm.

洲再向世界各地分散的趋势。几乎所有学校最初目标都锁定在欧美等主要发达国家有其历史原因。首先，欧美等国发达的工业水平及其成熟的职业教育模式是主要吸引力。正在进行现代化建设的中国理所当然把目光聚焦在高度工业化国家，希望通过对职业教育模式的学习，同样能实现职业教育对经济社会发展的巨大推动作用。第二，中国政府的规模引荐起到主导作用。从上世纪80年代初至今，中国政府意识到职业教育对经济发展的至关重要的作用，有目的有意识地引荐了国外先进职教模式。全球化的外部动向，在高度集权的高等教育体制内，国家政策起着关键作用。第三，欧美国家推行的教育国际化政策进一步强化了这个特点。在最近二十年，澳大利亚、新西兰、英国等国家推行高等教育国际化政策，提出了明确的教育产业化目标，使得其高校尤其注重开拓国际教育市场。中国无疑是被大家看好的市场。第四，改革开放打开了中国人长期狭隘的视野，国门大开之时，我们突然发现自己与西方发达国家的差距如此之大，一种"大国心理"驱动的好奇心理也促成了这一现象。

近年来，高职院校与中国周边国家和地区的交流与合作呈现日渐频繁的趋势。人们认识到，很多西方国家成熟的理念和方法在中国运用起来总有这样那样的问题，大多是由于文化和体制的差异。亚洲"四小龙"成功的职业教育支撑起50~80年代的经济腾飞。他们的职业教育如何在借鉴中创新，如何把西方和东方的优质元素有机结合，发挥后发优势，吸引了中国高职教育界的注意。与东亚地区交流合作的加强还因为同属于儒家文化圈，语言和文化的沟通相对更容易，地理上相对便利，费用也相对较低。因此近年来，成建制地到新加坡学习的高职院校呈井喷状态。随着香港的回归，大陆与香港的交流更加便利，一个巨大的市场也吸引了香港当地高校调整战略目标，加大与大陆的交流与合作。

在高职院校交流与合作的区域中，中亚、非洲、南美洲都纳入了视线范围内，对这些区域的合作，主要是教育援助和教育输出。部分高职院校发现自己的比较优势，开始有意识地在这些区域加大了交流合作的力度。

（2）交流合作的形式多样化

从问卷调查和各校的实践来看，国际交流与合作从最初的校际友好互访，聘请外籍语言教师的形式开始有了很大的丰富。中外合作办学、教师海外培训，学分互换或互认成为更多学校的选择。国际学术会议、招收留学生、与跨国企业的深度合作、学生海外经历等更加复杂，涉及面更广的交流合作形式也成为不少学校的目标。调研发现，除了境外办学尚无先例外，国际交流与合作的形式达 19 种之多。

（3）交流合作的对象多元化

高职院校最初由于信息渠道、政策限制只能被动地参与政府间合作项目，参加上级主管部门安排的分配名额的对外考察和交流。今天各学校对于国际交流与合作的态度更加积极，目标也更加清晰。国际交流与合作的对象除了境外高等院校，还包括各类型教育机构、行业协会、跨国企业、国际组织等。对象的多元化必然带来交流合作方式的多样化。

（4）交流合作的内涵有一定深化

国际交流与合作最初被人们界定为单纯的人员往来，开阔视野。随着交流的日渐丰富、合作的领域不断拓宽，其内涵也有了进一步的深化，越来越成为学院加强自身建设、促进教育教学改革、提高人才培养质量的有效途径。

2. 多数高职院校已经开展了国际交流与合作，并涌现出一批成功的案例

目前中国高职院校中相当一部分都不同程度地开展了国际交流与合作。但不同的高职院校由于内外部条件不同，国际交流与合作的发展处于不同的阶段，也有不同的表现方式。总结当前我国高职院校国际交流与合作的现状，可将其发展阶段大致分为：起步阶段、交流阶段、参与阶段、合作阶段和主导五个阶段。各阶段的发展目标和典型表现有所差异。（如表 4 - 13 所示）

发展阶段的划分仅仅是根据当前高职院校国际交流与合作开展的实际情况进行梳理，并不表示未来的发展路径一定是因循不同阶段依次递进上升。可以根据内外部的实际情况，进行有意识的选择和跨越发展。

就目前来看，我国高职院校国际交流与合作仍主要集中在交流和参与的层面，但交流与参与的范围越来越广泛，规模也越来越大。越来越多的学校通过多种合作方式建立起稳定的合作关系，呈现出多样化的特点，且交流与合作的项目也出现优胜劣汰，去粗存精的主动倾向。虽然交流与合作的不同形式都是国际化发展所必需的，但从发展趋势来看，的确存在着一个从一般交流（信息、人员）到合作培养，再到合作研究，更进一步是建立合作平台与网络的进程，这也是一个从个人——项目——机构的跃进。

表4-13 高职院校国际交流与合作的发展阶段

阶段	发展目标	典型表现
起步	寻找合作伙伴，建立松散型的合作关系，有国际交流的活动	领导、教师与国外院校互访，签订一些意向性协议，但协议的落实情况较差
交流	有确定的交流伙伴，有明确的合作项目，教师国外交流增加	教师境外交流培训，签订有实质性合作协议、但校内的国际活动基本独立于学校其他工作，只有少数部门参与
参与	保持一些稳定的合作伙伴，筛选出实质性的合作内容，有种类较多的合作项目，有频繁的交流机会	学校内部国际活动频繁，类型多；参与国际活动的部门多；合作伙伴多、协议多；师生国际交流多。但各种国际活动有多头出击的现象、并未形成合力；尚未建立保障、监督机制，因此不能保障效果；国际活动的目标尚不清晰
合作	国际项目有很强的针对性，有意识、有能力选择优质的合作伙伴，国际活动的质量较高	建立了较为完善的国际活动组织系统，有较为明确的工作目标，国际活动主要集中在优势领域。但尚未从系统的高度定位国际交流与合作，统筹各项国际活动
主导	系统思考国际交流与合作，各项活动有目标有针对性。国际交流与合作是学校能力建设的重要途径，是提高学校国际化水平的重要手段	学校有明确的国际化目标，国际交流与合作成为学校发展战略之一；部门和个人自觉地将国际化工作纳入自己的日常工作，落实到校内各部门；全校各部门都制订了配套政策措施以保障目标的实现；组织机构设置上保障目标的实现；各种国际交流与合作活动都具备很强的目标性；有相应的激励机制；有相关的质量监控和保障机制

　　部分高职院校在不长的国际交流与合作的实践中，通过有意识的研究、规划、探索和思考，积累了不少经验，也形成了自己的特色。虽然不乏例外，但总体上示范院校比非示范院校的国际交流与合作开展得丰富，这与国家、地方政府的投入和支持是分不开的。无论是经费数量还是资源配置，示范院校都享有优先权。而非示范院校在经费、资源有限的情况下也不是无所作为。卡内基·梅隆大学校长柯亨曾言，"我们有很多目标，它们都很重要，但我们钱不够、能力有限，因此大学必须进行战略选择和规划，发展比较优势"。① 部分院校通过发挥特色，挖掘优势，也找到了适合自己的路径，不乏成功的经验。

---

① 转引自贺继明：《高职教育国际化发展战略的探析》，《教育与职业》2009 年第（5 中）期，第26 页。

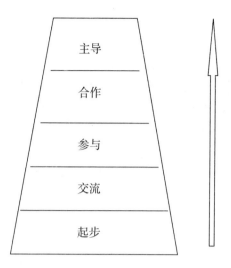

图 4 - 3　国际交流与合作五阶段梯形图

3. 部分院校通过国际交流与合作促进了自身能力建设

一所学校的发展动力有很多，不同的动力会有不同的作用方式及表现形

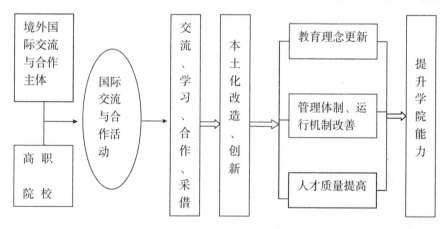

图 4 - 4　国际交流与合作与高职院校自身能力提升关系

式。国际交流与合作也是学校发展的一种动力。实践中我们发现，部分高职院校通过把学校、师生置身于国际背景下，借助师生的广泛交流、人员、项目、机构的合作，带来教育理念的冲击、思维方式的转变，他们结合实际情况进行本土化和创新，从而带来教师教育理念的更新、学校管理体制和运行机制的改善，人才培养质量的提升，进而促进了学校能力的提升。

（1）教育理念更新

教育理念总是通过一系列载体来落实和体现的，如专业设计、课程设置、教材选择、教学方法、评价方式等。教师亲身感受国外的课堂组织，研究专业设计、课程设置的背景、理论基础和技术手段，教材的体例、知识的组合方式等等都能从这些实际的载体中体会出其中的教育理念。而"理念是一个媒介，人们通过它能够想象一种不同于现状的状态。这类想象能够推动人们尝试变革，并且实现变革"①。只有具备先进的教育理念，才能对实践具有指导意义，也才会产生迁移作用。因此所有学校开展国际交流与合作的首要目标就是更新教育理念。

（2）管理体制、运行机制改善

随着国际交流与合作的不断深入，不可避免地通过示范、磨合、压迫等途径冲击院校原来不合时宜的管理体制和运行机制。比如当前我们大部分高职院校都还是公办院校，忧患意识欠缺、成本意识匮乏、市场意识淡薄，在与发达国家的交流与合作中，我们体会最深的就是他们的成本核算、资源整合和对变化的市场的快速反映能力。这些能力是通过学校的机制和体制加以保障的。在中外合作办学过程中，中方学校可以系统地学习外方院校包装宣传、营销手段、成本控制、质量监控、资源调配等软实力。机制体制上的哪怕一点突破都为高职院校的发展增添新的活动。

（3）人才质量提高

学生在日益广泛的国际交流与合作中是受益最直接的群体。第一，具有国际化视野的教师会自觉将国际化教学内容带入课堂；第二，校园内日渐丰富的国际化活动营造出更加自由、多元、包容的文化氛围；第三，学校通过国际交流与合作，潜移默化地在管理体制、办事规则上与外界接轨，有利于学生通过这些隐性课程来习得除专业知识和技能之外的职业能力；第四，通过直接获得国际交流的机会，拓宽视野、丰富阅历、提高能力。大学的首要目标就是培养人才，而国际交流与合作是通向这一目标的一个有效途径。

人才培养是学校的首要任务，而要保证这一任务的实现关键是要有大批具有先进教育理念的师资，学校是一个组织，为保障各项目标的达成需要有一个运行良好、机制通畅的管理体制，这三方面的改进自然会促进学校整体能力的

---

① 朱德米：《理念与制度：新制度主义政治学的最新进展》，《国外社会科学》2007 年第 4 期，第 29～33 页。

提升。

二、我国高职院校国际交流与合作存在的问题

1. 战略规划缺位——国际交流与合作良性发展的障碍

调查显示，大部分高职院校均缺乏国际化办学的整体发展规划，没有明确的国际化愿景，对于国际交流合作的目标、实现途径和保障措施没有清晰的思路，缺少调动全校各有关部门资源的机制。因此大部分学校的国际交流与合作还停留在迎来送往、面子工程上。低层次的考察、互访、交换和培训虽然开展起来了，但实效性不强。国际交流与合作仍然是一种边缘化的、可有可无的、锦上添花的工作。

战略规划的缺位实际反映的是领导认识的不到位。领导没有从战略的高度认识到国际交流与合作对学校发展的意义，因此此项工作的目标和定位就会出现偏差。在实际工作中，往往会出现一些意料之外的效果。项目引进后落实效果不好，交流合作的项目是学校能力之外或者根本与学校需求不符的案例比比皆是。

2. 专业人员缺失——国际交流与合作的软肋

调查发现，目前高职院校中未设专门外事机构、没有专职外事人员的现象还普遍存在。不少分管外事工作的部门负责人都不具备起码的外语沟通能力，外事工作人员也大都只是外语专业毕业，只能应付一些事务性工作。其实，国际交流与合作工作不仅涉及到本国外事、教育、安全、出入境、税收等一系列政策，涉及对外方交流合作伙伴的对应情况，还需要对本校的专业布局、优势特色、资源分布、发展规划了然于胸。这样才能从自身需求出发，寻找合适的外部资源，建立有效的交流与合作关系。一所学校的国际交流处应该成为学校的思想库，成为学校国际合作的战略规划单位。但要发挥这"学校思想库"、"战略规划单位"的功能，需要配备专业人员，其专业性至少应该体现在以下几点：（1）跨文化的沟通技巧；（2）对学校所属行业前沿信息的敏感性；（3）对职业教育发展最新动态的学习和跟踪；（4）对学校发展目标及现有资源的了解；（5）对引进项目和学校实际整合的规划力等。与这些能力相比，我们目前大部分的工作人员还处于处理日常事务的阶段，离专业人员的要求相距甚远。

3. 教师境外培训经费短缺、实效考核机制缺乏——国际交流与合作的瓶颈

离开具有国际理念的师资，大学的国际交流与合作就没有了主体。解决这

个问题，"请进来"和"走出去"需同步进行。但"走出去"的首要问题就是经费。中国政府每年的国家留学基金和各省政府的留学基金项目虽然并未拒绝高职院校的师资申请，但实际情况是应者无数，但获者寥寥。以江苏省政府留学基金项目为例，2009 年共资助 205 人，其中高职院校仅占 3 席①。因此从政府渠道获得个人资助的可能性很小。而能够申请到国家项目经费又是可遇不可求的事。示范院校因为有专项经费，因此在师资海外培训等国际交流与合作的具体项目上有较大的空间，但对于大多数的非示范院校来讲，这笔经费基本需要完全自筹。另一个问题是即便筹集到了经费，出国教师回国后有多少真正运用到实践教育教学的改革上来，没有相应的激励考核机制。人事部门认为是完成了师资培养的指标，外事部门认为是完成了境外交流的工作，教学部门认为是完成了教师培养的一个方面。缺乏各部门之间目标的统整，选送教师出国的真正目标没有明确，缺乏配套的目标预设、过程管理和效果评估的政策和措施。要明确出国教师的任务，带着任务出国，带着成果回来，带着新思想开展工作。在访谈中有位教师坦诚："出国不出国当然是不一样的，眼见为识嘛，肯定是长见识了。但学校没有足够财力的情况下，不可能送很多老师出去，也不可能出去很长时间。实际上一周甚至两周的考察，也只能是知道个皮毛。而且学校在考虑人选的时候，还要考虑那些长期服务学校的老员工，而他们往往英语能力比较差，因此学习的效果还要再打个折扣"。

　　4. 中外合作办学始终没有找到一条良性发展的道路

　　对于中外合作办学，初期中国政府十分重视对合作办学的审批与把关，但对于引进国外高等教育资源之后如何有效地开发利用和本土化，缺乏配套完善的全程监管与评估机制，造成"重审批，轻管理"的现象。高职院校自身由于认识不到位、管理机制不到位、配套措施不到位，在相当大的范围里也存在这种"重引进轻吸收"的现象，只强调合作办学的数量，并没有真正把中外合作办学作为一种动态的学习借鉴平台，在浪费国际资源的同时也造成了教学及管理的中外方隔裂，使学生产生不适应。如果我们在教育领域重复了经济领域的"重技术引进轻技术转化"的路径复辙，必然也会重蹈其"技术研发能力低，自主创新低，缺乏自主品牌"的结果，始终处于引进——落后——再引进——再落后的循环中，无法跻身于世界一流职业教育的行列。

---

5. 学生英语水平低——国际交流与合作的硬伤

英语已经成为无可争辩的国际语言，在国际交流与合作中英语作为一种工具更发挥着不可或缺的作用，无论如何强调英语的重要性都不为过。在问卷调查有关"中外合作办学遇到的主要困难和问题"中，56.3%的院校认为"生源质量"是主要困难，是除了"政策审批"之外的最困难的因素。这里所反映的"生源质量"的一个主要指标是学生的外语水平。据江苏某职业技术学院 2009 年新生入学成绩统计显示：江苏高考英语单科总分满分为 120 分。被该校录取的普通类专一批次考生英语最高分 93，最低分 34，平均分 69.94；中外合作办学项目录取考生，英语最高分 78，最低分 20，平均分 49.94。从分数就可以想见外语教学的难度。学生外语进校水平低是一个方面，另一方面部分高职院校又一再降低对学生英语学习的要求，使得这一问题愈发突出。

6. 国际交流与合作对地区条件的依赖性很强

调查发现，在示范院校中，29.5%的受访院校认为院校所处的地区对国际交流与合作的影响很大，49%的院校认为比较大；非示范院校，这个比例更高，82.5%的院校觉得院校所处地区会比较大或很大地影响国际交流与合作工作的开展。这一情况在另一组数据也得到印证，"2004 年 47 个本科中外合作办学项目中的 32 个（68.1%）在沿海省份，仅 2 个（4.3%）在西部。同样，47 个高等职业技术教育合作办学机构中的 35 个（74.5%）在东部，只有 4 个（8.5%）在西部"。①

诚然，职业教育是紧密服务于地方经济的，地方经济发展的不平衡会导致职业教育发展的不平衡。但一位研究人员者给笔者举了这样一个事例：某所地处以畜牧业和农业经济为主省份的内地高职院，很希望通过国际交流与合作迅速提升学校的办学实力，于是把目光瞄准职教最发达的德国。也通过多方努力洽谈了一个合作项目，但是项目做下来，用"劳民伤财"来形容一点都不过分。项目本身对于学校来讲是一笔很大的投资，但合作专业并不是地方经济所需要的。该研究人员分析，德国是一个制造业很发达的国家，他的优势在于先进制造业，这所院校选择合作伙伴时就出现了偏差。她建议学校结合自身的专业设置、地方经济需要重新考虑适合的合作伙伴，目前这所院校接洽的新西兰项目就比较好地把外方优势和中方需要有机结合起来。因此，学校所处地区并不是国际交流与合作能否开展的充要条件。关键在于学校自身的定位，学校对

---

① 杨锐. 国际组织与中国高等教育发展 [J]. 复旦教育论坛，2009，(7)：54。

于国际交流与合作在学校发展中的目标定位。如果是面子工程和盲目攀比，最终的结果必然是"吃力不讨好"。

7. 配套政策缺少——国际交流与合作进一步拓展的限制

当前，除了沿海部分省市，大部分地区对于高职院校国际交流与合作的支持配套政策是少而又少，只是在规划文件中一笔带过，没有实质性的支持鼓励措施。既没有宏观的战略引领，也没有微观的策略指导，更不用提经费支持了。使得绝大多数高职处于各自为政、独自摸索的工作状态。

三、我国高职院校国际交流与合作发展的趋势

虽然还存在这样或那样的问题，但问卷调查、访谈和案例显示，我国高职院校国际交流与合作已经在部分地区、部分领域呈现出以下发展趋势：

1. 由硬件获取型向软件获取型转变

交流合作初期，高职院校偏重于课程、教材、师资等的直接引入，主要是硬件资源获取型。随着交流合作的深入，我国高职院校自身实力的增强，他们会更加注重消化、吸收，本土化和创新。从偏重硬件的引进向注重理念、机制的学习借鉴的软件引进。

2. 由依附型向主导型转变

在高职教育发展初期，由于我们的目标尚不明确、视域狭窄、理念落后、经费短缺、经验不足，因此在国际交流与合作中多为依附型的关系。不少高职院校在项目选择、投入资源、权责分配等方面缺乏话语权。但随着高职院校在实践中摸索积累了经验，自身办学定位更加明确，他们结合自身特色和需求，认真分析交流合作双方的动机和收益，有重点、有目标、有取舍地开展国际交流与合作，向主导型的角色转变。

3. 由单个学校参与向策略联盟转变

国际交流与合作在全国高职院校中发展极不平衡，部分沿海地区的学校起步较早、经验较丰富，而中西部地区相对起步晚一些。部分经济发达的省份已经从政府规划的角度有意识、有步骤地推进教育国际化，其中职业院校的国际化建设目标也包括在内。过去由政府主导的合作项目才会涉及多个学校，如中澳（重庆）项目，广东中英职教项目等。但院校自发的国际交流与合作仍以单兵出击的方式进行，缺乏资源共享和经验分享。近年来在一些民间组织的有力倡议和组织下，院校自发结成的策略联盟开始初显成效，在寻求有效的合作方式、开拓交流渠道、项目内涵拓展、资源共享方面会发挥越来越大的作用。

4. 由外延式向内涵式转变

国际交流与合作自然要涉及教师交流、学生互换、招收留学生、引智工作、合作项目等，这些是国际交流与合作的具体形式，也是学校通往国际化的具体载体。但如果不注重挖掘每一个项目的内涵，那么交流的形式越丰富，投入就越大；合作的项目越多，额外工作量就越大。部分高职院校在挖掘项目内涵的实践中取得了很好的效果。比如高职院校与跨国企业的合作由最初的单纯获取物质资助的目标，向获取前沿技术、信息转移，再向获得社会声誉及树立品牌迈进。中外合作办学项目从单纯的引进课程、教材和教师，向合作开发课程、教材和培养本土双语化师资转移。在联合开发的过程中，既融合外方先进的理念、技术，又兼顾本土的实际和特色。内涵的挖掘会是国际交流与合作未来的方向。

教育部委托上海市教科院高职教育发展研究中心马树超研究员主持了一项历时三年的课题研究——高等职业技术教育现状与发展研究，项目报告中预测：到2020年，将有5%以上的高职院校接收外国留学生，20%左右的院校接收国外短期培训人员，将有30%左右的高职院校能吸引外国人士参观交流。同时还将有10%左右的高职院校成为国际上知名大型企业的培训基地，将建成200个左右的国际知名企业的培训中心；并积极引进国外行业企业的职业资格证书，大批院校毕业生向国际劳务市场拓展，向国外输出高职品牌和毕业生。[①] 这个预测距今也只有十年了。做出这样的预测本身也说明高职院校国际交流与合作会成为下一轮高职院校特色发展的一条重要途径。

第四节　中国台湾地区职业教育国际交流与合作

中国台湾地区的快速发展和从农业社会到现代制造业的转型备受世界瞩目，一般认为，台湾的经济奇迹与高职教育发展密不可分，职业教育对经济发展的有效配合和适应，为劳动力市场提供大量受过职业训练的高素质劳动者，是经济快速发展的主要原因之一。仔细梳理台湾职业教育发展的每一步，可以清晰地看到台湾的职业院校、职业教育通过国际交流与合作，学习、借鉴发达国家职教经验、进行本土化改造和创新，形成一种自恰的有特色的职教模式的足迹。

---

① 马树超等著：《中国高等职业技术教育历史的抉择》，高等教育出版社2009年版，第66页。

一、中国台湾地区职业教育发展

1. 经济背景

由于战争的原因，台湾地区 50 年代以前经济面临崩溃。1953 年开始了以"进口替代"为重点的经济建设。一方面以农产品及其加工出口赚取外汇，进口工业发展所需的机器、设备及原料；另一方面选择技术简单、资本较少的劳动密集工业为发展重心来替代进口。到 50 年代末，台湾地区的经济发展已经处于较稳定的状态。60 年代以后，发达资本主义国家纷纷转向发展资本技术密集型工业，而把劳动密集型工业转移给发展中国家和地区。台湾地区抓住这一内外部有利条件，推行"出口扩张"型的经济形态。60 年代末，台湾地区成功地从农业经济转变为工业经济。70 年代由于国际金融危机、粮食危机和两次石油危机，各国纷纷采取贸易保护主义，发展中国家和地区的出口受阻。台湾地区适时调整经济结构、促进经济升极，大力发展重化产业。到 70 年代末，台湾地区实现了从以轻工业经济为主向以重化工业经济转型。进入 80 年代，台湾地区虽然积蓄了较强的经济实力，由于低廉劳动力的优势已经丧失，面临着国际经济环境的尖锐挑战。要摆脱经济发展的困境，唯一的出路就是进行产业结构调整，走工业升级的发展道路。台湾地区从以重化工业为重点转向以策略性工业为重点，建立和发展技术密集、资本密集型产业，特别是高科技产业，减少产业发展对能源及初级原料的依赖，加速技术与工业升级。到 80 年代末台湾地区基本完成了工业化阶段。

2. 台湾地区职业教育发展的主要阶段

从 50 年代至 80 年代末，台湾地区职业教育从初创到职教体系的建立，一直紧跟经济发展的节奏、技术更新的步伐，为台湾地区经济的振兴提供了大量的人力资源。在这一过程中，台湾地区利用后发优势，学习、借鉴发达国家的职教经验，发展成如今体系完整、理念成熟、法制健全的职教模式。

（1）第一次"进口替代"阶段的职业教育

50 年代初，台湾的中等教育以普通教育为主，与社会需求脱节，问题丛生。1952 年，美国教育总署副署长李德、安全总署教育顾问安德鲁斯与布朗，应邀来台考察职业教育，拉开了台美在职业教育领域合作的序幕。美国在《美台教育合作计划》的框架下派驻台湾的教育顾问团，为美国职业教育模式在台湾的移植产生了重要作用。

①配合经济建设，调整教育目标

台湾地区当时采取的是"进口替代"的经济政策，因此职业教育是以发展农、工类为主。在《职业教育计划》中，台湾全岛被划分为八个职业学校区，每个职业学校区至少设立农、工职业学校各一所。美援选定的援助对象也仅限农工两类学校。根据美国援助计划以及美国顾问团的指导，台湾地区开始改革职业教育的教育目标，为劳动密集型工业经济提供人力支撑。调整的核心内容是：限制初级职业教育的发展，限制本科大学发展，加强产业发展所需的三年制专科教育和高级职业中学层次专业类科的发展。

②借用外脑，确定教育调查制度

台湾地区邀请了大量外国专家或顾问团实地考察，对职业教育的发展提出意见和建议。美国安全分署教育组首先对农工职业学校与农工业发展展开调查。美国密西根州立大学顾问团完成了对农学院毕业生调查以改进在校训练和毕业生分配的依据。美国宾州州立大学顾问来台考察后，认为当时的工业职业学校不仅物质设备太差，学校几乎与社会脱节，以致学生毕业即失业。宾州大学教授认为台湾地区当时正在从事的工业教育调查按学历而非按行业进行，不具说服力。在美援工教首席顾问的建议下，由台北工专及七所省立工业职业学校部分教师重新举办一次工业调查，以较为实际的行业种类与社会各机构需求人才数量为主要标准。调查团还在工学院、工专及高级工职实地考察课程、设备及训练方法。美国斯坦福大学研究所的考察团在台研究的主要目的是寻求教育与教育计划是否能配合台湾地区经济的发展。联合国教科文组织专家挪威籍史庄乃博士（Dr. Martin Stromnes）对台湾的十年长期教育计划的拟订提出了宝贵建议。在美国顾问团的建议下，台湾地区1957年成立了"台湾工业职业教育暨职业训练调查团"，了解企业的用工需求情况，学生所学与企业所需的匹配情况等，调整课程中不合理的部分。

这些调查虽然费时费力费钱，但却准确地调整了职业教育计划方向，使职业教育能造就出真正适合该行业的人才。此后，台湾地区每三年进行一次教育调查，使此工作成为教育行政工作的重要项目之一。

台湾地区经合会采纳了斯坦福大学的研究报告建议①，在经合会下设立了人力资源小组，负责规划教育计划与经济发展所需人力的相关事项。于是，教育调查制度确立下来，职校座谈会后来也定期召开，以应对社会经济结构变化而随时调整，改变了之前职业教育一直无法与产业配合，职校学生与社会脱节

---

① 安后暐：《美援对台湾职业教育的影响，民国三十九－五十四年》，台北：国立台湾师范大学历史硕士学位论文1998年，第49页。

的现象。此阶段，由于人员来往频繁，参加国际性学术会议频繁，台湾地区的教育发展已经与国际潮流相结合，教育调查和长期教育计划都是当时的世界教育潮流。

③引进"建教合作"，密切学校与企业的关系

由于早期台湾地区的职业教育与社会需求脱节，造成大量职校生毕业及失业，所以台湾努力加强学校与企业的联系，学习美国"建教合作"① 的经验。"建教合作"的目的旨在密切学校与生产企业的关系，达到互利的目的。这种方式很被台湾职教界看好。受到学校、企业和学生三方的欢迎。台湾地区1954 年颁布了《建教合作实施方案》，次年出台《"建教合作"实施办法》和《"中央建教合作"委员会组织规程》。"建教合作"被越来越多的学校采用。

④引入"单位行业训练制"，加快课程建设

在进行一系列教育考察后，1955 年，在美国工职教育顾问团的建议下，台湾地区教育部门引进了"单位行业训练制"，并结合实际情况，设计出工职单位行业科别和课程，台湾高级工业职业学校全面实施。"单位行业训练制"课程是上世纪50 年代盛行于美国的培养技术工人的一种方式，使学生学习一种行业技术，成为行业技工。所谓单位行业训练课程，就是"利用工作分析、职业分析或任务分析来决定课程内容，确定该职业所需具备的知识和操作技能，再按难易程度及逻辑关系，结合考虑在实际工作中出现的频率及重要性，然后加以系统组织编排，来获得的某一特定职业的完整课程"。② 这种课程的优缺点都非常明显：缺点是所学技能范围狭窄；优点是学生对于狭窄的技能可以掌握得非常娴熟，训练后即可上岗。这种课程满足了台湾地区当时极需大量基层技术人力的需要。

⑤内培外送，提高师资培养质量

在美国安全总署的协助下，1953 年美国宾州大学与台湾师范大学签订了一项为期五年的师资培训协议，由宾州大学协助该校成立工业教育系，共同开发了多项课程。师资训练分为甲、乙及工艺组，分别为理论学科、实习和工艺科做师资准备。台湾地区教育部门还选送了部分职业教育行政管理人员、专业

---

① 建教合作：在美国最早是1906 年，由辛辛那提大学许乃德教授为工学院学生所设计的一种结合学校与企业界的教学课程，当时采用的是八周轮调的学习方式，即八周在校学习理论课程，八周在企业单位实习，使理论与实务配合。

② 曾繁相：《台湾经济转型与职业教育改革研究（1953～1989）》，福建师范大学博士学位论文2008 年，第32 页。

教师和实习指导教师赴美宾州大学进行半年至两年不等的进修，学习美国职业教育的办学理念和管理方式。这些人回国后大都成为职业教育的骨干。

（2）出口扩张期的职业教育

由于劳动密集型加工工业成为经济的主导，产业结构发生了变化，带动了就业结构的变化，工业就业人口明显上升。这一时期所需的劳动力，不仅数量增多，素质要求也大幅提高。很多初级职业学校被关闭，高级职业学校得到加强。由于经济开始转入出口导向型，台湾大力发展外向型企业，社会需要越来越多掌握熟练技术的工作，因此职业教育从科类上将重点从农业职业教育转为工业职业教育。

此阶段，德国职业教育对台湾职业教育发展产生了重要而深刻的影响。1965年、1970年，台湾教育部门分别邀请西德工业职业教育专家费新博士及其学生范海波博士与文汉斯工程师等人来台协助改进职业教育。在费新博士等人的影响下，教育部门于1968年和1972年两次修订了"国民"中学课程标准，要求重视职业陶冶及职业选修教育工作，培养学生的职业能力。根据费新博士等专家的建议，教育部门继续推广"建教合作"办学，开始试办"轮调式建教合作"，并在省立三重高级商工职校进行阶梯式办学模式，使原有的"建教合作"形式上更加丰富。

受到费新博士等专家的影响和德国职业教育成功经验的鼓舞，台湾地区将教育从以"普通教育为主"逐步改为以"职业教育"为主，优先并加快发展职业学校及专科学校。在台湾教育部拟订的《加速发展职业教育方案》中，提出在高级中等教育的发展过程中，继续发展高级职业教育，其招生人数，预计到1983年时，高职与高中达到7：3①，这一指标在1980年前即完成。同时，扩大专科教育，大量增设专科学校，培育经济建设所需要的中级技术人才。为了加强对职业教育的统筹与管理，以更好地推动职业教育的发展，台湾"教育部"于1968年正式成立"技术及职业教育司"，1973年更名为"技术及职业教育司"，一直沿用至今。在此期间，职业证照和就业安置体系的推行以及《志愿就学方案》和《延长'国民'教育之职业教育配合措施》的颁布都是深受德国职业教育专家建议或职业教育制度影响的结果。

（3）第二次进口替代阶段的职业教育

整个70年代台湾的工业化进程十分迅速，为了配合经济结构改变、技术

① 《台湾教育发展史料案编职业教育篇》，台湾省政府教育厅编印1985年版，第163页。

升级的需要，1974 年台湾地区成立了第一所工业技术学院，以加强高级工程技术及管理人才的培养。由此，形成了中等职业学校——专科学校——技术学院一贯制的职业教育体系。

台湾地区此间比较重要的一次借鉴行动是建立技能检定制度。在第五次台湾教育会议报告中，有这样一段文字，"在欧美工业高度发达的国家，如德、美、英、法等，莫不早已建立技术考试制度。亚洲的日本于十三年前采取此项制度，韩国亦于三年前依照实施"，"技能检定制度之实施，旨在确定技艺工作人员之技术水准与提高产品品质。工业发展已开始由劳力密集型态而进入技术密集型态，必须推动技能检定制度，以保障技术人力之高度水准。并使接受职业教育和职业训练之员工与青年经技能检定之过程，使社会对其技术造诣有公认之评价，以便利其就业与进修，及提高其职业地位"。[①]

（4）国际化阶段的职业教育

80 年代中后期以后，台湾经济发展对高等技职人才的需求大幅提升，于是台湾地区教育当局在 1996 年通过新的政策，让资质好的专科学校改制为技术学院，具备一定规模的技术学院改名为科技大学，同时增设综合高中，调整高职与普通高中学生比例为 1：1。在教学领域，引进并改造了美国的能力为本位的教学方法和群集式课程。

①引进并改造能力本位教育

"所谓能力本位教育系培养学生达到一组预先安排能力之教育系统，即预先设计有系统的具体能力标准，再依据学生个人学习进度，事先安排活动的方式引导学生获得该项学科或行业之精通水准，其最终目的乃使学生学习成果产生具体行为表现"[②]。能力本位教育于 1967 年起源于美国，目的在于使教学内容与方法更能适应科技社会。学生的学制很有弹性，学生可以随时入学，学生的入学资格也不作严格规定，学生可以按照自己的进度、时间自行学习，学完应学的技能之后，随时都可以毕业。

台湾地区在 80 年代初，反思过去二三十年来在技职教育领域的发展、投入和成效时，觉得有必要进一步改善职业教育的质量，因此美国的"能力本位"教学成为他们选择的目标。但是台湾在引进"能力本位"教学时，充分考虑了台湾的实际情况，他们认为能力本位教学中有两种形式，一种是学习内容一定

---

① 《台湾教育发展史料案编职业教育篇》，台湾省政府教育厅编印 1985 年版，第 443 页。
② 同上，第 251 页。

而学习时间不一定，另一种是学习时间一定而学习内容有所差异。因为台湾的学制相对固定，教学资源也相对有限，不可能应付学生没有时间限制的学习，因此台湾在实施能力本位教学过程，先让教师决定各科各单元的最低标准，在教学过程中，第一个学生都必须达到这个最低标准。如果有学生提前达到这个最低标准，老师可以提供选择性或探测性的其他学习，让他们比一般同学学到更多更深的技能。至于在规定时间内不能达到最低标准的学生则进行补救学习。

②引进改造群集职业教育课程

"群集职业教育"是美国与"单位行业训练制"相对应的培养技术工人的一种方式。60年代以后，美国开始认识到由于科技快速变化的结果，虽然各行各业的分工越来越细，但从业人员所需的基础知识和技能却越来越广。同时分工越来越细，使得人们转业的机会和次数也越来越多。传统的"单位行业训练课程"培养的学生，因为所训技能狭窄，每次转业都要从头开始训练，成本太高。于是就出现了"群集职业教育课程"。"这种课程是将一群有相同、或相似性质的职业归类成一群或一组，使学生获得一个职业群的知识和技能，以增加其就业弹性及转业能力，并适应技术改变的需要"。①

台湾地区80年代大力发展高新技术产业时，"单位行业训练课程"毕业的学生因为训练技能范围狭窄，就业缺乏弹性，遇到技术改变时也不能适应新的需要。台湾地区认真研究分析了美国的群集职业教育课程的原理，在群集大类的设置上、课程的安排上、师资的培养上和设备的购置上都做了务实的准备和创新而非盲目照搬。美国的"群集职业教育课程"主要有平行、双层和金字塔三种形式，但台湾地区学界认为这三种方式都不适合在台湾直接使用。经过理念引进和实践创新，台湾地区的"群集职业教育课程"具有先广后专的特色，学生依照基础课程——专业课程——实用课程三个阶段循序渐进，在广泛学习某一职群通用知识与技能基础上，逐步缩小学习范围，再进入某一特定领域。通过加强基础课，拓宽专业知识面，增加选修课弹性，使学生具备扎实的基础理论功底，以适应产业发展多元化的需要。

3. 台湾地区职业教育现状

1974年台湾第一所工业技术学院成立，工业技术学院于1976年增设学士班，1979年成立研究所，设硕士班，1983年增设博士班，使职业教育体系相互衔接并向上延伸，层级结构更趋完善。1997年，台湾地区五所技术学院改

① 顾明远主编:《教育大辞典（第3卷）》，上海教育出版社1991年版，第230页。

制为科技大学，并相继成立了硕士班和博士班，以培养高级技术和管理人才。从而形成了以科技大学、技术学院、专科学校为主要形式的高等技术职业教育体系。加上高中阶段的中等职业教育，台湾职业教育形成了完整、独立且一贯的技术职业教育体系。

　　台湾地区建立了双轨制的教育体系，即普通教育和职业教育并行发展并相互融通。完整的体制、自由转轨的学制、多管道的回流教育体系，使学生与社会人士在任何阶段均可找到与自身程度相适应的求学通道。（如图4-5和图4-6所示）

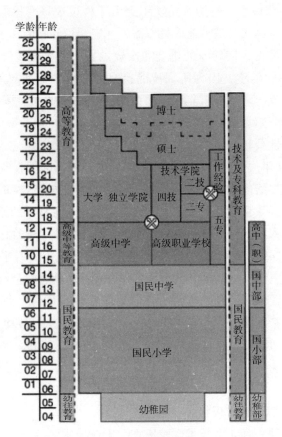

图 4-5　台湾地区现行学制图

　　资料来源：台湾"教育部"技职司资讯传播网，http：//www.tve.edu.tw/Aboutus.asp?CatID=43&item=1.

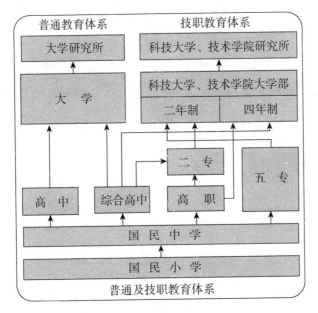

图 4 - 6　台湾地区普通及技职教育体系

资料来源：台湾"教育部"技职司资讯传播网，http：//www. tve. edu. tw/Aboutus. asp? CatID = 43&item = 1.

二、中国台湾地区技专校院国际交流与合作的现状

如前所述，台湾地区高职教育主要由科技大学、技术学院、专科学校承担，统称为"技专校院"。截止到 2009 年 10 月 30 日，共有 93 所技专校院①。在经济全球化背景下，要在知识经济的大潮中培养具有国际生存和竞争能力的技职人才，台湾地区教育主管部门及各技专校院纷纷把国际合作列为重要的发展战略。

1. 构建推动技专校院国际合作的组织架构②

为配合经济国际化与自由化的趋势，推动技职校院的国际交流与合作，台湾地区"教育部"1999 年专门成立了"技职校院国际合作询问委员会"和"技专校院国际合作工作小组"。从 2004 年起定期召开技专校院推动国际化工作会议，邀请专家学者及学校代表研讨推动国际合作，并辅导各校提升学生外语能力。其中咨询委员会的主任委员由台湾教育部次长担任，委员十二至十五

---

① 资料来源：公私立技专校院一览表 ［EB/OL］，http：//tve. nkut. tw/.

② 资料来源：http：//ice. lhu. edu. tw/.

人，由主任委员在各技专校院校院长、或台湾地区政府各部门、公民营企业等相关单位主管中选聘，委员任期二年。委员会依据技职教育学术属性，下设工业及设计、农业及海事、商业及管理、医事及护理、餐旅及家政、语文及艺术等六个学术分组，还可依据任务需要增设其它分组。学术分组设分组召集人，由主任委员指定委员担任。咨询委员会的任务是：

①咨询委员会为台湾技职校院国际合作最高咨询与指导单位，负责厘定相关国际合作政策。

②咨询委员会要针对工作小组所提的国际合作年度工作、计划补助案、计划执行成果，进行咨询、复核、协助与指导等工作。

③各学术分组须就各学校提出申请补助案或补助案的执行，进行咨询、初核、协助与建议等工作，并提送委员会审核。

技专校院国际合作工作小组由主任委员指定咨询委员一人担任召集人，任期二年，并兼学术分组召集人。工作小组下设企划及秘书工作分组、接待联络网分组、资讯网络中心分组三个分组。工作小组的任务是：

①受"教育部"技职司的规划委托，及咨询委员会的咨询建议，推动及执行技职校院国际学术合作及交流业务。

②企划及秘书工作分组：业务为规划技职校院国际合作的年度工作计划，协调各校院协办各项工作，办理各校院补助申请案的事务性工作，开办国际合作业务研习班及其它行政性工作。

③接待联络网分组：业务为组成技职校院的接待联络网，依据"国外"访客校际参访需求及来访团体或单位的学术交流属性，协调安排接待活动及行程。接待联络网的组成除考虑各技职校院之学术属性外，亦需考虑地区分布，并以能够形成策略联盟的校院为优先考虑。

④信息网络中心分组：业务为维护网页的软硬件设施，并随时将各技职校院提供的国际合作交流经验及讯息充实更新。

⑤负责国际性文教组织的联系、各种国际性学术学会、筹备国际技职教育合作与交流研讨会的联系等其它相关业务。

组织架构如图4-7所示。

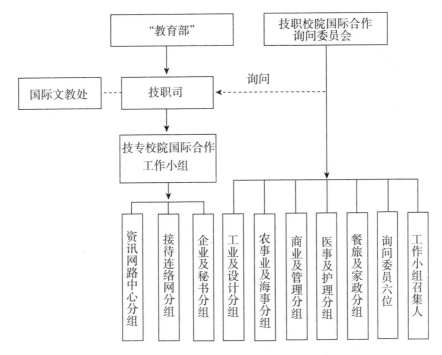

图4－7　台湾地区技专校院国际合作推动的组织架构

资料来源：http：//ice. lhu. edu. tw/.

特别值得一提的是由信息网络中心分组制作维护的"技专校院国际合作
与交流中心网站"（网址：http：//ice. lhu. edu. tw/）。网站有中英文两种文
字，网站的服务目标非常明确，就是台湾所有技专校院的国际交流与合作事
项，凡与此事项有关的资讯、数据、会议、文献等均可在网上查询到。此网站
有三个明显的特点：一是信息全面；二是参与广泛；三是服务专业。

（1）信息全面

网站信息包括三个层面：一是世界主要国家的教育制度、主要文教组织的
资讯。二是台湾地区为鼓励技专校院开展国际交流与合作出台的一系列文献资
料、政策法规、奖助方案及具体实施细则。这些资料不仅包括了教育当局发布
的，还包括交通、财政等相关部门发布与此主题相关的政策法规。非常清晰、
便捷。三是台湾地区所有技专校院国际交流与合作的各类统计数据（包括各
校负责国际交流与合作事务的部门名称，各校学术国际化水平，各校具有国外
学位的专任师资人数比例，各校具备外语能力的教职员工的人数比例，各校签
约姐妹校的数量、地区与交流情况，各校参加国际文教组织情况，国际学术交

流合作的经费支出情况，各校每年招收外籍学生数量等），所有技专校院从2002年起至当前的所有国际交流与合作核定项目，所有技专校院国际交流与合作的实时动态信息更新。

（2）参与广泛

"技专校院国际合作与交流中心网站"并不是一个自上而下的信息发布平台，而是一个全员参与的交互系统。网站上浏览者可以查询到台湾地区各技专校院（包括科技大学、技术学院、专科学校）负责国际交流与合作事务人员的联系方式、各校推动国际化的简报和资料、各校接待境外人员或团组访问资料的实时更新、各校每年招生外籍学生的数量等。网站与各校网站的链接非常便捷。应该说，打开网站你就可以对台湾地区技专校院国际交流与合作的全貌有一个比较清晰的印象。信息公开、透明，共享度很高。校与校之间的比较也一目了然，都是事实和数据证明，而非文字粉饰。

（3）服务专业

浏览者可以通过网站清楚地看到台湾地区推动技专校院国际化的组织架构，人员来源、分工及职责。国际交流与合作的各项事务都有明确的部门或机构处理，很少职责交叉、模棱两可。网站提供了各种类型的国际交流与合作的协议范本（多为中英文双语）。为鼓励技专校院开展国际交流与合作，台湾地区颁布了很多奖助方案，这些方案内容在网上一目了然，更难能可贵的是，每份奖助方案都将奖助项目的评审细则，评审程序甚至评审人员详细公布。而且所有申请表格都可以从网上获得，网站专门设有"国际化奖助申请填报系统"，系统上都是标准化的格式，每一个细节都规范而细致。既有利于评审的公正和规范，也避免了因各校文字组织人员水平的差异带来影响项目实质效果的评估。

2. 制订完善的配套激励政策

台湾地区《2000年教育政策白皮书》在全面分析21世纪台湾技职教育面对的新的挑战后，指出：技职教育需往创新技术研发、培育国际人才、提升国际竞争力及提升知识技术理论而努力。在未来技职教育的五项发展策略中，第四项即为"推动技职校教育国际合作"。具体内容是①：

近程

（1）提高国际合作经费预算并加强各补助计划之绩效管考。

---

① 教育政策白皮书［EB/OL］. http：//mail2. ylc. edu. tw/~gces. kentxchang/pipi/white. doc.

①项目重点补助学校以利长远推动国际合作。

②配合推动国际合作及学制弹性化等事项，持续检讨并修正相关法令。

③推动国际合作之绩效，列入评鉴计点之重点指标，改名科大（或改制）之参考。

（2）辅导各校办理双联学制，以利国内外学术双向交流，并达成外国留学生倍增计划。积极辅导各校除在欧美日等国家外，并于东南亚其它国家以多型态方式开班授课，进而办理双联学制，并鼓励各校于境外开授硕士在职专班。

中程

（1）建立技职校院国际合作之平台、信息公开传达制度与跨校间专业人才库。

①辅导技职校院策略联盟，强化联盟间互补资源。

②国际合作信息公开传达制度。各校设置国际合作主管对话单位，定期举办研讨会。

③建立跨校专业人才库，鼓励教师与国外母校或其它学校商谈交流合作事宜。

（2）营造生活化双语环境，结合课程与谘商辅导，并成立种子老师队，培育教师及学生之国际观与语言能力。

①以双语呈现校园内指针，并规划语言训练课程。

②开设通识课程介绍各国文化，并设置谘商辅导人员。

推进技专校院国际化的目标有三项：一是营造国际化环境，充实国际化的校园软硬件环境和强化各校推动国际合作的质和量；二是语言能力提升，全面提升师生外语能力和建构区域英语教学资源网络；三是专业能力提升，兼顾教育输入及输出，向上取经和向下传经。台湾地区"教育部"先后制订出台了三项旨在推进技专校院国际合作的奖助要点：国际合作计划补助要点（表4－14）、提升学生外语能力补助要点（表4－15）和技专校院国际化奖助要点（表4－16）。

台湾地区"教育部"对于院校举办国际学术会议、"境外"办学均出台了详细的规定，也均设立了专项补助经费。2007年为促进技职校院国际化，提升技专校院国际竞争力，输出技职教育产业，发布《技职校院赴东南亚开设"境外"专班试办要点》，主要针对越南、泰国、马来西亚、新加坡、菲律宾及印度尼西亚。

表4-14　国际合作计划要点主要内容

补助项目	1. 招收"外籍生"。 2. 学生修习双学位或部分学分。 3. 交换师生。 4. 师生取得国际证照。 5. 选送学生出国实习。
补助金额	1. 整合型：150 万元为上限。 2. 一般型：60 万元为上限。 3. 各校申请三案为限（整合型计划一校以两案为限）。
经费编列	1. 各校配合款应提列本部补助金额 20% 以上。 2. 人事费不得超过总计划经费的 25%，业务费不得超过总计划经费的 75%。"国外"差旅费应全数由学校配合款支付。 3. 融合型计划就注明各参与学校的补助款、配合款比例，参与学校支持的配合款应占全部配合款 20% 以上。

表4-15　提升学生外语能力补助要点主要内容

补助对象	已获台湾"教育部"教学卓越补助的学校，不得申请提升外语能力计划
补助项目	1. 外语检测学习课程。 2. 补救教学计划。 3. 推动外语教学改进方案及教学实验计划。 4. 办理全外语营计划。 5. 引进"外籍"师资及配套计划。 6. "外籍生"英语授课学程开设及配套计划。
补助金额	每校以申请一案为限，补助金额 200 万元以下。
经费编列	各校配合款应提列本部补助金额 20% 以上。公立学校得全数编列为资本门，私立学校配合款应提列 40% 以上为经常门。
加权计分	参加北、中、南三区技专英语教学资源中心各项活动排名该区前五名者，加审查成绩一分。

表4-16 技专校院国际化奖助要点主要内容

绩效指标	1. 招收"外国"学生。 2. 教师"出国"留学。 3. 交换师生。 4. 外语（专业课程）授课。 5. 与"国外"学术文化机构合作交流。 6. 协助政府及相关单位推动国际化工作执行绩优。 7. 学生通过外语检定、国际证照。
奖助类型	1. 绩优型：占总资助经费60%，以当年度绩效评比。 2. 进步型：占总资助经费40%，评比当年度与前一年之相对绩效。
支出项目	校园环境国际化、"外国"学生之咨商辅导、处理"外国"学生事务之专兼任助理、提升学生之英语能力、"外籍"讲座钟点费、招收"外国"学生之宣传文宣资料、奖助通过外语检测、考取国际性证照学生之考试费用及奖助学生参与海外研习等项目。

表4-14、4-15、4-16均整理自：2009年台湾技专校院国际化研讨会手册〔EB/OL〕，http：//ice. lhu. edu. tw/。

3. 当前技专校院国际交流与合作的总体情况

2009年台湾地区《技专校院国际化调查表》共有九项内容，分别是：（1）学校基本资料（包括国际合作专责部门、主管及各项目负责人员资料）；（2）全外语授课的课程（系所）（包括全外语授课的专业学程（系所）、对"外国"学生开设的华语文教学科目、东南亚语文授课系所或单位）；（3）招收"外国"学生或国际事务的专责单位调查（包括负责单位名称、在学校的层级、人数、工作内容、"外国"学生招收渠道等）；（4）招收修读正式学位的"外国"学生资料汇总（包括区域、国家、学习领域、修读学士）；（5）与"国外"大学建立"跨国"学位（双联学制）情况汇总（包括国家、合作学校、合作院系、授予学位、授课方式及学位授予方式、修读学生数及取得学位学生数）；（6）学术交流（包括交换教师人数、交换学生人数、博士后研究人数、短期游学人数、毕业生出国留学人数、学生出国实习人数、论文投载国外相关期刊篇数、办理国际研讨会、座谈会等相关活动场次、与"国外"大学建立姊妹校数、与"外国"学校进行学术合作交流计划数）；（7）英检通过率情况（包括学校是否要求部分或全部通过英语能力检定毕业门槛、各系所学生英语能力检定门槛、学生通过英语能力检定统）；（8）外语科系所学生外语（不含英语）能力检定统计；（9）双语环境项目完成情况（包括机关街牌、办公室标示牌、公共服务场所标示及符号牌、员工职名牌及识别证、安全警告标示及符号牌、楼层配置、平面配置图、服务时间告示牌、学校简介、对外宣传出版品、学校英语网站）。从此调查表中可窥见台湾技专校院国际交流与合作的主要内容。在九项指标中有三项涉及外语，可见外语能力及氛围也是台湾地区技专校院重点关注的一个问题。调查表的内容覆盖广泛、相当细致，引导技专校院从组织架构、人员配备、校园环境、外语教学、海外学生、合作办学、学术交流等各个方面推进国际交流与合作。

云林科技大学巫铭昌等教授在对台湾20所职业技术学院进行调查研究和专家访谈的基础上，归纳出台湾地区职业技术学院有关国际学术合作的推动项目为：签订合作备忘录；举办学生游学团互访；推动教师交换授课；提供学生进修名额；办理专题参访或共同学术研讨会；参与共同学术研究的国际合作。并且得出以下结论：（1）各学校普遍认识到国际学术合作的重要性，亦成立了专责单位（如国际合作处等），配备了相关人员，以负责推动相关业务；（2）就学校推动国际学术合作的项目内容而言，大多集中在签署合作备忘录、暑假游学、参访演讲等方面，宜在这些合作意愿的基础上，配合学校的专业特色与发展方针，务实推动具体的学术交流与合作方案，力求深一层的实质性学术研究与教学质量的提升；（3）学校基于国际化的时代趋势，设定了学生英语能力的毕业门槛；（4）学校既已重视国际学术合作，宜将此理念落实在各系、所的发展方针中，包括学校经费预算的编列、课程与教学的规划、合作研究的互动与互补、网络课程的分享及学术成就与学习成就的国际接轨等等。①

根据2008年度完成的《技专校院国际合作与交流综合统计资料》② 显示，台湾地区各校科系学术水平自评结果：约70%达"接近国际水平"或"已达国际水平"，具有英、日语专业外语能力教师占96.3%。各校具有国外学位的专任师资，博士约占25.6%，硕士约占67.4%。

各技专院校也充分意识到国际合作的重要性，利用有利政策支持，开展了很多卓有成效的实践，也取得丰硕的成果。以高雄餐旅学院③为例，该校以"本土扎根，国际拓伸"为学校发展定位，以专业化、企业化、国际化为核心主轴，融合人文化为基础。2002年成立了国际化推动小组，2009年正式成立

---

① 巫铭昌等：《台湾职业技术学院国际学术合作之策略研究》，《职业教育研究》2009年第4期，第155页。

② 技专校院国际合作与交流综合统计资料［EB/OL］. http：//ice. lhu. edu. tw/.

③ 资料来源：http：//www. nkhc. edu. tw/index_ redir. jsp？.

国际事务处。该校针对国际化知识的投入、转化、以及本土化知识产出过程，通过教学投入与产出的教学过程管理，将老师、学生、与产学、校际的联盟，导入全球化的思维，国际化的观点，将本校逐步推往世界知名餐旅专业学府的品牌形象。近年来通过台湾地区奖励大学教学卓越计划的执行，在国际学术交流、拓展双联学制、开发国际实习据点及招收国际学生等业务均倍数增长，发展迅速。在技职校院的英文检测中获得三项全台湾第一，有优良的外籍师资、设备、教材教法的研发成果。从 2002 年至 2006 年期间开展主题为"本土扎根的国际化餐旅文化教育"的第二梯次提升计划。学校配套经费为 160 万新台币，申请台湾地区"教育部"补助经费为 800 万新台币。在 2009～2010 年学校制订的教学卓越计划中第五个子计划即为落实餐旅国际交流。计划包括：国际师生共教共学，邀请"国外"学者专家来台举行相关座谈活动，扩展学术交流；扩展海外实习与研究据点与著名观光学院，鼓励学生赴海外实习，开拓视野；参与"海外"教育展，积极招收国际学生，促进国际文化交流；持续推动亚太餐旅教育联盟；发挥台湾地区位于亚太地区交通枢纽之地理优势，将亚太地区餐旅教育学府之资源结合，以期能发挥最大功效；选送优秀老师出国研习，提升餐旅教育质量，拓展学校教师的国际视野。

三、中国台湾地区职业教育国际交流与合作的主要特点及启示

1. 学习借鉴的受益者不仅是每一所院校，也包括决策当局

方法的学习不仅仅局限于狭义上的课堂教学，还涉及宏观教育政策的决策程序和方法。台湾地区职业教育通过国际交流学习到的不仅是"建校合作"、"单位行业训练课程"，还有制订教育政策之前的教育调查制度和方法，包括学校国际交流合作的理念和作法均取经于西方发达国家。随着美籍教育顾问团、德国教育专家等到台湾地区的次数的增多，相对应的，台湾地区也越来越多地参加世界性教育组织和会议，在这样的互动下，台湾地区渐渐融入世界教育潮流。个体的院校交流合作要在整体的职业教育推进的背景下才能发挥更好的作用，政府部门更需要很好地研究先进职教模式孕育的社会环境、制度环境和教育环境。

2. 充分考虑文化背景的不同，在学习中有创新

台湾地区技职教育的各级学校的培养目标十分明确，学生的升学通道也很便捷。台湾允许各级各类职校毕业生毕业后直接报考上一级职校，（俗称"直通车"），也可以就业三五年后再来报考上一级职校（俗称"区间车"），获得继续深造机会。"台湾在构建职业教育体系过程中，既吸纳了现代西方职业教

育先进的理念，又借助于东方儒家文化崇尚读书，追求学历的传统，成功地建立起与普通教育并重并立、上下衔接、相互沟通的独具特色的现代职教体系。"①"拿来就用"和"全盘否定"都是不合时宜和不明智的做法，教育交流的最初的和最终归宿就在于学习借鉴基础上的本土化创新，任何先进的理念、制度和做法，如果不最终扎根于本土，都如无根之木。

3. 制定切实可行的组织框架和政策保障推动国际交流与合作

台湾地区对于职业院校国际交流与合作的支持并未停留在历史中，而是随着时代的变迁不断发展。既发挥了决策部门理念引导、制度保障的作用，也发挥了政府部门信息共享、资源共建的服务功能。尤其是以项目、奖励的方式进行的经费投入，很好地引导和鼓励了技专校院的国际交流与合作的发展，这种发展也保障了地区利益。

① 刘春生，谢勇旗:《台湾职业教育的特色及启示》，《职业技术教育》2003 年第 28 期，第 28 页。

第五章

我国高职院校国际交流与合作个案研究

　　本章选择以深圳职业技术学院、上海医药高等专科学校、四川国际标榜职业学院为个案，深入剖析这三所所处地域不同、区域经济结构不同、学校性质不同、专业覆盖不同、自身资源不同的高职院校，在国际交流与合作中的典型实践并总结分析这些成功实践背后的经验，为全国众多高职院校开展国际交流与合作提供理论借鉴和实践参考，帮助不同院校做出更加的理性的判断和选择。

第一节　深圳职业技术学院国际交流与合作①

　　深圳职业技术学院（以下简称"深职院"）1993 年建校，短短十几年时间里，在中国高职教育领域实现了一个又一个历史性的突破，成为中国 1200多所高职院校的排头兵。仔细分析深职院建校以来通过形式不断多样、内涵不断丰富、方向不断明确、举措不断创新、战略越发清晰的国际交流与合作，在人才培养、专业建设、课程改革、师资队伍建设、校企合作、科研工作、社会服务等各方面取得明显成效的经验，有助于我们理解国际交流与合作在高职院校自身发展中的地位和作用、途径和方法。

一、深职院国际交流与合作概况

　　1. 学生交流

　　截至 2009 年 9 月，深职院与海外 77 所高校建立起合作关系，与其中近 20所大学签订输送留学生的协议。经学校介绍出国留学的毕业生超过 700 人。累计接纳来自各国长、短期留学生 500 余人。学院选派学生 31 批次共 387 人，

---

　　①　本个案资料除特别注明外，主要来自该院网站和实地访谈内容。

赴国外进行短期留学。与多国高校共同举办夏令营、冬令营、语言研修班、互派参访团等主题性活动。近三年，共举办 31 批次的主题性活动，来往学生 1000 余人。大批毕业生就职于"走出去"企业，涉外护理专业毕业生考取英国、日本等国护士执照后可直接进入国外劳务市场，网络专业考取 CCIE 证书的学生也直接进入国际劳务市场。

2. 教师交流及师资结构

建校以来，共引进海归人才 100 余人，从外向型企业引进教师 225 人，教师中具有海外留学背景的占教师总数的 35%，累计聘请了来自 10 余个国家的 80 名外籍教师。从外向型企业和海内外聘请具有海外教育背景的兼职教师 611 人。累计投入 1300 万元，派出共 291 人赴 20 多个国家和地区进修学习。一些国际型企业免费为学院培训教师。

3. 引进优质教学资源

引进一批牛津大学、剑桥大学等国际一流大学的原版教材。网络互联技术等 25 门课程采用双语教学，与澳洲 TAFE 北悉尼学院合作开办的国际商务（中澳合作）专业实现了全英文授课。目前学院共有 8 个专业与外向型企业合作按照国际化标准制订人才培养方案。18 个专业引进了国际权威职业资格证书共 63 种。

4. 举办国际会议或研修班

深职院是国内少数几所有举办国际会议经验的高职院校。2007 年，深职院举办了"发展中国家中国经济发展模式研修班"，非洲、欧洲、东南亚等地区的 26 个发展中国家的 54 位官员及专家参加。2008 年，马来西亚高等教育部职业技术学院与社区学院司师资培训处在深职院进行机电一体化、CAD/CAM、CNC、楼宇自动化、SMT、智能卡、网络技术等方面的师资培训。此前该处一直将师资培训放在发达国家进行。

5. 2009 年国际交流与合作的统计数据

以 2009 年为例①，深职院共聘请半年以上的长期外国（专家）教师 39 人；招生香港籍学生 69 人、台湾籍学生 7 人，外国进修（培训）生 53 人，在校留学生总数达到 165 人；学校公派半年以上长期出国人员 15 名，短期出国人员 71 名；与澳大利亚 TAFE 北悉尼学院合作开办"国际商务"专业（中澳合作）；与香港专业教育学院（IVE）黄克兢分校联合举办"电气服务工程"

---

① 资料来源：深职院外事处提供，2009 – 12 – 09。

高级文凭合作课程；10 人次参加国（境）外学术会议，200 人次参加出国（境）的交流考察；接待来自国外、港澳台 60 批次共 820 人次的来访；举办 1 次国际学术会议；派出 8 批次共 55 名校际交流生。

二、深职院开展国际交流与合作的比较优势

1. 城市环境优势

说起中国的改革开放，就不得不说 1980 年建立的中国第一个经济特区——深圳。昔日的边陲小镇，如今已发展成为一座现代化国际性都市，创造了举世瞩目的世界城市发展奇迹。作为经济特区，深圳具有思想解放、政策先行的先天优势。自特区成立以来，深圳的 GDP 年均增长 26.9%，人均 GDP 排全国第一，出口总额连续 15 年位居全国大中城市榜首，世界 500 强企业有 148 家落户深圳。作为中国最大的移民城市，深圳同时还占据毗邻港澳的地理优势，和气候适应的自然优势。当前，深圳紧紧抓住世界研发中心和消费中心向亚太转移的新机遇，主动承接国际高端产业转移，努力开发国际国内两种人才资源，积极推进深圳人才国际化进程。这座城市过去发展的经验和未来发展的需求都给深职院的国际交流与合作创造了难得的机遇。

2. 深职院自身优势

深职院的发展历史可以说是中国高职教育实质性发展历程的缩影。人们喜欢用几个"率先"[①] 来描述深职院在中国高职教育中的排头兵作用。沿此思路，可以进一步总结深职院的"九个率先"：率先于 1992 年就起名为"职业技术学院"；率先把"大学水平的能工巧匠"作为培养目标；率先建成功能齐全、国内领先的校内实践教学基地——工业中心；率先建立了以职业能力为本位的人才培养模式；率先成立专业管理委员会，以企业参与培养的全过程；率先在国内试点开办四年制高职教育；率先成为内地对港澳台单独招生的高职院校；率先把"建设世界一流的职业技术大学"确定为学校发展目标；率先提出在海外设立分校。

三、深职院国际交流与合作的特色与实践

深职院从建校起，因为特殊的地理位置和敢为人先的创新精神，与国际交流的机会比较频繁，无论是引进来（外籍教师、教材、理念、国际标准、国际职业资格证书、中外合作办学项目、留学生、国际会议），还是走出去（学

---

① 《深圳职业技术学院树全国高职教育楷模》，《职业技术》2007 年第 5 期，第 55～57 页。

生海外升学、交流学生、考察访问、师资海外培训、参加国际会议）都开展了卓有成效的探索，也取得了丰硕的成果。此文仅就其特色的做法进行介绍和总结。

1. 与英国胡佛汉顿大学的合作——深职院校际交流与合作发展历程缩影

英国胡佛汉顿大学是深职院在海外的第一个合作伙伴，从单纯的生源基地，向师资培训到学生双向流动到科研合作的发展过程，既体现了中国高职院校在国际交流与合作中定位的转变，也反映了国际交流与合作在院校建设、人才培养中作用的深化。深职院创校校长俞仲文在 2006 年双方合作十周年庆典聚会上有这样一段致辞："深职院与胡大的精诚合作培养和塑造了 500 余位学生，老师通过两校交换学习走向了世界，英国和全世界通过这些同学和老师了解深职院。"

（1）学生海外升学的通道

作为中国第一个经济特区，深圳吸引了来自全国乃至世界各地的人才，经济发展以"深圳速度"突飞猛进的同时，人口也在急剧增长。九十年代的中国社会，职教观念还不能为大多数人接受，这从深职院第一届实际只录取 59 人可见一斑。富裕起来的深圳人、与国际社会有更多接触的深圳人希望孩子接受层次更高的教育，高等职业技术学院的学生当时还没有国内升本的机会。深职院在此情况下，积极为家长和学生探索海外升学的渠道，经过洽谈协商，1997 年 1 月深职院与英国胡佛汉顿大学（以下简称"胡大"）签订了校际合作交流协议：深职院专科毕业生在满足一定条件的前提下，可到胡大继续就读获取本科或硕士学位。迄今为止，深职院已累积 600 多名学生前往胡大留学。

（2）新的组织机构应运而生

随着深职院与更多的国外院校签订了输送留学生的合作协议，为了给学生提供更好的服务，学院 2002 年专门成立了国际语言培训中心，现更名为国际教育部。学校在校际交流的同时，开始招收国外学生，对外汉语教学是留学生主要研修的内容。目前与外事处合并的国际教育部的职责是：承接外事办开拓的各种业务；各级各类的培训，尤其是出国培训；留学生教育（对外汉语教学）；港澳台学生的教学工作。这与国内其他高职院的国际教育部或国际教育学院的起源大相径庭。国内不少高职院设立国际教育（学院）的起因是为了便于统一管理中外合作办学项目。

（3）开辟教师海外进修的机会

随着越来越多的深职院学生到胡大深造，双方开始洽谈深职院教师到胡大的访学。从 90 年代末开始，不少深职院教师受益于这个合作项目，有机会走向世界。

（4）学生双向交流机制形成

2007 年 9 月，深职院迎来了第一批国外游学团——胡大 15 名游学学生。至此，合作双方院校学生的双向交流机制得以形成。游学团游学期间学习汉语、体验中国文化、感受快速崛起的中国。一位胡大哲学专业三年级学生，因为在深职院两周的游学经历，很喜欢中国的文化，从胡大休学两年，专程来深职院学习汉语，打算未来有可能到中国发展，他对深职院的印象是：

"A lot of students can speak English. It's better than ours. It's bigger. The campus is better. It has more money than my school because it's better equipped."（很多学生会说英语。这所学校比我们学校好。因为它更大，校园也更好。而且学校比我的学校更有钱，因为设施更好。）

（5）科研合作的探索

2005 年，双方院校开始探讨科研合作的可行性和合作框架，以便进一步深化合作内涵。深职院于 2007 年分别派出两位教师前往胡大，开展为期一年的科研合作，取得了预期效果。其中一位应用化学与生物技术学院的教师在 2006 年申请到深圳市的科研课题"脑胶质瘤干细胞的分离、培养和生物学特性研究"，但深职院并不完全具备这项研究的实验条件。胡大健康研究所负责人就是肿瘤研究领域的专家。双方利用胡大良好的实验条件，共同合作取得了满意的研究成果。这位教师在接受笔者访谈时强调："要做世界一流的职业院校，就一定要有科研。做研究是有助于教学的，教师的视野会不一样。我们现在的职业教育只是把现成的技术教给学生，没有强调职业技术的创新。如果要想有职业技术的创新，就一定要做研究才行。"

2. 专业建设——高职院校国际交流与合作的重点

深职院刘洪一校长认为，传统学科型大学，更强调学术交流、高层次学术研讨会。对于高职院校，学术交流不是它的中心，中心在在专业层次的交流、课程的交流和人才培养的交流。国际交流与合作的最终目的绝不单纯是追求师生交流的数量、合作协议的签署，而是要把人员交流、信息交流、项目交流和观念交流的效果通过教师的采借化用，因地制宜地落实在专业建设和人才培养方案上。在深职院很多专业的建设方案上都可以明显地看到教师们对国际先进职教理念所进行的本土化改造和创新。仅以三例说明：

（1）计算机网络技术专业——引进国际权威职业资格证书①

计算机网络专业成立之初就瞄准市场份额占到 60% 的世界第一的网络设备和解决方案供应商——思科公司（CISCO）。思科公司于 1993 年推出了从低到高的三层技术认证体系，其中 CCIE 是公认的网络界顶级认证。思科公司推出的"思科网络技术学院"专门培养技能型网络技术人才，免费提供多媒体电子课件和教材，并且每三个月及时更新以适应网络技术日新月异的发展，实行教考分离。深职院网络专业经过努力，2001 年底获得思科公司授权，成立了国内高职院校第一所"思科网络技术学院"。2004 年，专业的第一届毕业生就取得 CCIE 的突破，从 2005 年开始，每一届毕业生都有 13% 以上获得 CCIE 认证，目前累计有 94 名同学获得 CCIE 认证。2007 年产生了深职院第一名获得 3 个 CCIE 认证的学生（全世界仅 210 人获得 3 个 CCIE 认证）。

网络专业在此基础上一方面消化吸收"思科网络技术学院"的三层技术认证体系，一方面认真分析"企业网络人才岗位标准"，然后依照德国的"基于工作过程的系统化课程"开发办法，以中国香港职业训练局的"培训学习包"的开发作为标准化的参考，借用 ISO9000 的"过程控制"的管理理念，进行专业教学标准的制定。目前学校有 18 个专业引进了国际权威职业资格证书共 63 种。

（2）港口与航运管理专业——参照国际标准制订人才培养方案②

物流产业是深圳市四大支柱产业之一，这里有像盐田国际这样的世界一流的港口企业。为了培养出既掌握国际惯例和国际化运作规则，又掌握国内港航企业运作方式，能在国内国际两个就业市场就业的"双通"型人才，深职院开发了在全国具有示范作用的港航专业职业能力标准。他们学习澳大利亚 TAFE 教育的经验，汉化了澳大利亚国家职业能力标准中的"港口培训包（PORT TRAINING PACKAGE）"作为国际参照标准，制定了《港航业主要岗位职业能力标准》。目前学校共有 8 个专业与外向型企业合作按照国际化标准制订人才培养方案。

---

① 内容参见蔡学军：《联手思科，造就顶尖国际 IT 认证人才》，《工学结合案例汇编》，高等教育出版社 2008 年版，第 27～31 页。

② 内容参见秦固：《港口与航运管理专业国际化"双通"型人才培养模式的构建与实践》，《学结合案例汇编》，高等教育出版社 2008 年版，第 51～57 页和"深职院国家示范高等职业院校建设方案"。

（3）楼宇智能化工程技术专业——多种职教模式的有机融合①

楼宇智能化工程技术专业在我国高等教育中是一个新生专业，深职院对于该专业的课程改革经历了两个阶段，这两个阶段也是国外主流职教模式在中国专业改革上的体现。第一阶段是 2005 年以前主要采用北美 DACUM 课程开发办法，设计学生的知识、能力和素质结构，构建专业课程体系，取得了一些成效。但是，DACUM 课程开发方法的优势在于，它直接对岗位工作任务进行知识与技能分解，比较适合开发模式化的理论与技能课程，便于职业培训。但缺点是缺乏将职业工作作为一个整体的行为过程来看待，因此能力训练还停留在"点状"。因此，第二阶段的课程改革，主要是借鉴德国基于工作过程的课程开发理念，结合加拿大的 DACUM 课程开发方法，再综合中国"智能楼宇管理师"的职业资格标准，开发出"课证融合"的人才培养模式。

3. 与海德堡公司的合作②——高职特色的国际交流与合作模式

"工学结合、校企合作的办学模式体现了职业教育的本质和规律，是职业教育必须遵循的基本范式。"③ 但校企合作常常出现一头热的现象，主要原因是企业经过利益评估缺少参与热情。深职院出台了一系列鼓励校企合作的政策措施，在接受企业支持的同时，讲求实实在在地对企业做出回报与服务。高职院校国际交流与合作的一个极具潜力的领域就是结合高职教育的办学模式，加强与跨国企业的深度合作。这种合作不仅体现在传统的毕业生实习、专业实训环节，还进一步深入到人才培养的全过程，包括专业建设、课程改革、师资培养和社会服务各领域。深职院印刷专业与德国海德堡公司的合作堪称典范。

（1）共建实训基地

德国海德堡印刷机械股份有限公司是全球最大的印刷技术与设备制造商，其产品引导着全球的印刷技术发展，ISO9000 体系下的印刷标准，绝大部分都是参照海德堡公司的技术标准制定。在珠三角的进口印刷设备中有 70% 以上为海德堡公司生产的产品，产品销售快于技术人员的培养，因此海德堡在国内寻找合作伙伴。深职院 1997 年与海德堡公司正式签约，该公司即向深职院捐

---

① 内容参照陈红，郭树军：《基于工作过程的"课证"深度融合人才培养模式》，《工学结合案例汇编》，高等教育出版社 2008 年版，第 1~12 页。

② 内容参照深圳职业技术学院编著：《工学结合案例汇编》，高等教育出版社 2008 年版，第 32~37 页，第 216~223 页。

③ 刘洪一等著：《中国高等职业技术教育改革与发展研究：以深圳职业技术学院为例》，高等教育出版社 2008 年版，第 8 页。

赠了一台价值65万的单色胶印机，截至2009年总计捐赠额度达到905万元。海德堡公司及其客户成为深职院的校外实训基地。目前双方正在策划一个更大的技术中心，全部用海德堡公司的环境来布置，在墙面上展示海德堡最先进的流程、最先进的技术。深职院因其良好的办学质量和社会声誉，吸引来自全国乃至世界各地人前来参加访问，以最先进设备武装的校内技术中心不仅使培养的学生满足企业需求，同时也是海德堡公司的一个最好的宣传载体。

（2）师资专业培训

作为一个全球性企业，海德堡公司与世界各地的印刷院校都建立了良好的合作关系，并积极促进国际合作伙伴之间的资源共享。借助于海德堡公司的牵线搭桥，深职院与澳大利亚皇家墨尔本理工大学（RMIT）、英国伦敦传播学院（LCC）、德国海德堡印刷媒体学院（PMA）、德国斯图加特媒体大学、德国GPB职业教育集团、瑞士印刷职业学校等知名印刷传媒院校建立了密切的合作与交流关系，还与德国标准化机构DIN、德国印刷研究所Foga等国际著名印刷专业机构建立了技术交流与合作关系。

①海外合作院校师资培训

2003年学院首次派出一位苏老师在澳大利亚RMIT访学。苏老师原来在学校教授印刷色彩课程。这是一门理论性很强的专业基础课，为了用数字来描述颜色，需要大量公式的推导、计算、变换。学生们最头疼最讨厌上这门课。苏老师借鉴澳大利亚RMIT的做法，2004年回校后对课程内容与教学方法进行彻底重构，精心设计了十个色彩制作项目，让学生通过在电脑做中学，学中做，将抽象的理论具体化、形象化。后来这门课变成学生最喜欢上的课，建成媒体与传播学院首门校级精品课程，苏老师也被评为校级金牌教师。2004年苏老师这种颠覆性的课程改革，在当时触动、启发了很多老师。2003年刚从北京印刷学院调来的贺老师，此时正经历着从本科院校来到高职院校，对于学生培养目标、教学方法的调整期，她清楚地记得苏老师的课改带给自己的冲击和启发。

②海德堡公司师资培训

海德堡公司长期免费为教师提供印刷新技术培训。如每年暑期海德堡公司会用一周的时间培训教师，介绍当年的技术动态、流程改造、设备更新情况。海德堡总部和海德堡印刷媒体学院先后接收7名专业骨干教师赴德进修学习，专业教师在学习人才培养理念、教学方法、课程体系的同时，还在位于海德堡的印刷培训中心学习实际操作设备，在制造工厂参观海德堡机器的制造过程。

这对于缺乏企业工作经历的年轻老师来讲是一个难得的理论、实践俱备的培训。

现在媒体与传播学院共有 5 个专业，其中印刷专业和印刷图文信息处理专业共有 28 位专业教师，至今 80% 以上的教师都有出国访学的经历，主要集中在海德堡公司有关的国际合作伙伴。相当部分教师有多次多国进修的经历。但随着越来越多的教师在世界先进的印刷媒体学院学习交流，无论是技术水平还是教育理念都有了全面的提升。以至 2008 年到美国加州州立大学访学一年的贺老师，回国做出这样的评价：

"我去之前总觉得美国、欧洲什么都很先进。但实际比起来，从设备上，从人力上，从老师的专业背景、资历、理论水平上，跟我们的老师来比，他们并不占什么优势。但是他们的教育制度与我们的差别最大，所以带来的最后的结果也不一样。"

深职院还聘请海德堡中国 CEO 为媒体与传播学院名誉院长、国际知名行业大师海德堡公司深圳总经理担任该专业的高层次专业带头人。极大的提升了教师团队的专业素养。

（3）专业改造

深职院与海德堡早期的合作主要利用海德堡提供的设备对学生进行操作训练。示范院校建设期间，深职院以印前、印中、印后生产实际工艺流程为依据，参照海德堡印刷技术标准，改革课程体系和教学内容，6 门主干课程均引进海德堡的技术规程与内容。同时借鉴澳大利亚、德国的印刷专业的教学标准和课程设置方法，将课程设置贯穿整个印刷生产流程，按照岗位技能和职业能力设计课程内容，推广项目驱动教学法。至此，双方的合作进入更加实质的阶段，教学的整个核心部分都引入了海德堡公司的技术标准，从技术和实践两个层面保证了人才培养质量满足国际最先进企业的要求。

深职院印刷专业参照海德堡技术标准和内容对部分主干课程进行改革后，为了保证深职院传授给学生的技术与海德堡的技术保持同步，公司定期向深职院教师免费提供新技术标准、教学参考资料、培训课程标准、行业信息等资源。比如，海德堡公司 2000 年出版的《印刷媒体技术手册》，授权深职院可以引鉴手册上的文字、图片，用作教材编写、课件制作等。

像印刷专业这样将国际型企业的先进技术标准引入课程的还有其它专业，如珠宝首饰工艺及鉴定专业以美国宝石学院（GIA）和国家《钻石分级》（GB/T－16554－2003）标准作为课程体系主要内容。

（4）社会服务

海德堡公司的机器销售量远远大于印刷技术专门人才的供给量，因此公司除了通过自身的技术培训中心开展客户培训，招聘深职院的毕业生，还通过深职院举办的大量短期培训获得熟练工。双方联手与深圳高技能人才训练与管理中心合作，共同开发了印刷行业三个新技术岗位的技师、高级技师培训与评价标准体系，推动印刷行业高技能人才的培养与认证。

海德堡目前全球的最大的市场在中国，设备销售量最大也在中国。快速扩张的市场份额，需要高素质的专门人才。经过系统培训的印刷技术专门人才，提升了海德堡公司的设备与技术推广应用的数量和质量，促进了产品销售。与此同时，深职院印刷专业的课程体系始终与行业最前沿的技术保持同步，学生可以在最先进的设备上进行实操，提高了人才培养质量。在这样深度校企合作中，双方都实现了收益最大化，这种合作必将更加深入持久。目前深职院是海德堡在亚洲唯一授权认证的全球教育合作伙伴。

4. 港澳台地区的交流与合作——深职院着力打造的对外交流合作的增长点

当绝大多数高职院校只把目光聚集在欧美等发达国家时，深职院早已将与港澳台地区的跨境交流与合作作为外向型交流的一个重要组成部分，作为学校的一个特色。他们通过频繁的人员互访、师生交流、学术研讨，充分了解彼此教育资源、教育优质，提前做好各项准备，只要政策因素许可，两岸三地的实质性合作就水到渠成。

（1）与香港院校机构的合作

因为毗邻香港的区位优势，CEPA（《内地与香港关于建立更紧密经贸关系安排》）协议的签订，深港两地经济同城化、一小时生活圈、24 小时通关等独特的便利条件，使得深职院与香港的交流与合作起步较早且得天独厚。先后与香港理工大学及香港职业训练局签署合作协议，双方互访频繁。与香港理工大学、香港职业训练局联合培养学生。对于弹丸之地的香港在不长的时间里有四五所大学进入世界高校排名前 200 位，深职院充满了浓厚的兴趣，也潜心加以研究。在深职院有关国际化的相关论述中，不难发现深职院对于香港高等教育通过走国际化道路实现质的飞跃的推崇。

（2）与台湾地区高职院校的合作

深职院很早就认识到台湾技职教育的优势以及其对台湾早年经济腾飞起到的巨大作用。深职院先后与台北科技大学等 15 所技职院校签署合作协议。通过交流，台湾地区的技职院校也表现出对深职院极大的关注和热情。双方近年来的互访密切。"海峡两岸高职（技职）教育学术研讨会"已经举办了 11 届。深职院承办了第一、第三、第七和第十一届大会。在《深职院关于大力推进国际化工程的意见》（深职院［2009］54 号）中明确提出，"利用与台湾地区高校合作的良好基础和大三通等重大机遇，在大陆与台湾地区高职院校的合作中，走在全国前列"①。

（3）招收港澳台地区学生

随着深港两地经济、文化融合越来越深入，深圳对于越来越多香港人来讲是生活、工作地的选择之一。以深圳为窗口的中国大陆市场也吸引着香港人。2008 年深职院经教育部批准成为目前唯一一所可以面向港澳台单独命题，单独考试，单独招生的高职院。这标志着深职院实现了教育国际交流合作的角色转换，由单纯的教育接收方、生源输送方向教育输出方、生源吸收方的角色转换。合作项目双方（深职院和香港黄克兢分校）合办专业招收对象为香港的中五毕业生，学制三年，其中一年时间必须在深圳上课。两地联合培养，毕业颁布两地文凭。这样的办学方式保证学生既可以学习到国际通行的规则，也了解大陆市场的运行规律。由于这种办学形式在国内尚属首次，政策因素致使协议迟迟不能签署。课程的开发和招生得到国家教育部批准后严格按照香港课程开发条例和惯例组织进行。因此合作课程首先通过了内部评审，又接受了社会第三方专家机构——香港工程师学会的外部评审，等第一批学生毕业后会再进行评审，通过后方可获得正式认可。这种严格的评审制度保证学生毕业所获文凭成为进入相关产业的通行证，也为深职院开发海外市场提供了宝贵经验。

四、深职院国际交流与合作的经验与展望

1. 国际化办学理念是建设"世界一流职业技术大学"的基础

深圳建设国际化城市的定位、外向型经济格局以及产业发展的国际化趋势都对深职院提出了现实要求。刘洪一校长认为，从历史使命、城市建设定位、服务地方经济、人才培养目标、高等职业院校改革等几方面都要求深职院，必须用国际化的眼光推行国际战略。一方面要培养出国际化产业需要的具备国际视野、符合国际企业准入资质、满足国际人才标准的高技能人才，服务地方经济；另一方面要在 1207 所高职院的办学水平和办学实力都大幅提升的背景下

---

① 深职院：《深职院关于大力推进国际化工程的意见》，深职院［2009］54 号，2009－04－18。

确立深职院在中国高职教育版图中的特色定位，并成为在国际职业教育界声誉卓著的院校，深职院清晰地看到自己的使命所在。

2. 组织、制度、经费保障了国际交流与合作的有序开展

深职院从 2008 年起独立设置了外事办，从组织架构上保障机构的专业性。外事办的每一位工作人员都首先具有良好的外语水平，依据学院开展国际交流与合作的各个项目进行工作分工，细致且专业，保证了人员的专业性。

据笔者调研资料显示，从 2001 年开始，深职院就出台了一系列有关国际交流与合作的规章制度并不断修订，具体包括：出国进修、国际交换生、留学生、国际科研合作、教学工作国际化等各个方面。从文件来看，深职院将国际化工程已经细化到诸多具体的维度，并从制度层面保障了国际交流与合作的有序推进。

除了组织机构、专业人员、制度等的保障，深职院对于国际交流与合作的重视更突出体现在经费的保障上。2001 年，学校为公派出国进修人员提供的总经费就达 100 万元，2004 年这一数字追加到了 200 万元。示范校建设期内，学院投入此项的经费达 1200 余万元。2009 年，学校专门设立国际合作与交流专项经费，并制订了《国际合作与交流专项经费管理办法（试行）》（深职院〔2009〕59 号），明确规定该专项经费用于支付在推进国际化工程中涉及的会议费、差旅费、合作交流费、培训费、奖学金、外教经费、专家咨询费等。

3. 明确方向，突破瓶颈，努力实现教育输入与输出的平衡发展

深职院从校长到普通教师均达成一个共识：国际交流与合作是一项长期、持续的工程，会融入学校发展的方方面面。基于这样的战略共识，深职院已为自己谋划好发展方向。

建校十七年来，深职院国际交流与合作的国家、地区、院校、机构、跨国企业越来越广泛，各地的人员来往也非常频繁。深职院对世界主要区域的职业教育都有自己的研究和认识，对中国职业教育，尤其是深职院在世界职教版图中的定位也越来越明晰。与比较成熟的欧美职业体系来讲，我们还有一定差距，但在东南亚地区，我们在很多方面已经具备教育输出的基础。刘洪一校长认为，深职院在十七年时间里快速发展的经验，特别是为当地经济发展做贡献的经验，专业、培训、人才培养、老师、课程改造，输出是完全可能，也完全具备这个条件。

另一方面，深职院 53 名海外进修（培训）生，与 22710 名全日制在校生的基数相比，留学生的比例相对很小。留学生数量的多少和层次的高低是衡量

一所学校国际化程度的重要指标，也是促进管理与国际接轨的很好载体，因此学校已经制定了一系列有关促进留学生工作的政策。①

"中国的高职教育首先是扎根在中国的大地上，要有自己的根，自己的思想，自己的特色，再适度的借用、适度地化用，这样所形成的东西才会有生命力，有可能会超越你所借鉴的"，"任何一个民族，办一个学校也好，必须用最大的胸怀去采借外国的、异质文化的优质要素，把我们自己的东西有机结合在一起，才能够把我们这样一个学校放在更大的视野，更大的平台为中国高等职业技术教育改革作出更大的贡献。"——刘洪一校长

第二节 上海医药高等专科学校国际交流与合作②

上海医药高等专科学校（以下简称"上海医高专"）前身是成立于1999年的上海第二医科大学卫生技术学院，2005年9月经上海市人民政府批准，正式成立为上海医药高等专科学校。学校是以护理学为龙头专业的医药卫生类高职院校。被教育部确定为上海市医学类高职院校中惟一的国家"技能型紧缺人才培养培训工程"重点建设基地。2006年成为首批"国家示范性高职院校建设单位"。

一、上海医药高等专科国际交流与合作概况

学校以"建成一所专业特色显著，国内示范、亚洲领先、国际品牌的医学相关类专业高等职业院校"为目标，以国际交流与合作为平台，形成了鲜明的"国际化"办学特色。

1. 人员交流广泛频繁

学校目前与11个国家的高等卫生职业院校合作开展34个合作交流项目，与美国、芬兰、荷兰等国家的19所大学达成"课程互通、学分互认"，毕业生能直接参与国际卫生职业人才市场的竞争。学校从1997年接受第一批芬兰留学生以来，与芬兰、荷兰、挪威、日本等国的合作院校互派留学生已经经常化，学校具有留学生教育项目6个，每年接受来自芬兰、荷兰、挪威、澳大利亚、新西兰、日本等国留学生近百名。仅2006年以来，派出出国交流学生55

---

① 深职院：《深职院关于大力推进国际化工程的意见》，深职院〔2009〕54号，2009-04-18。

② 本个案资料除特别注明外，主要来自该院网站和实地访谈内容。上海医药高等专科学校与上海交通大学医学院附属卫生学校是两块牌子一套班子。

名，培训国外长、短期交流学生 221 名。2006 年学校首批 16 名学生通过了选拔赴澳大利亚凯瑟立大学，攻读护理学士学位。以 2008 年为例①，接待国外代表团一年达 40 个、来访 235 人次。从 2009 年开始，学校开始招收长学制学历留学生。学校专职教师 111 名。2006 年以来示范院校建设期间选派教师和教学管理人员出国进修 43 人次，另有 19 人获得海外合作院校的硕士学位。

2. 中外合作项目实质推进

目前学院有两个经审批的中外合作办学项目，分别是：与美国 Bob Jones 大学合作中美护理专业，与日本东海齿科学校合作中日口腔医学技术专业。另有中法合作医药营销专业课程合作教学交流项目。在上海市政府的引导和支持下，成立了与澳大利亚凯瑟立国立大学合作的中澳合作护理研究中心，联合开展护理科研。与荷兰 ROC Westerschelde 学校合作开展社区卫生培训工作的中荷合作社区卫生培训中心。学校接受全日制国际教育的学生近 1000 名，占全校总学生数的 25% 左右。

3. 引智工作成效显著

学院不仅聘请了来自英、美、澳大利亚、日本等国长驻外籍教师 20 多人，还独创性地聘请了外籍专业建设带头人和系部管理人员。其中一位外籍专业建设带头人被上海市教委批准授予第二轮"上海高校特聘教授（东方学者）"。由来自八国专家组成的"国际智囊团"为学校的发展、专业建设出谋划策。

4. 优质教学资源引进力度大

与世界著名出版公司 Elsevier 合作引进优质原版教材 16 种，编写双语注释校本教材 11 本。引进美国国家注册护士、欧盟医药营销执业资格证书、日本口腔医学技术质量执业考试等国际职业资格证书，为学生进入国际劳动力市场奠定了良好的基础。

二、上海医高专开展国际交流与合作的比较优势

1. 城市发展优势

上海秉承"海纳百川，兼容并蓄"的海派文化，肩负着面向世界、服务全国、联动"长三角"的重任，在全国经济建设和社会发展中具有十分重要的地位和作用。以仅占全国 0.06% 的土地面积、占全国 1% 的人口，完成占全

---

① 上海医药高等专科学校国交院：《国际交流项目建设总结报告》（内部资料），2008～12。

国 1/8 的财政收入①。随着中国加入 WTO，越来越多的国外跨国企业登陆上海滩，至 2008 年末，落户上海的跨国公司地区总部 224 家，投资性公司 178 家，外资研发中心 274 家②。上海高校的数量和质量，以及国际交流与合作一直走在全国前列，上海提出"一流城市、一流教育"的战略口号。在各行各业全方位地走向国际化的同时，上海医疗行业也不例外。为实现上海建设亚洲一流医疗中心城市的目标，上海急需大批与国际接轨的高素质卫生职业技术人才，以适应地区发展的需要。

2. 学校自身优势

上海医高专在国际交流与合作上具有的优势可以用"四个惟一"来概括：学校是上海市教委惟一布点的、医药卫生类专业办学特征明显的专科性高等学校，因此有来自政府和教育主管部门的大力支持；学校是上海市惟一获得"招收长学制留学生资格"的高职院校；学校聘请的护理专业外籍带头人是上海市高校"东方学者③"中惟一一位外籍专家；学校是上海国际医学园区内的惟一高校，有利于与医学领域的国际企业、外资医院、研发中心建立深度合作。迁址国际医学园的新校区适应国际化办学的配套环境建设到位，部分重点建设专业实训设施达到亚洲一流水平。

三、上海医高专国际交流与合作的特色与实践

上海医高专在国际交流与合作中有许多敢为人先的理念和做法，而正是得益于高起点的国际交流与合作，学校无论是在校园氛围、师资建设、教材开发、管理水平上，还是在人才培养质量、科研能力、社会服务层次上都有质的提升。

1. 中美合作护理专业：巨大差距中勇敢推进

（1）合作起源及历程

与其他院校中外合作项目不同的是，上海医高专与美国鲍勃·琼斯（Bob Jones）大学共同举办的中美合作护理专业不是一蹴而就，而是在两校不断磨

---

① 上海在全国的地位，http：//www. shanghai. gov. cn/shanghai/node2314/node3766/node3796/node18138/index. html.

② 上海概览，http：//www. shanghai. gov. cn/shanghai/node2314/node3766/node3833/node4866/index. html.

③ "东方学者"又称"上海高校特聘教授岗位计划"，是中共上海市教育卫生工作委员会、上海市教育委员会为深入实施"科教兴市"、"人才强市"的战略，引进一批具有国际、国内领先水平的学科带头人，形成一批优秀创新团队，为加快上海高校高水平学科建设和师资队伍建设而专门设立的。

合的过程中水到渠成的。双方院校的合作先后经历四个阶段。第一阶段是1997年到2000年，主要是英文培训。1997年开始，Bob Jones大学从丰富本校师生国际视野的角度出发，暑假派师生交流团到上海医高专，在上海医高专原有暑期全脱产英语强化班的基础上，进一步提高该校师生英文，尤其是专业英文的水平。第二阶段是2001年到2004年，主要进行课程合作。上海医高专在校内选拔组成"中外教学交流班"，尝试引进美国Bob Jones大学的全英文课程。这期间共引进课程30余门，建立了双语教材库，引进教材60余种。也就是从这一时期开始美国Bob Jones大学有几位老师长期在上海医高专授课。正是这个重要的磨合阶段，双方经过探索、实践、反馈、调整、再实践，最终找到了一份合理的，在上海医高专可以执行的教学计划。"交流班"经过辛苦的实践，终于有了第一届毕业生。可是因为教学理念和教学内容太新，最初交流班的毕业生并没有得到用人单位的广泛认可。第三阶段从2004～2008年，中美合作办学班正式获批并稳步发展。这一阶段中美两校实现了学分互认。双方在课程设置、教材使用、教材开发、师资培训、双师团队建设、管理队伍培养等各方面都有实质性的进展。对合作专业的教学方针有如下描述：合作教育的教学计划在结合中国护理实践的基础上根据美国护理专业教学计划制定，旨在培养学生全面适应中美环境的护理工作并始终了解国际护理理论和技术的最新发展。① 第四阶段是2009年至今，学校获得"招收长学制留学生"资格，利用中外合作办学的平台，开始尝试在中美合作护理专业招收外籍学生，使其与中国学生混班上课，朝着学历互认的方向迈进。

（2）合作成效

①瞄准潜在市场，迎难而上，培养引领行业发展的人才

随着人们对健康、生活质量的重视程度不断提高，全球护理行业快速发展，护理人员需求激增，合格的国际护理人才缺口巨大。据统计，未来十年，美国、英国、加拿大、新西兰、新加坡、日本等发达国家急需200万以上护理人才，仅美国近十年内就急需护理人员近百万。美国是世界上护士最短缺的国家之一。据美国卫生服务部门的统计，2010年护士将短缺12%，2015年将高达29%，到2020年的注册护士短缺量将达百万名。② 一方面巨大的国际护理

① 《上海医药高等专科学校06级中美合作护理专业教学计划》（内部资料），2006～6。
② 《合格国际护理人才缺口大，未来十年需200万人才》，http://www.chuguo.cn/news/46670.xhtml.

市场具有广阔的潜力;但另一方面,因为中国医疗体制与西方发达国家存在较大差异,护理教育水平也相对落后,因此在护理领域开展中外合作办学存在巨大的困难。上海医高专国际交流学院王昕主任分析认为主要存在三方面的困难:一是医疗体制和管理体制不接轨;二是教育理念、护理理念、护理教育理念不一致;三是护理行业在医院内外的地位、护理专业的教育层次不对等。另外,护理行业是直接服务于人的行业,文化差异尤其突出。正因为以上几方面的困难,造成护理专业的国际合作困难重重。学校看到中美两国在护理教育上存在的明显差距,也看到中国医疗体制改革未来的发展方向,在探索、质疑声中逐渐明确中美合作办学的发展方向,以培养既适应地方需求又能引领行业发展的人才为己任。中美合作护理专业的人才培养模式已经得到用人企业的认可和赞同。100%通过"中国注册护士"执照考试,"美国注册护士执照"的通过率与美国本土院校相当。中美合作班学生在三级甲等医院的就业人数超过了普通班学生。学生国外院校的交流规模不断扩大,自 2004 年首批学生毕业以来每年毕业生赴国外深造或就业比例已达毕业生总数的 30%。

②学习先进的教育理念,引进先进的课程体系

上海医高专认为中国护理教育的优势在于理论扎实、技能过硬,而短板在于理念、管理、方法和研究相对落后。通过引进外籍教师执教、派出骨干教师出国进修,引进外籍管理人员参与教学管理、建立管理与专业教学国际标准,打造国际化教学团队等多种措施,不断内化先进的教育理念。另一方面,教育理念最终要落实在课程体系和教学方法上。从课程结构体系看,目前,我国护士的知识结构体系基本没有摆脱生物医学模式的影响,国内护理专业人员的知识结构体系包括公共基础知识、医学基础知识和护理专业知识,三者的构成比为 0.70∶0.55∶1。① 中美合作护理专业的课程模块见表 5 - 1。

① 薛文隽,巫向前等:《创建培养护理紧缺人才新模式,构筑护理人才培养高地》,《卫生职业教育》2006 年第 8 期,第 103 页。

表5-1　上海医高专中美合作护理专业课程模块

课程模块	课程性质	课程门数	时数	百分比（%）
公共素质教育	必修课	6	491	17.26
职业基础教育	必修课	11	539	18.95
专业能力教育	必修课	16	1252	44.01
拓展能力教育	选修课	7	563	19.79
合计		40	2845	100

　　资料来源：上海医药高等专科学校国际交流学院：《上海医药高等专科学校06级中美合作护理专业教学计划》（内部资料），2006-6。

　　从课程内容看，在中美合作护理专业中，共有34门必修课，其中国外引进的课程23门，占68%，远远高于国家有关中外合作办学的外方课程规定。引进原版教材21种，光盘10种，自编讲义23套。课程总学时数的55%和护理专业课程的58%由美国教师执教①。其中演讲基础、医学术语、护理批判性思维、护士交流技巧等课程都是中国护理教育不开设或很薄弱的课程，而这些课程培养的决策能力、交流沟通能力、社会适应能力等恰恰是中美人才培养目标的重要区别。对于学生批判性思维的训练，学校专门做了对比研究，研究结果显示：中美合作教学班与普通班护生的批判性思维能力 CTDI2CV 总分及七个纬度得分都存在显著差异性，且中美合作教学班的正性思维能力护生所占比例高于普通班。两者之间的差异性可能与其课程设置、教学方法和掌握双语程度不同有关。②

　　从课程设置的顺序看，改变中国习惯的"建筑型模式"为美国通用的"以人的健康为中心"的渐进式模式。③ 从教学方法看，积极推进美国教师使用的填空式讲义（notetaker）、案例分析、小组讨论以及严谨的、全方位的过程评价方法。

　　③不断深化合作内涵

　　中外合作办学是一种极其特殊的国际交流与合作的形式，其意义就在于可以通过这个平台，整建制、全过程地了解、学习、吸收国外优质的教育资源，

　　① 施翠芬，巫向前：《中美合作教学班与普通班护生批判性思维能力的比较研究》，《护理研究》2009年第5期，第1389页。

　　② 同上。

　　③ 施翠芬，巫向前：《国内外护理本科课程设置现状》，《中华护理教育》2008年第6期，第269~271页。

不仅包括教学资源，还包括管理资源。通过美方院校派出的专职管理人员参与教学管理，同时学校也送出管理人员国外进修，双管齐下提高管理与国际接轨的水平。中美合作护理专业培养了一批能用双语教学的本土师资、摸索了一条原版教材使用的方法，在教育理念、教学方法和教育管理等方面都越来越和国际接轨，这些都为招收长学制留学生打下了坚实的基础。

2. 师资培养：利用国际化平台独辟蹊径

国际化的学校必须有国际化的师资，而国际化的师资既体现在师资来源的国际化上，也体现在本土师资教育背景的国际化上。

（1）师资来源国际化

在对世界各国医学院校护理专业反复比较、严格筛选的基础上，上海医高专与美国、英国、澳大利亚、新西兰、芬兰、挪威、丹麦、荷兰等八个西方发达国家的护理学院建立了长期的合作关系。为借鉴和引进合作院校的成功经验，2003年起，学校成立了"国际护理教育委员会"，邀请上述这八个国家的合作院校的护理学院院长、护理行业管理部门官员、临床护理专家等国际专业人士担任委员，组成"国际智囊团"。"国际智囊团"主要发挥了三个方面的功能：一是顶层设计，为学校制订战略发展提供专家咨询；二是科学管理，"国际智囊团"持续为学校的护理教学、管理、科研出谋划策并提供专家指导；三是师资培养，这些专家委员以开设专题讲座、听课评课、科研课题指导等形式参与学校师资培训，提高教师的教学、科研水平。也正是因为有国际同行"智囊"的献计献策，学校的国际化办学思路更加明确，举措更加对接，从而实现了快速而平稳的推进。

学校专门聘请了护理专业和口腔专业各一位外籍专业建设带头人。他们均是本国该专业实力较强的大学专业负责人。其中护理专业外籍专业建设带带头人Mary Lamb博士因其在护理专业国际化建设的突出贡献被上海市评为"东方学者"。外籍专业带头人发挥的最重要作用就是与中方系主任紧密配合，根据国际标准合作修订中外合作护理和口腔专业的教学计划，提升了学校护理和口腔专业的教学与管理层次，推进了专业教学与管理的国际化，使护理与口腔专业向国际较先进水平迈进。

学校还专门聘请了国外大学系部专业高级教学管理专家，引进国外先进的教学质量监控经验，具体指导和培训学校教学干事，协助修订系部管理制度。从工作细节和管理程序上向国际标准靠拢。学校与合作校共同组建"教学管理委员会"，由双方派遣的管理人员和专业人员组成，定期开会回顾合作的各方面工作和制定未来的发展计划。

学校聘请外籍教师的一个最突出的特点是"长驻"教师居多，外籍老师在上海医高专工作经历最长的有连续十年。长驻学校参与合作办学的外籍教师数达每年 20 名左右，占中外合作办学项目教师总数的 35% 以上。外籍教师长驻学校，有助于更好的文化融合，有助于先进的教育、管理理念潜移默化的渗透，有助于双方合作的不断深入，也有助于外籍教师了解中国教育教学中的合理先进元素。

（2）本土教师国际化培养多管齐下

①外语培训

上海医高专致力成为"亚洲领先、国际品牌的医学相关类专业高等职业院校"，因此一直重视师生外语能力的不断提高。学校要求 36 岁以下青年教师全部接受短期外籍教师授课外语培训，每年派出 10～20 名教师到国外进修或深造。长期坚持的这些举措已经储备了相当一批双语师资。目前学校建立了"国际双语教材开发团队"，二次开发原版教材，形成"双语教材系列"，提高学生的学习效率。

②教学管理人员出国进修

"一流的教学"需要"一流的管理"。一所国际化程度高的学校，绝不仅仅是师资的国际化，还体现在方方面面。教学管理就是其中的关键环节。为此，学校专门制定了"教学干事国外大学管理岗位在岗培训机制"，选送系部、职能部门的一般管理人员赴国外大学同样岗位实岗培训，使粗放型管理向精细化管理过渡。

③"双师"教师培养

"双师"教师是高职院校区别于普通本科院校师资的显著特点。"双师"既可以体现为教师个体的"双师素质"，也可以体现为教师团体的"双师结构"。上海医高专以中外合作办学项目为抓手，以国际交流与合作为平台，走出了一条创新型的"双师"教师培养之路。

首先，护理专业的"国家级教学团队"，由护理专业的专任教师、行业能手组成"双师结构教师团队"，由中方专兼职教师与外籍教师组成"国际化的教师团队"。"多元化"国际护理教学团队形成"一个目标"、"二个支撑点"和"多元联合"的特色。"一个目标"是指以"培养国际化的高素质、高技能护理人才"为目标，"两个支撑点"是以"职业化"和"国际化"教育为支撑点，"多元联合"是指团队由行业主任——中方主任——外方主任委员联合管理体制。以学校护理教学主任为主体，联合外方主任和临床护理主任，共同开展教学和管理。为使中外教学模式、课堂教学与临床实践紧密结合，又通过设置行政主任（系部层面）、教学助理（教研室层面），真正将国际合作"双师团队"贯穿于教学科研活动中。

其次，聘请医院护理部骨干力量担任中外合作班的兼职教师，对她们进行系列的教学理论和方法等岗前理论培训，并组织她们集体备课和教学观摩、经过岗前试讲及考核合格后，进行部分理论课程的课堂授课。负责中外合作班学生中方课程的理论、实践教学和见习指导。临床教师以一学期为基础参与学校的系列培养和教学活动。学校与医院的深度融合可以从兼职教师的时间分配得可见一斑：兼职教师三天在上海医高专工作，两天回医院工作。学校选送本校护理专业的专任教师、以及行业能手组成"双师结构教师团队"一起到国外进修。此举受到合作医院及兼职教师的好评。医院因为派出这样的业务骨干，不仅提高了教学能力，也开阔了国际视野，提升了医院的水平。兼职教师个人更是大有收获。来自行业、医院的兼职教师对学生的学习内容深入理解后，更加欢迎合作班的学生来单位就业。

第三，学校在国际化"双师"培养方面还有一项成建制、团队式的培养举措，即选派教师攻读海外大学学位。2007～2008学年，学校分两批派出19位护理教师和临床带教老师，赴澳大利亚凯瑟立国立大学攻读硕士学位。澳大利亚凯瑟立国立大学护理专业全澳大利亚排名第一，并拥有澳大利亚惟一的国家级"护理研究中心"。这批教师目前全部可以用双语授课，教育理念、教学方法也得到全面提升，储备了丰富的长学制留学生的理论、临床任课教师资源。2010年学校在此基础上，进一步提高师资国际化培养的力度和高度，将派出15位青年教师赴澳大利亚凯瑟立大学的国家护理研究中心攻读研究型硕士学位。上海医高专希望攻读学位的青年教师不仅拿到国外大学的学位，还能带回联合科研的成果。为将来实现国际联合科研做好人力储备。

3. 留学生教育：积累教育输出的经验

一所高校能否更多地吸引外国留学生，既取决于外部环境，也取决于学校教育资源所具有的比较优势。上海提出"一流城市，一流教育"的口号，能否吸引留学生是衡量"一流教育"的重要指标。

上海医高专的留学生交流由来已久，1997年学校就迎来了第一批来自芬兰的学生。交流内容具有非常鲜明的行业特点，不象很多其他高职院校以汉语教学为主，而是以中医、中药、太极等课程学习，在教学医院或学校实习为主。随着学校与越来越多的国外高校建立"学制互通、学分互认"的合作关系后，来校交流的学生也呈现规模化的态势。

2009 年经政府批准，学校成为上海惟一获得"招收外国留学生资格"的高职院校。目前已有韩国和美国的学生就读于"中美合作护理专业"。学校对于留学生招生的规划是几年内达到 400 名留学生的规模，也就是占在校生人数近 10%，实现中外合作办学专业一半招收外国留学生的目标。五年以内建设国际护理学院。学历留学生教育，必将对中方师资的素质、对远程教育和网络教育这样国际通行的教学载体的使用，对教学管理水平等都提出新的要求，必将引起学校很多方面的改变。国交院王昕主任认为，招收长学制留学生与本国学生混班上课，最终目的是提高中国学生的国际视野、培养多元文化的适应力，同时促进中方教师教学能力的提升。

上海医高专清晰地认识到他们目前招收学历留学生是建立在分享国际先进护理教育经验的基础上，主要依靠的也是外籍教师，而非分享中国的护理教育资源，本土教师还不能完全胜任全部教学任务。当前乃至今后存在一个世界护士紧缺的巨大市场，教育输出是必然的，但学校坚持认为要炼好内功、锻炼师资、积累经验，再扎实推进海外办学，其中师资的培养是重中之重。

4. 利用国际交流与合作的平台提升高校三大功能层次

高等学校具有知识传授、科学研究和社会服务三大职能。上海医高专充分利用自身国际交流与合作的突出优势，提升学校三大功能的层次。

（1）教学质量以国际标准为参照

学校以中外合作办学为抓手，全面引进先进的教育资源。"国际智囊团"、多元化"国家级教学团队"、具有国际视野的"双师"教师队伍、中西合璧的课程体系、与国际接轨的教材体系等都保证了教学水平和质量。学校给学生提供多样的国际交流机会，丰富学生的国际经验。通过设立"国际交流助学金"等形式，分批、定期选送中外合作办学专业的优秀学生到国外合作大学或定点的优质医护教学基地学习或实习。学生还先后赴荷兰、芬兰、挪威等国观摩和参加国际护理技能大赛、参加学术会议等。这些高层次的国际交流很好地检验了学校的教学质量。

（2）科研项目以国际合作为纽带

2008 年，在澳大利亚政府和上海市教委资助和支持下，学校与澳大利亚凯瑟立大学合作，成立"中澳合作护理研究中心暨上海护理研究中心"，联手各教学实践基地技术骨干，探讨上海高职护理教育、临床教育和管理等的理论和实践，共同获得 19 项课题申请立项。"中澳合作护理研究中心"每年开展应用性护理科研项目招标，为专任教师和行业专业人员中的科研骨干搭建"国际科研合作交流平台"，已启动合作科研项目 20 个。

（3）社会服务以国际合作为平台

2007 年，上海医高专牵头组建了上海市首个职业教育集团——上海现代护理职业教育集团。学校利用自己的特长优势联合国际院校开展长期合作，定期召开国际学术交流会议，邀请国外知名大学或高等职业技术教育机构的专家或学者来参加专题研讨、学术报告、合作会谈等活动，探讨国内外医学高职教育教学的发展趋势，师资队伍建设、统一技能标准、组织和参加世界护理技能比赛等。如 2007 年举办了主题为"护理教学的国际标准"的国际护理教学研讨会，2008 年举办了"面向 21 世纪护理教育国际化的师资培养暨上海现代护理职业教育集团国际护理教育论坛"，旨在"集聚国际标准、共享优质资源"。通过国内外的交流，促进职教集团内部其他学校积极吸收国外卫生职业教育的成功经验，大力推进医学职业教育国际标准的建立。

学校通过与荷兰政府及荷兰合作院校合作，启动"中荷合作上海初级医疗项目"。该项目获荷兰经济事务部批准，由中国商务部核准，是 2007 年度荷兰政府"亚洲援助基金"惟一入选的医疗领域项目。项目引进世界先进的荷兰社区卫生服务模式，与闵行区卫生局联手，培训基层社区卫生服务工作者。"中荷合作社区卫生培训中心"通过培训、网上教学、出国进修等形式培养了一批初级医疗培训师，今后可以不断为上海的初级医疗从业人员提供高质量的培训，搭建了初级医疗领域的集培训、实践、研究于一体的国际合作交流平台，成为学校发挥辐射引领作用、服务社会的亮点。

四、上海医高专国际交流与合作的经验

1. 政府引导有方、具体指导得力

上海市政府和上海市教委依据全市高等职业技术教育发展的战略部署，对这所上海市教委直属管理的、上海市教委惟一布点的、医药卫生类高职院校，多年来一直积极指导、关心，在政策和经费上给予极大的支持——鼓励学校易地迁址扩建新校区，支持学校创新办学体制，提供国际合作办学的政策指导，投入资金资助建设公共开放性实训中心，为学校招收的部分留学生提供上海市政府奖学金，专项经费和生均办学经费逐年递增，把学校列入首批上海市示范性高等职业院校重点建设单位，促使学校不断发展并为之创造了良好条件。

2. 学校国际交流合作目标明确、延伸效应好

学校在国际化进程上的每一项工作都目标明确、具有很好的延伸效应，充分发挥了资源的价值。比如：全体师生的英语强化学习为国际交流和合作提供了保障；"国际智囊团"不仅为学校的人才培养做好顶层设计，也吸引更多合作院校的深入交流；国际化师资培养的各项举措为学校招收学历留学生提供软件储备；临床兼职教师的引入是学校探索"双师"教师培养模式实质推进的创新之举；中外合作科研中心的成立为学校搭建了国际联合科研的平台；学历留学生的进入是对学校办学能力全方位的检验和提升。学校注重对国际交流与合作领域各相关工作的制度建设，建立了课程标准化、师资队伍多元化、双语教材系列化、互访交流经常化、留学生在校学习规模化等一整套长效机制。保障战略目标能够通过具体可操作的战术得以实现。

尽管有诸多困难，全球护理专业人才会在相当长的时间里严重短缺的事实，中国卫生事业不断改革的前景，都鼓励着上海医高专坚定信心，探索出一条旨在培养学生全面适应中西方环境的护理工作并始终了解国际护理理论和技术的最新发展的人才培养模式。随着长学制留学生的进入，为发达国家、发展中国家培养适合来源国的护理人才成为新的目标。

3. 领导观念领先、战略规划清晰

学校开展国际化合作职业技术教育的战略是：以国际标准为参照，进行课程体系、实训基地和师资队伍建设，使学校不仅成为名符其实的国家示范性高职院校，还成为护理国际化人才的培养基地，培养适应国内、国际劳务市场的技术应用性卫生职业人才。①

学校中外合作项目 2/3 的专业课用双语教学，以国际平台培养"双师"教师，护理国际合作研究等一系列具有创新性、前瞻性的理念和举措都是巫校长积极倡导和努力推进的。学校已经确立了在"十二·五"期间把中美合作护理专业做成国际品牌，到 2020 年把整个学校做成卫生事业教育的国际品牌的宏伟目标。

---

① 《国际合作办学特色》，http：//www. sihs. cn/sfgz/Article/gjhz. html.

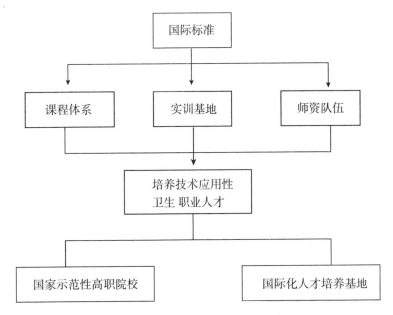

图5-1 上海医高专国际化职业教育战略

资料来源：上海医药高等专科学校示范性院校建设汇报PPT。

上海医高专巫向前校长在2009年上海市高校领导会议上作了题为《培养国际化师资，打造国际性品牌》的发言，他指出：

学校围绕上海建设亚洲一流医疗中心城市的任务，确立了打造国际卫生职教品牌的办学定位。但我们也清醒地看到，我们的办学理念、管理能力、师资队伍、专业水平与这样的目标存在很大的差距，国内也没有具有国际影响力的医护高等职业院校可以作为我们的标杆。于是我们确立了走国际化办学的战略，以我校的品牌专业——护理专业为基地，通过国际合作办学实现借梯登高，以国际化的办学理念、管理模式和专业标准，打造一流的管理和师资人才，快速接近国际水平，确立在国内的领先地位。

第三节 四川国际标榜职业学院国际交流与合作①

一所地处四川成都龙泉驿的民办高职院校——四川国际标榜职业学院（以下简称四川标榜），不足十年的高职办学历史，却培养了蜚声海内外的优

---

① 本个案资料除特别注明外，主要来自该院网站和实地访谈内容。

秀学子，以国际先进的教育理念和中国民族文化和民间艺术精华的完美结合吸引海内外专家和学生。标榜学子为北京奥运会开幕式万人演员成功化妆造型，为大型音乐舞蹈史诗《复兴之路》演员化妆造型，中央电视台播出的纪实专题片《奥运档案——标榜化妆团队》让更多人开始了解四川标榜。该校以"立足四川、面向全国、走向世界"的办学定位，摸索出一条融合国际理念与中国传统文化元素的特色发展之路。董事长兼院长阎红说，广泛的国际文化交流，深度的国际教育合作已经成为学院的治学方略。

一、特色鲜明的国际交流与合作

四川标榜校园里一草一木、一屋一楼都具有典型的传统中国特色，墙角的陶罐、染坊的花布、女红坊的刺绣、从未喷洒农药的香樟树林、散落民间的古旧桌椅、木雕刻工艺品陈列廊、仿明清建筑、川西宅院、采用中国传统地气循环原理的"哥特式"风格图书馆等。但是徜徉其中，你同时又能深切地感受到整体校园氛围好像一所你曾经羡慕的常青藤大学，"中西合璧"是唯一恰当的修饰词。该院国际合作处刘一沛处长说，"要让学生理解到对中国传统文化保护的重要性，或者说让他在这个环境里去欣赏，产生一种对中国传统文化欣赏的心态。我们要走国际化的道路，但首先要让学生知道国际化不是说你要修建的和纽约一样，你只有保存了自己最传统、最原始的东西，才是最国际的"。学校的国际交流与合作也具有非常鲜明的特点。

1. 丰富的海外合作机构及项目

四川标榜 19 个专业中绝大部分专业均面向时尚消费领域。学院与 5 个国家在 8 个专业上开展了交流与合作。学院在建校之初就全面引进美国国际标榜的教育资源，目前是美国国际标榜在中国设立的惟一排它性学历教育机构。还引进了英国达德利学院平面设计职业教学系统及英国国家职业资格认证教学评估体系（NVQ），HND 医疗美容与技术。学院与香港职业培训局联合举办合作办学项目——时装设计及产品开发。与此同时，俄罗斯列宾美院、美国国际标榜职业学院、英国唐卡斯特职业学院、德国汉堡古堡职业学院等国际知名学院，以及美国国际标榜亚洲总部（香港标榜）、台湾中华美容经营管理学会等组织，都与学院建立起战略合作伙伴关系，相互派遣访问学者，交流学术，组织游学团互访。与瑞士 CIDESCO 国际美容师认证机构合作，开展国际美容师证书认证。2009 年学校与台湾四所高校签订了"教育交流合作协议书"。

2. 卓有成效的引智工作

学院引智工作的最大特点就是高端、长期和稳定，国际导师执教是"四川标榜"一贯坚持的作法。如：从 1993 年起，瑞典 ICD（世界发型设计家协会）的艺术总监 Joakim Roos 每年都会到学院进行师资培训和中国参赛队的培训；美国国际标榜的一位导师 Eddie 近十年来一直在校内培训教师、给学生授课；俄罗斯艺术家安德烈?卡塔晓夫自 2006 年起在学院任教至今，在 2009 年"中俄建交 60 周年"期间，以安德烈画展为中心的四川——俄罗斯文化周取得圆满成功。一批长期合作的教育机构以及一些与专业相关的国际知名企业成为四川标榜外籍老师的主要固定来源。当然学院每年都要迎接大量来自世界各地的艺术家、行业专家的交流访问，相当一部分人会在学院停留几个月进行创作和讲学。学院在经费有限、资源有限的情况下，充分利用这些智力资源，着力培养了一批自己的具有国际化理念和视野的专任教师。2008 年，有五位教师参加了英国首相基金的项目。

3. 独特的学生交流

四川标榜的学生国际交流与众不同，主要是通过境外实习游学、参加各种涉外活动、国际大型比赛。如：美容保健系和服装专业的泰国、香港等境外教学实习从 2004 开始启动；英语翻译专业学生英国游学从 2006 年开始；2009 年非物质文化遗产节外语系学生作为志愿者接待各国大使；西部博览会 50 多位全院学生代表作为志愿者接待来自世界各国的商务部长、跨国企业总裁；2003 年参加世界（上海）发型大赛，获得青年女发组个人和团体冠军；2003 年参加中国西部博览会国际服装设计比赛，囊括了金、银、铜等六个奖项；2006 年在香港举行的 OMC 世界青年发型大赛中，囊括 60 个奖励的 37 项，取得 4 项冠军，成为中国首个产生世界发型设计冠军的高校；2007 年 OMC 亚洲杯公开赛获得获得"全国影视与时尚造型精英大赛"1 枚金奖 2 枚铜奖，11 枚优秀奖；2008 年代表中国队参加具有发型奥林匹克之称的 OMC 世界发型化妆大赛获得个人和团体季军，这也是中国队首次参加这样规格的国际大赛。

学院从 2004 年起开始有留学生的访学活动，同样与众不同的是，访学的留学生不是来学习汉语，而是来学习中国传统养生美容、陶艺、刺绣，这些都是学院独具中国特色的专业，吸引了越来越多的外国专家和学生。目前美国国际标榜已将中国传统美容纳入其全球推广计划。

4. 教育教学产品和毕业走向国际市场

学院在引进的同时，始终注重传承和吸收中华传统文化和民间艺术精华。在时尚专业中融入民族特色，陶艺、古旧家具修复、蜀绣等民间手工技艺的学习，拓展了相关专业的内涵，也使四川标榜的专业保持一种不可复制的独特性。在学院产学结合的女红坊和陶艺坊，学生自己设计的"桃花牛"饰品、陶艺制品作为历年国际桃花节的特色礼品赠送给世界各国嘉宾。2009年，美国国际标榜在特洛尼达新开了一个会员学校，向四川标榜借调了两个老师担任教职，其中一个原因就是希望把中国的传统养生保健引进到教学体系中去。

2007年开始，中国外交部定点从四川标榜选拔派往中国驻各国领事馆、大使馆的工作人员，已派出的8位该校留校生都展现了良好的标榜形象，目前学院已成为外交部形象设计人才培养基地。经历了北京奥运会和《复兴之路》的任务考验，标榜学子不仅以自己精湛的技艺和良好的素质征服了国人，也在海外享有盛誉。新加坡、马来西亚纷纷专程来高薪聘请优秀毕业生。

二、形象设计专业的发展——国际交流与合作本意的经典诠释

形象设计专业的发展过程极好地演绎了四川标榜如何通过国际交流与合作，从全盘引进到本土化改造再到锐意创新，提升学院办学实力，提高人才培养质量的过程。

1. 教育理念的引进和延伸

四川标榜在建校之初就以市场为导向，通过市场细分，找准定位，把办学专业前瞻性地集中在时尚消费领域。在90年代的中国这还是一个崭新的领域，因此学习借鉴国际先进的理念成为最便捷的发展之路。学院引进了美国国际标榜①先进的形象设计教育理念，在国内率先开办形象设计专业。在美国国际标榜"艺术家变工匠，工匠变艺术家"办学理念的指导下，四川标榜开始了自己模仿、改造、创新之路。在中国人的传统印象中，所谓发型就是理发，完全是一种技术性的手工劳动，通过师傅带徒弟的短期培训足已，很少会想到发型设计也可以是一个融合艺术理论、审美设计、造型创新和具体实施的系统工程，既需要高超的实践技能，更需要扎实的艺术理论基础和审美眼光。这就是四川标榜引入美国国际标榜教育理念的最大收获。这种教育理念也影响到学校后期不断开发的其他专业，比如中国传统养生美容保健专业，过去也是一种纯技术的专业，通过理念借鉴，教师自主研发，开发出一系列的针对性的教学课程包，把一种比较感性的教学体系变成一种比较理性、比较系统、比较科学的学科。

2. 教材的引进、本土化及创新

---

① 美国国际标榜（pivot point international inc.）于1962年在美国芝加哥成立，创始人李奥·巴沙治先生（leo passage）。他独创了最时尚的发型设计理念，运用包豪斯设计理念，将艺术、科学和建筑设计的概念完美地带入发型设计之中，形成了科学的教育体系，并特别强调艺术基础课程，开创了发型设计的新纪元。国际标榜现已在全球70多个国家和地区设立教育机构，建立了3000多所会员学校。

引进：从90年代初，学校就一直引进美国国际标榜优质的发型设计职业技能核心课程，使用他们研发的教材体系——学生学习用教材、教师培训手册、技能训练方法及习题、光盘及部分高阶课程教材。包括烫发、染发、修剪在内的六门核心课程的教材均经过汉化，以全球统一的内容向学生传授。教材每年都有一定程度的更新，保证学生学到世界时尚前沿的内容，也保证了学生的技能训练保持高水准。

本土化改造：全盘引进的美国国际标榜的教材可以教会学生通过何种技能方法达到设想的造型效果，但教材中没有传授何时运用这些技能。考虑到高职学生的实际及他们就业的需求，学院开始对教材进行本土化改造和延伸，目的在于给学生提供一种把核心技能模块重新组合的思路，目前该套系列教材即将出版发行。通过这样的本土化改造，发型设计专业核心课程和延伸课程建立起比较完善的体系。

创新：美国国际标榜推崇的包豪斯理念的核心在于艺术基础课程，这个理念虽然已被四川标榜的老师普遍接受，但在实践中还有一定缺憾。因为过去四川标榜的艺术基础课的教师都直接从中央美院或四川美院等艺术类高等学府聘请，使用的也是本科院校或专科院校的通用教材，从画石膏像、素描开始，理论性很强，抽象度很高。教师水平很高，但学生的学习兴趣很低。纯粹的艺术理论和发型实践似乎是彼此相距太远的两个方向的事物，就好像是画廊和发廊的区别。而根据姜大源对于高职学生普遍智力倾向的分析，高职学生更倾向于形象思维，而不太擅长抽象思维，很难将阳春白雪的艺术理论与人物发型的实践操作建立起联系，因此艺术基础理论课的开设效果并不是太好。对于高职学生来讲，在有限的三年时间里（还要去除半年至一年的实习实践期），如何既兼顾就业导向又提供学生可持续发展的动力一直是困扰学院教师的难题。"在艺术与技术结合"的理念指导下，四川标榜创新性地自行开发出一套具有专利号的教学工具——200色纸，能更有效的锻炼学生的空间造型能力。部分艺术理论教师和专业实践老师正在合作开发一份全新的教材——《美发基础——设计》，目的是把艺术理论和专业实践进行有机整合，更符合中国高职学生的学习特点。

3. 师资培养的内外结合

美国国际标榜从1993年起每年两次从瑞典派专家给四川标榜的发型教师进行培训，时尚消费领域的资讯更新速度相当快，因此培训带给老师们最新的时尚信息、发型设计理念和造型技术，保证了四川标榜的老师在此行业的视野、理念和技术始终与国际保持同步。另有一位美国国际标榜的教师长期在四川标榜授课，他一方面做 Train the trainer program（培训培训师项目），同时也教学生，四川标榜的教师通过观摩他的课堂，不仅学习技术还学习教学方法。学院每年都有多位来自各国的业内专家前来讲座、授课、召开时尚发布会。正是在这样的国际化氛围里，很多学生产生了强烈的英语学习热情，也培养出一批英语、技能均过硬的毕业生。税明丽就是其中典型的代表。从学生时代起，直至毕业后的三年时间里，她一直担任美国、瑞典和香港老师的翻译和助教。多年的目濡耳染，不仅使她的英文水平得到极大提升，还让她学习了一种全新的思维方式和授课方法。现在她是行业内认可度颇高的翻译，在国际赛事中被指定为官方翻译，同时主持编写了多部教材，担任国家级大赛裁判长、国际型大赛秘书长。用她自己的话来总结："外教教给我们一种思维方式。他们教给你的是终身受用的东西。"发型教研室主任冯永忠老师很形象地评价中西方教师教学理念的不同，"国外教师培养你伸手去拿的能力，中国教师是培养学生摊着手等着你拿来的能力"。

随着美国标榜的专家长期驻校，实地授课，老师一方面语言能力有了很大提高，另一方面在合作的过程中，经过反复的磨合、实践，对标榜教材和理念的消化吸收能力也越来越强，教学能力自然也提高的比较快。师从世界顶级专家，能经常与来自世界各国的专家进行深入交流，直接聆听他们给学生授课让四川标榜的老师们可以站在行业前沿和教育前沿，了解行业发展动态和教育理念的更新。短短几年时间里就培养出中国高职教育领域第一批人物形象设计的专业教师。目前人物形象设计系从初期的不足 10 人扩大到 57 名教职工，其中标榜自己培养的留校生有 31 位，成为这个专业建设的核心力量。更值得一提的是，从 2007 年开始中国外交部定点从四川标榜选拔派往中国驻各国领事馆、大使馆形象设计人员，目前派出的全部 8 位都是标榜留校任教的毕业生，也是真正的"本土培养的国际化人才"。

学院建校初期提出，"不钻木取火，直接引进国际成熟的先进的职业教育的专业及课程"，发展到今天，培养了一支具有国际视野的教师队伍。但师资建设始终是学校最最核心的事情。2009 年，四川标榜和四川师范大学教育学院合作举办教育研修套读教育硕士班，这个班的特点是采用一人一案，每个人都带着研修方案来学习，重点解决寻找学院已有实践的理论依据和理论创新，用规范化的学术语言来诠释丰富的实践。希望通过川师大教授的指导，让每个老师做成功一个课题，辐射到教师以后做其他研究的领域。首批 39 名学员中，

13 位来自人物形象设计系。阎红院长谈到这样一笔师资培养投入的目的时强调，"在不断借鉴国际的先进职业教育理论与实践的基础上，我们逐渐地领悟到本土文化融合的重要性。必须踏踏实实地立足本国有限的资源，本校有限的资源，尽可能地学习、研究理清那些在中国办一所优质高等职业学校的一切国际国内先进的教育理论，并在实践中反复地验证、总结，找到我们办学、治学、教学的路径和方法"。

4. 以国际大赛、大型活动锻炼学生，检验人才培养质量

美国国际标榜提供了一个很好的国际交流平台。来自世界各地标榜会员学校的人员频繁往来，不仅带来各地的时尚资讯、行业动态，也带来各地的文化和习俗。世界各地的文化因其与众不同的地域特色为这个时尚消费领域不断注入新的元素。四川标榜作为国际标榜惟一一个可以独立颁发学历文凭资格的高等院校，其所培养的人才不仅具备国际标榜全球通行的技能，还在一个中西合璧的校园里潜移默化地体验了中国特色的文化，这种组合让四川标榜的学子有更强的适应力和竞争力。

人才培养质量要有一个参照标准进行衡量，国际大赛就是一个重要的参照指标。因为国际标榜在这个行业的世界影响力，四川标榜才有机会了解各种资讯、参加各项大赛，最典型的就是有着发型奥林匹克之称的 OMC 世界发型化妆大赛。标榜学子 2008 年 3 月，在美国芝加哥的 OMC 世界美发组织大赛上首次代表中国参赛，获得青年男子技术组第三名好成绩，实现中国人在该领域零的突破。同年 11 月在香港又夺得 OMC 亚洲杯大赛金银铜牌奖。

同样，国内大型活动也能很好地检验教学水平和学生能力。标榜学子成功完成奥运会、《复兴之路》的任务之后，很多同学的人生观都发生了改变。

"以前别人问我学什么的，我都不好意思说，他们总是不理解发型师和理发师有什么不同。现在我自信多了，我觉得我学得的东西比他们想象的要多得多，我能证明我学的这些东西会发挥作用。"——化妆造型 07 级学生余红艳

"不要说全国，单就北京就有大大小小很多学院可以做人物造型，但奥运会为什么就选了我们，肯定是因为我们是最棒的。"——化妆造型 07 级学生简小婷

"最大的收获是技术、速度的提高；吃苦的精神，承受压力的能力；心理的成长；体会到与人沟通、学会包容、团队协作太重要了。"——化妆造型 07 级学生：余红艳、简小婷、罗显冲

学院也是通过学生的改变深刻意识到大型活动对学生全方位锻炼的重要性，更加主动地寻找这样的机会，让学生在体验中感悟，在任务中学习。2009

年非物质文化遗产节、西部博览会，再一次检验了标榜学子。

5. 国家精品课程获批——先进的课程建设理念趋于成熟

2009 年 8 月，一群年轻的标榜教师通过自己创造性努力，申报的精品课程"发型设计综合训练"在全国 1195 门课程评比中脱颖而出通过终审，成为学院首个、四川省民办高校省个国家级精品课程。而课程负责人就是四川标榜第一届留校的学生税明丽，此时年轻的她还是一名讲师。她本人两年接受外教课程、三年外教助教工作、担任国际赛事翻译、全程带领学生参加国际大赛和国内大型活动的经历，以及这个团队广泛的国际交流与合作经验和开放的教育观念，都有力地保证了课程开发的成功。课程结构从 2005 年能力为本位到今天项目化教学的转变绝不是国内职教领域流行风向的转变，而是结合四川标榜近年的教学实践，根植于实实在在的教育理念的不断更新。整个课程的设计其实也正是四川标榜这些年开放办学丰富实践的积累。课程构架中有六个圈（如图 5－2 所示）。六个部分环环相扣、有序推进，每一个任务的完成都以学生为完成这个任务需要的能力为核心组织课程。而每一个环节都是下一个环节的基础。其中第五个圈是单项综合训练，以国际大赛为案例，不仅强调大赛的特殊专业技能，还强调专业英语能力及与外国人的沟通能力。第六部分是大型活动的发型设计综合训练，比如奥运会、《复兴之路》，这些活动涉及到人员计划、安排、分工，训练的不再是个人能力，而是一种团队管理的能力。

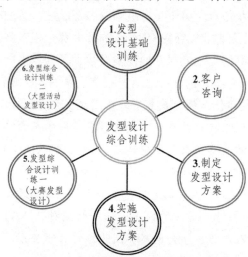

图 5－2　"发型设计综合训练"课程构架

资料来源：四川国际标榜职业技术学院官方网站。

税明丽深刻地感受到课程开发的过程就是把学校内外资源整合的过程，每次国内外经验都是宝贵的课程资源。

6. 合作双方的合作动机和收获

合作双方只有各自找到了利益所在，合作才能成立。在多年的合作中，四川标榜与美国国际标榜形成了教育联盟的关系。第一，四川标榜越来越深刻地理解了包豪斯设计理念，应用在学校的相关专业开发中；第二，通过引进美国国际标榜的教材，保证该专业的核心教学内容始终与国际同步，同时这种特色课程包的架构也被运用于学院的其他专业开发；第三，根据四川标榜同时开设有三年制、五年制高职教育，二年制成人教育，一年、半年、三个月的培训课程的实际，对美国国际标榜的课程体系进行本土化重组，贯通了学历教育、终身教育和职业培训三项职能；第四，因为美国国际标榜这个平台，四川标榜有更多的机会与来自世界各国的业内专家进行交流，有更多的机会参与国际活动，促进了师资队伍的成长和学生培养质量的持续提高。

而美国国际标榜通过这个合作获得至少三项收益。一是四川标榜利用自身区位优势，在周边山区农村的少数民族区域建立了头发收购网络，成为美国国际标榜除印度和巴基斯坦外的另一个重要发源基地；二是通过四川标榜的良好经营和毕业生的卓著声誉，尤其是北京奥运会之后，越来越多的人听过国际标榜的名字，提高了美国国际标榜的品牌形象和市场美誉度，为其今后更进一步开发中国市场打下良好的基础；第三，对于一个国际化的企业来讲，多元化很重要。不同的区域有不同的经验，不管对于课程开发，还是整体团队建设都提供了宝贵的经验。事实上，美国国际标榜的新任国际发展总监，提出要在未来十年内，把美国标榜在美国国内与国外4∶1的收益结构逐渐调整为1∶1，因此中国市场会越来越重要。

三、充分挖掘中国特色，增强国际交流与合作的吸引力

国外成功的私立高校都有自己非常鲜明的办学特点。作为中国民办高校，在政策条件尚不宽松、各种资源比较紧张的条件下，要打造一个特色、精品的高校，需要充分挖掘潜力、充分利用内外资源，寻求特色发展之路。

1. 中国传统养生美容——四川标榜国际交流的特色名片

中国传统养生美容在课程体系的设计上借鉴了包豪斯的设计理念，教学材料的组织上借鉴了美国国际标榜的课程包理念，对中国传统的中医文化融入养生美容领域进行体系化、课程化的重组和包装，从而形成了全国独具特色的专业。学校自行开发的"教学包"包括教学大纲、教学课件、教材、配套技法

光碟、训练手册和评估手册、训练产品等，极大地提高其推广可行性。

通过成功的教学实践，目前该专业的毕业生在国际国内都是极受青睐的专业人士，也吸引了海内外的专家和学生。2004 年 7 月美国宾夕法尼亚大学的教育访问团 20 多人来校访学，专门学习中国传统的保健养生方法。访学团中有位博士生对这次访学的印象极为深刻，回国后再次来到四川标榜做了一年的外教工作。同年 8 月，美国标榜组织美容师、会员学校校长 20 多人来到四川标榜学习中国的指压按摩、刮痧等，特殊的地域文化和传统的保健方法让来访者印象深刻。2008 年 5 月，安提瓜有 15 人专程来学习。

2. 民间工艺——越是民族的才越是世界的

古旧木制品修复与保护专业 2004 年开办之前的市场调研结果显示，需求量不大，但相当紧缺。学校从 2004 年开始每年招收的学生只有四五人，但与专业配套的实训室、培训技师全部到位。陶艺设计专业专门从安县请来烧陶的民间艺人，女红坊聘请了一家倒闭绣厂最头牌的一家三代绣工，染坊的技师曾是一家研究所的著名艺术家。学校广纳百川，各类民族手工艺者常以游学、寄居、演示和专题等形式到校教学或工作。四川标榜的核心专业集中在时尚消费领域，通过国际交流与合作，使师生的理念和技能与世界保持同步，与此同时，在各专业的学习过程中，学校有意识地引导学生对民族元素加以吸纳、消化与创新。无论是校园布局、陈设，还是这些民族手工技艺的学习，都是潜移默化熏陶学生，鼓励他们将民族元素融入时尚设计之中，将中国特别是本部民族及传统文化展示世界，"越是民族的，才越是世界的"。与香港职业训练局合作的时装设计专业的老师和学生会专程来深入苗族、藏族，研究他们的民族服饰。从单纯的经济收益来看，这几个专业都属于亏本运行，但是因为这些特色的民间工艺，使得学校的其他专业更有内涵，使得学校更有吸引力，使得学校的整体氛围进一步提升，形成一种不可复制的育人环境。阎红院长认为中国高职教育要有这样的胸怀，给学生潜移默化的影响就是效益。

四、四川标榜的国际交流与合作的经验

1. 先进的领导观念

一所好学校必定有一位好校长。同样，一所国际化的学校一定有一位有着国际化视野的校长。阎红院长坦陈自己对于国际交流与合作作用的认识也是经历了不少变化。大致有几个阶段：

第一阶段：拿来主义。在考察访问中，凡是认为别人好的模式、办法、体系，都希望通过全盘引进项目、直接聘请专家来复制。但实践证明局部的改变不能代替系统工程的改造。

第二阶段：送出去。虽然学校经费紧张，但还是坚持派部分人员外出学习。期望他们能把先进的理念带回来，影响一大片。的确，老师的观念在发生变化，但个别的变化，有时反而会与没有变化的环境产生矛盾。

第三阶段：顶层设计。认识到一所学校的发展重在顶层设计，那么制度是最有效的管理手段。领导理念的转变不是停留在领导的大脑里，而是要落实在具体制度框架、运行机制的设计上。组织的结构决定了组织的功能，而不同职位的人员在组织中应该发挥各自不同的作用。组织功能的发展在很大程度上取决于对现有资源的利用。以资源为核心，一所学校可成三种人：掌握资源的人、分配资源的人和使用资源的人。掌握资源的人首先要转变理念，并具体落实为可运行的机制；分配资源的人要熟悉资源的性质、掌握资源分配的流程，合理高效地配置资源，才能保证使用资源的人发挥资源的最大效益。四川标榜每一个办公室的墙上都有这样一段话，"……建立平等、尊重、友善、依存、理性、有效，与国际同类学校基本一致的运行机制"。

第四阶段：办学不走捷径。阎红院长认为，人才培养、师资培养、院校建设、文化积淀是一项长期而系统的工程。只要定位准确、目标正确，就坚持以国际化和特色化并行，扎扎实实地炼好内功，走不得也没有捷径可走。

2. 国际化与中国特色相互交融，相得益彰

四川标榜的办学实践，既有开放的心态和眼界，又有扎根中国大地的魄力和胸怀。合作的院校、机构可能数量不多，但合作双方目标明确、战略清晰，能保持长久、深入的实质性合作，与当前国内其他高校人来人往、热热闹闹却无实效的国际交流与合作的情况大相径庭。当然这也是学院"基于资源的战略"的一种体现，让有限的资源最大限度地发挥作用。在国际交流与合作中，不是一味地引进、片面地模仿，而是充分评估双方的收益，充分分析外方的优势、充分研究本土的情况，再加以创造地结合。国际交流不是单向的输入、接收，而是借助中国特色的文化进行创新，丰富原有专业的内涵，提升新的教育教学产品的吸引力。这种教育的双向交流反过来又促进了专业建设、提升了交流合作的层次。

更难得可贵的是，一些先进理念和优质资源已经内化为学校教职员工的工作方式，延伸到学院的其他工作中去。比如学院提出后勤工作的"教学情景的建设观"、"教学辅助的服务观"。主管后勤工作的总务处长、基建处长、设备处长、工程科长及工程师实地调研了香港职业训练局两所学校的基础建设、

设备维护保养，以及如何以专业为中心做好教学服务工作后谈到，

"我的感受是，香港职业训练局的那两所学校专业规划做得很好，专业怎么建、建到什么程度非常清晰。规划好的基础上，他们工程质量标准高，一次投入虽然大，但使用中维修成本低……"——设备处沈处长

如果一位后勤教辅工作人员外出考察关注的是专业建设，是不是从一个侧面反映了这所学校的工作重心？"服务教学"这句话在每所学校都适用，但很少有学校真用了。四川标榜目前实行的是矩阵式管理和国际化的工作流程，所有教职员工都认识到学校的中心工作是专业建设。因此以专业建设为抓手的全员动员成为可能。

作为一所民办高校，四川标榜的目标是做成精品，特色、优质的高校。他们认为，原来学校有点大题小作，现在要小题大做。从四川标榜国际交流与合作的实践和成效来看，他们真的做到了"小题大做"。

"学校太新、专业涉及的领域太新，老师年轻，我们国家的高等职业技术教育也年轻，这些对我们来讲都是机遇，都是资源。"——阎红院长

第四节　三所个案高职院校国际交流与合作的比较分析

本研究所选择的三例个案，一所（深职院）为地处改革开放最前沿、外向型经济成份最高的城市，并设有近百个专业的综合性公办院校；一所（上海医高专）是地处历来国际交往频繁、现在跨国公司总部密集的国际化大都市，专业集中面向与人民群众密切相关的医疗卫生事业的一所医学相关类公办院校；另一所（四川标榜）是地处西部腹地、专业主要面向时尚消费领域的民办院校。

一、个案学校选择的思考

1. 深圳职业技术学院

作为中国高职院校的排头兵，深职院从 1993 年建校起，就一直以富有前瞻的眼光、敢于创新的勇气和勇于摸索的魄力引领着中国高职教育的发展。2006 年开始的百所示范性高职院校建设及 2009 年第一批建设院校全部验收通过，标志着中国的高职教育涌现出一批高质量的院校。处于新一轮发展起点的深职院将自己的愿景定位为建设"世界一流职业技术大学"，把国际化战略作为学院今后发展的重要战略。希望通过学校国际化的发展道路跻身于世界一流的职业院校，从而对全国的高职院校起到示范引领作用。分析研究深职院国际

交流与合作的发展路径及他们对今后发展的规划对已经具备发展基础的院校来讲无疑有良好的借鉴作用。

2. 上海医药高等专科学校

一座城市孕育一种文化，一种文化塑造一种气质。因为历史的原因，上海与国外的交流一直比较频繁。因此在办学过程中，很多学校很早就把目光瞄准国际，不少学校在办学之初就会自觉把国际化发展作为学校的重要战略。上海医药高等专科学校依托原上海第二医科大学卫生技术学院和上海交通大学医学院附属卫生学校的办学经验和国际交流与合作的优势，为适应上海建设亚洲一流医疗中心城市的目标，确立了"建成一所专业特色显著，国内示范、亚洲领先、国际品牌的医学相关类专业高等职业院校"的目标。其国际办学经验是迈入首批国家示范性高等职业院校的重要条件。分析研究这样一所专业特色鲜明的地方高职院校国际交流与合作的实践与经验，对于那些学科专业相对单一的院校，如何借助国际交流的平台，充分利用不同国家相同专业领域的优势，优化整合专业资源、师资资源，从而形成自身专业比较优势具有启示作用。

3. 四川国际标榜职业学院

作为一所民办高职院校，包括经费在内的各种资源都非常紧缺，要在西部腹地举办时尚消费领域的专业，国内既无师资，也无现成专业目录，如何通过短短几年的办学实践就声名鹊起。这完全依赖于国际化的办学理念和实践。潘懋元先生认为，民办高校有较多的办学自主权和灵活的办学机制，在办学模式的创新上，在内部管理体制的改革上，在对外合作办学的道路上，可能走在高等教育改革开放的前头。[①] 民办高职院校也是我国高职教育的生力军，他们正在以质量、特色、品牌占领市场。分析这其中佼佼者的特色发展之路，无论对于民办院校还是那些认为起步晚、资源少的公办院校来讲都有启发作用。

二、三校国际化战略制订的背景分析

学校的发展战略是学校为了实现既定的目标而采取的相对系统而周期较长的活动计划。三所学校通过国际交流与合作有效地促进了学校发展，一个重要原因就是三校都制订了国际化的发展战略，并以此战略为指导，系统规划学校的国际交流与合作，使各项国际化工作之间相辅相成，形成合力，且融入到学校的整体工作中。但是每所学校因为资源禀赋的差异，国际化战略制定背景并

---

① 潘懋元：《中国当前高等教育发展中的若干问题》，《大学教育科学》2004 年第 4 期，第 1~5 页。

不相同。根据戴维斯（Davies）于 1995 年提出的高等教育机构国际化战略制订中的内部要素和外部要素的分类（图 2 - 1 所示），来详细分析三所学校国际化战略制定的背景。

深职院是 2006 年学校"十一五"发展规划中首次提出建设"世界一流职业技术大学"的发展目标，并确立了"以服务外向型产业为立足点，走国际化发展之路"的办学思路。2007 年，刘洪一校长提出深职院要"二次创业"，开展"四项工程"，即"大学文化工程、管理工程、国际化工程和基础保障"。访谈中，深职院的领导教师都认为"国际化战略"的提出，是一个自然而然、水到渠成的事情，是符合深职院目前发展状态和今后发展方向的战略。（表 5 - 2）

表 5 - 2   深圳职业技术学院国际化战略制订的内、外部要素分析

要　素		具体内容
内部要素	大学的使命、传统和自我形象	使命：在中国高职教育的版图上，率先和国际接轨，为全国作出示范①。
		传统：七个率先②。
		自我形象：中国高职教育的排头兵。
	对现有项目、人员和经费等优劣的评价	优势③：学校迎接深圳建设国际化城市的挑战，积极应对深圳外向型产业的发展要求，不断明晰学校在中国高职教育版图中的特色定位，确立了"以服务外向型产业为立足点，走国际化发展之路"的办学思路，并遵循"双管齐下、立体推进、内外兼顾、取优去劣"的基本思路，初步探索出一条具有中国高职特色的国际化人才培养之路。 不足④：一在吸纳采借国际先进的办学理念、管理机制及管理运行成效上还有明显差距；二在人才培养理念、教学内涵与管理模式、专业建设与标准，培养具有国际视野、国际竞争力人才方面，有较大不足；三是国际化合作领域和平台不宽广；合作内涵不丰富，协议多而实质性内涵少；方式单一；深度教学、科研合作较少；四是与国外高校的交流合作发展不平衡，针对性不强；各学院国际交流合作进展不均衡，对国际化办学的丰富内涵和重要性认识有待提高；五是毗邻港澳的区位优势和改革开放的窗口优势未能充分发挥；六是师资队伍、管理队伍不够整齐，结构不够合理，员工素质、生源水平与建设世界一流职业技术大学要求有较大距离；七是国际化工作的战略规划、整体计划不够，管理体制、机制有待理顺，制度建设亟待加强；八是对探讨中国特色高职院校国际化道路的理论研究不够。

①　资源来源：对刘洪一校长的访谈。
②　《深圳职业技术学院树全国高职教育楷模》，《职业技术》2007 年，第 5 期，第 55 ~ 57 页。
③　刘洪一：《以科学发展观为指导，大力推进国际化工程"主题报告》，2009 - 01 - 05。
④　同上。

续表

要　素		具体内容
	组织的领导结构	领导高度重视,外事处从 2008 年起单独设置,人员相对专业程度较高。
外部要素	外部对大学形象、特色的感知	2005 年 8 月,原教育部部长周济在视察学院时称赞深职院是中国特色社会主义现代化高职教育的典范。
	对国际化市场的机遇与趋势的评断	国际化、全球化是世界不可逆转的发展趋势,高等教育更不例外,谁能顺应这一趋势并走在前面,谁就掌握了发展的先机。同时,国际化水平也是学校未来发展的核心竞争力,没有这一竞争力,建设世界一流职业技术大学就是空话。①
	对竞争环境的评估	从深职院在全国高职教育版图上的地位来讲和肩负的使命来讲,全国 1207 所院校,每所院校都各有特色,任何一所院校不可能在什么方面都能够成为示范,要有所为有所不为②。

　　香港大学前校长吴家玮曾说过:"一所好的大学在一个区域就等于一条鱼在鱼缸里,拿出来就会死。所以大学必须清楚学校在国家、地区和不同阶段发展的情况。"③ 上海医高专对于学校的定位,建立在充分考虑到上海要建设亚洲一流医疗中心城市的目标,以及上海国际化大都市对于与国际接轨的高素质卫生职业技术人才的需求的基础上。学校非常明确地提出了学校开展国际化合作职业技术教育的战略。(表 5 - 3)

---

　　① 刘洪一:《以科学发展观为指导,大力推进国际化工程"主题报告》,2009 - 01 - 05。
　　② 资料来源:对深职院刘洪一校长的访谈。
　　③ 转引自贺继明:《高职教育国际化发展战略的探析》,《教育与职业》2009 年第 (5 中) 期,第 27 页。

表 5 - 3　上海医药高等专科学校国际化战略制订的内、外部要素分析①

要　素		具体内容
内部要素	大学的使命、传统和自我形象	使命：建成一所专业特色显著，国内示范、亚洲领先、国际品牌的医学相关类专业高等职业院校。
		传统：素有国际交流与合作的优良传统和基础。
		自我形象：融合国际教学理念，形成国际办学特色。
	对现有项目、人员和经费等优劣的评价	上海市最早成立"英语强化班"，上海市首个获得批准的卫生类中外合作办学项目。一直将"国际教育"作为办学的特色，强调"外语与专业"相结合，倡导"双语教学引进国外优质教育资源，在卫生职业教育国际化方面处于全国领先地位，在国际卫生职业教育界中已享有一定的知名度。
	组织的领导结构	领导高度重视，从 2001 年起就成立了国际交流学院，既是行政职能部门，也承接部分教学部门的职责，人员专业。
外部要素	外部对大学形象和特色的感知	上海市教委认为该校最大的特色就是国际化办学。国际办学特色也成为首批国家示范性高职院校主要入选理由之一。不少学生报考该校就是因其广泛的国际交流与合作背景。
	对国际化市场的机遇与趋势的评断	国际化是学校教学改革的必然要求，国际化是上海护理教育的必然要求，国际化是卫生事业的必然要求，国际化是做大做强护理专业的有效途径。
	对竞争环境的评估	世界护理行业将长期处于紧缺状态，存在巨大的市场潜力。各国行业准入资质相差较大，但都渴望优质的护理教育资源。中国与发达国家在护理教育方面的差距很大，不仅教育领域要学习、借鉴；更需要医疗卫生事业的大幅度改革。

　　四川标榜从从办学伊始就坚持以国际时尚领域最权威的机构合作，以国际化战略来规划学院的发展，学校发展路径与绝大多数公办院校大相径庭。仅人物形象设计专业就实现了几个从无到有：专业目录从无到有，本土专业师资从无到，本土专业教材从无到有，毕业生海外就业从无到有。（表 5 - 4）

---

① 根据上海医高专网站信息及访谈记录整理而成。

表5-4 四川国际标榜职业学院国际化战略制订的内、外部要素分析①

要素		具体内容
内部要素	大学的使命、传统和自我形象	使命：希望学生离开学院时，标榜给他的不仅仅是谋生的技术，而是更多的人文底蕴，成为本土培养出来的国际化人才。
		传统：学院创办初期就借鉴德国包豪斯设计学院和美国标榜"艺术家变工匠，工匠变艺术家"的办学理念，把艺术和科技引进职业教育。
		自我形象：标榜的教学既有国际的人类的共同的理念和眼光，又融进中国传统文化元素，追求的是国内一流，与国际同步。
	对现有项目、人员和经费等优劣的评价	学院在与世界各国的文化教育交流中受益匪浅！师生们开阔了视野，改变了命运的轨迹。
	组织的领导结构	主管国际交流与合作的部门有专人负责，全称为发展规划与国际合作处。院长办公会代行学院"外事工作领导小组"职责，领导小组由院长担任组长。
外部要素	外部对大学形象和特色的感知	"高中生最向往民办高校"、"全国百强民办学校"、"全国民办高校就业竞争力50强"、"影响中国西部的十大高校品牌"、"四川省民办教育先进集体"。
	对国际化市场的机遇与趋势的评断	以世界的人类的眼光，吸取世界上一切先进文化营养，与世界同步，开创未来。将世界潮流带到中国，将中国文化展示世界。
	对竞争环境的评估	我们越是融入这个世界，越是清楚我们文化中最弥足珍贵的是什么。

三、三校国际交流与合作的策略分析

根据戴维斯有关大学国际化的策略分析，目前国内大部分高职院校在国际交流与合作方面有意无意地运用着"零散——边缘策略"，而一些沿海发达城市的高职院校因为城市开放度较高，所以学校内部的国际活动比较频繁，但学校并没有把这样的国际活动进行系统规划和有效管理，基本上是由负责国际事务的外事处或者国际教育学院负责，其他部门完全处于一种被动的配合状态，而国际活动也游离于学校的中心工作，甚至有时候还被指责干扰了中心工作，

---

① 内容整理自：四川国际标榜职业学院网站及对阎红院长的访谈。

处于一种形式上很活跃，实质上与学校整体工作脱节的局面。而少部分具有战略眼光的高职院开始有意识地分析学校特点，有选择地开展国际化战略，专业门类比较齐全的院校会选择"中心——系统策略"，而专业性指向非常强的学院则更倾向于选择"系统——边缘策略"。

基于戴维斯的国际化策略框架（图2-2），我们可以分析三所学校各自采取的策略。四川标榜的国际化策略属于A策略（中心——系统策略）、C策略（系统——边缘策略）两种策略的过渡。国际化活动是学校的中心工作，国际活动种类相对有限，活动开展的很有针对性，主要集中在自己的优势领域，正在向多领域拓展其国际交流与合作。

上海医高专的国际化策略属于A策略（中心——系统策略）。该校将"国际教育"作为办学的特色，国际化目标非常明确。制订了一系列相关的政策、并建立了相应长效机制来落实。由于学校所设专业的领域非常相对集中，因此学校的国际交流与合作同样有很强的专业针对性。学校的国际交流与合作内容非常丰富，而活动之间相辅相成，为下一个目标做好储备。学校对国际活动有充足的人力、物力和财力投入，并且有专门的组织机构来协调支持国际活动。此外还建立起激励机制和系统的质量监控机制。

深职院则是从B策略（零散——中心策略）成功地过渡到A策略（中心——系统策略）。学校在前期渐渐丰富的国际交流与合作的实践探索过程中，逐渐找到自己的优势所在，也更加明确国际化是学校自身建设的重要途径。目前国际化成为学校的主要发展战略，有了系统规划。学校各种各样的国际化工作之间有越来越好的的相互强化功能，有专门的部门去协调整合。国际化任务比较清晰，且出台了一系列具体的政策和支持性措施。

以上分析可以看出，要想提高国际交流与合作的效率和效益，需要自上而下的制度规划，也需要自下而上的资源支持。

四、三校国际化发展路径分析

学校的历史不同、文化不同、目标不同，在国际交流与合作中所选择的路径也会不同。根据范·迪克有关院校国际化的立方体模型（见表2-2），可以分析三校各自的国际化发展所走过的路径。

深职院走的是1-2-6-8路径，即学校从早期零星的国际交流与合作实践开始，向系统、全面的方面展开，并推动配套政策的制定。在进一步实践的过程中，资源各方产生了相互支持的效应，推动学校从战略的角度系统规划国际交流与合作的方方面面。

上海医高专走的路径是 3 - 7 - 8。学校的国际交流与合作是从留学生交流和中国学生的英语强化这些特定的项目开始，这些活动不仅提升了师生的英语水平，也促进了学校的国际交流与合作、资源双向支持。在日趋丰富的国际交流与合作基础上，学校有能力站在更高的视野审视专业建设和人才培养模式，开始明确把国际化战略作为学校的重点政策。国际交流与合作的领域也从特定向系统过渡。

四川标榜走的路径是 5 - 7 - 8，学校从一开始就确定了国际化战略，与国际最先进的教育标准接轨，引进最先进的核心教材体系，以时尚领域权威的理念来开展专业教学，但实践活动局限于一些特定的内容，此阶段也主要是学校的资源投入期。在进一步的发展过程中，资源支持的交互性就越来越充分的体现出来，而限定在局部范围的实践活动显然已经不能满足国际化目标的实现，进而推动学校的国际化向战略中心地位、资源交互支持、实践全面展开的方向迈进。

五、三校国际交流与合作的共同显著特点

以上三所高职院校通过国际交流与合作，有效地促进了学校各方面的发展，总结起来，成功的经验主要在于以下几条：

1. 领导作用在推进高职院校国际交流与合作中至关重要

哈比森（Harbison）和迈尔斯（Myers）曾强调，"组织的基调通常是由最高首长决定的，事业的成功将完全有赖于他对整个集团注入的精力和卓见"。[1]观念影响和决定着办学行为。现代高等职业技术教育院校的国际竞争，已不再仅仅是专业设置、设备技术、品牌教学等方面的竞争，而首先是观念的竞争，思维方式的竞争。三所院校一个极大的共性就是领导观念具有时代性和前瞻性，领导在推进学校国际交流与合作中发挥着至关重要的作用。身处不同的地域、引领不同的领域，但对于学校对外开放、国际化战略的必要性有着相似的认识。首先，国际化是手段，不是目的。国际交流与合作的最终目的是让学校以全球为参照系，与国际接轨，走上特色发展之路，以质量取胜。国际化是打造一流职业技术大学、国际品牌的专业类高职院校、特色民办高校的重要途径。第二，国际化作为学校的发展战略，是一个系统工程，是理念的提升，软

---

① F. Harbison and C. A. Myers. *Management in the Industrial World: An International Analysis.* New York: McGraw-Hill, 1959, pp. 15~16. 转引自［美］汉森著，冯大鸣译：《教育管理与组织行为》，上海教育出版社 2004 年，第 211~212 页。

件系统的提升，不能停留在个体、局部和操作层面。国际化发展战略还需要因地制宜的创新理论和实践予以落实。第三，人才培养必须具有开放的胸襟和全球的视野，但国际化只有与本土特色有机结合才是学校保持生命力和竞争力的关键。

身为犹太文化专家的刘洪一校长把高职院校广泛的国际交流与合作，看作是一种必须的采借过程。这就好比犹太民族在漫长的两千年迁徙中，吸收了大量的异质文化的优质要素，自己的核心价值却始终没有丢掉，始终保持着自身民族文化的传承。中国的高职教育也要扎根于自己的土壤，在采借的过程中保持自己的思想。

以时尚消费、国际潮流为专业特色的四川标榜在与世界保持密切接触的同时"不惜代价"地保持着中国最传统的手工艺作坊、民间工艺、中医美容等特色专业。阎红院长把中国文化比作一个酵母，她相信它就是一个生物的酶，假以时日就一定会发酵，"栽下梧桐树会有凤凰来"。

2. 国际化项目的实效通过不断挖掘而愈加丰富

深职院与英国胡佛汉顿大学在近 15 年的合作中，从学生单向输出到双向流动，从师资单向培训到合作科研，是双方共同成长、共同前进的十五年，双方的合作也因为不断有新的元素加入而内涵更充实。上海医高专与美国鲍勃·琼斯大学从 1997 年开始的合作走过了语言培训、课程移植、专业合作的历程，目前正向学历互通的目标迈进。四川标榜与美国国际标榜的合作也起源于 90 年代，从美国国际标榜引进的教学理念本土化地运用在中国传统养生保健专业的开发上，并成为美国国际标榜向全球推广的项目，从单纯教材的引进到学生在国际大赛上的获奖，对于双方品牌的提升都有巨大价值。国际交流合作的项目绝不能止于引进，后续的不断跟进和内涵挖掘更加重要，合作双方在更加了解的基础上能更好地提高合作的实效，并且也节约大量资源。

3. 有共同的利益基础的合作走向深入的前提

任何交流与合作都不会是无缘无故的，双方合作的基础是各自能在交流合作中实现自己的利益诉求。而只有共赢的交流合作才可能长久。比如深职院与海德堡公司的合作，深职院在人才培养的各个环节均有收获，而海德堡则在机器销售、人才供给和品牌宣传上受益非浅。四川标榜在与美国国际标榜的合作中引进理念、教材、师资、资讯，但同时也为对方建立了发源基地、注入多元文化、提升品牌知名度。上海医高专在与世界多国建立的合作关系中提升了教学、科研和社会服务水平，而这些国家也通过派学生来中国学习、实习获得丰富的国际体验。

4. 整合内外部资源、特色发展是提高自身合作能力和吸引力的关键

国际交流与合作是引进资源的过程，而资源的效用最大化在于整合，不仅内外资源可以整合，而且外部资源也可以相互整合。上海医高专在这一点上的成就令人赞叹。多所国际知名院校的专家组成"国际智囊团"远远超越了一对一合作的传统模式。国际化教学团队的组成使得具有高职特色的"双师"结构队伍又注入国际元素，将专兼职教师共同通过国际平台进行培养则是把三方资源有效整合的创举。深职院的专业开发可以清晰地看到部分教师并非直接照搬各种先进的职教模式，而是将他们作为可以利用的资源，始终坚持尽可能与中国实际有机融合。深职院利用自己独特的区位优势和领先的办学实力，领跑了与港澳台及周边国家的交流与合作。四川标榜的国家精品课程就是一个整合了所有可以利用的内外部资源的最好例证。他们将国际理念和中国传统元素共同融入专业、融入人才培养的细节中。这一切的目的都是为了提高自己办学实力。而自身实力的提高自然带来合作能力的提升和吸引力的加大。

"发展速度在很大程度上取决于对资源的获得和利用的水平，国际交流与合作是在世界范围内获得更多的信息、物质、资金和人才资源并加以有效利用的重要途径。"[①] 现代社会是一个多元化的社会，研究型大学、职业院校、一般本科院校都有世界一流水平的，每类学校都有自己的发展空间，都能培养出优秀人才。找准定位、选择路径、明确目标、打造特色是每所院校通往卓越的必由之路，在这条道路上，国际交流与合作可以起到助推器的作用。

---

① 杨燕，唐小林：《信息时代的高校国际交流与合作》，《西北工业大学学报（社会科学版）》2000 年第 12 期，第 44 页。

第六章

促进我国高职院校国际交流与合作发展的建议

国际交流与合作，是高职院校提高自身实力，增强参与国际教育市场竞争力的有效途径。通过国际交流与合作，可以促进高职院校在更高的平台、更大的舞台上发挥作用，不仅会给中国经济建设提供所需的人力支撑，还将为中国教育树立国际品牌、服务国家利益做出贡献。诚然，高职教育的国际交流与合作所面临的困难和窘境还将在相当长时期内存在，但无论是政府、高职院校自身，还是与此相关的各种机构或组织都应主动应对，采取积极的措施，促进高职院校国际交流合作的开展。

第一节　政府层面的建议

一、制定教育国际战略，统领国际交流与合作的各项工作

克拉克提出了国家权力、市场和学术权威三角协调模式来分析高等教育运行机制。（图 6 – 1）

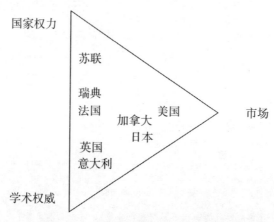

图 6 – 1　克拉克的高等教育三角协调图

资料来源：伯顿·R.克拉克著，王承绪，徐辉等译：《高等教育系统——学术组织的跨国研究》，杭州大学出版社1994年版，第159页。

这三个角的三股力量的相互作用就代表了高等教育的协调模式。三角协调模式并未考虑国际因素的影响。随着高等教育从社会的边缘走到社会中心，其受到的外部因素的影响也越来越明显。全球化背景下的高等教育协调模式出现了一些新变化。温得（Van der Wende）把克拉克的三角协调模式置于国际化背景下考察，提出一个更有时代性的高等教育协调机制。（图6-2）

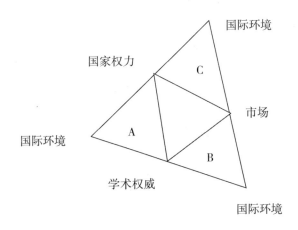

图6-2 国际背景中高等教育的协调机制

资料来源：Van der Wende, M. C. Missing Links: The Relationship between National Policies for Internationsation and those for Higher Education in General. 转引自顾建新著：《跨国教育发展理念与策略》，学林出版社2008年版，第97页。

在这个新模式下，出现了三个新的影响领域（A、B、C），因此在形成和确定国家高等教育政策时，国际、市场和院校力量会相互作用，从而对政策产生影响；同样，在形成院校政策时，国际背景、国内和市场也会相互作用对政策产生影响；考虑市场因素的时候，要放在国际背景下，结合国内政策进行分析。

随着中国综合实力的增强、国际地位的提升，无论是无意还是自觉，都已经而且必将在国际事物中发挥越来越重要的作用。经济全球化进程的加快，使得世界各国在各领域的互动越来越多，而一国的国家利益早已不是限定在国境线以内，而是越来越多地体现在与他国的竞争与磨合的过程中，体现在各种国际规则、协议、条约的制订中，体现在一系列国际事务的处理中。因此，在新的历史时期，中国的教育发展要充分考虑到国际背景和国内现实。国家有必要制定切实可行的教育国际交流战略，全面系统地规划未来十到二十年，中国教育的国际交流战略目标，以及实现这些战略目标的方针和手段。战略的制定以国家发展战略为依据，要成为国家外交战略的有机组成部分。战略旨在指导政府相关部门为战略目标的实现提供协调配套的政策保障，旨在引导处于发展不同阶段的地区合理确定自己的发展目标，旨在坚定各教育机构在国际交流与合作中的信心和决心。这一战略要从国家利益、外交政策、经济利益、劳动力市场的影响等方面综合考虑，以教育国际交流战略来统领各项国际交流与合作的具体策略，让教育国际交流与合作真正服务服从于国家战略目标的实现。

二、建立以职业资格证书为载体的就业准入制度

高职教育的充分发展对国家经济建设起着举足轻重的作用，而提高高职教育的水平和社会认可度并不完全是教育系统内部能解决的事情，国家要从全局出发，创造有利于高职教育整体上更好发展的条件。目前阻碍高职教育更好更快发展的瓶颈问题是学校教育与职业准入并没有实现体制机制上的对接，这种局面影响了高职教育的社会地位、影响了高职教育的有效性，影响了人才培养的适用性，影响了人们终身学习的动力，也影响了中国高职教育品牌的树立和在国际上的影响力。

仔细分析西方发达国家的职业教育成功经验，无一不是因为其与职业领域的密切结合，使得学校的人才培养与企业的用人需要直接对接，进而在国际劳动力市场上取得良好声誉。高职教育的成功与否，在很大程度上取决于劳动力市场对其培养人才的认可度，以及学生的可持续发展能力。在这一点上，以职业资格证书为主要载体的就业市场准入制度已经被证明是一条成功而有效的措施，比如英国的国家职业资格证书制度、德国的职业资格认证、澳大利亚国家培训框架体系、中国香港的职业资历架构等。这些职业资格证书制度的核心在于确立职业教育的质量标准，由行业制定职业资格证书的能力标准，建立职业教育与职业资格证书的紧密联系，同时各行各业严格执行职业证书的就业准入制度。这种制度打通了学历文凭、职业资格和就业准入三者之间的关系。这样一种以职业资格证书为载体的就业准入制度使得该国和该地区的职业教育证书在就业市场有很高的通行度，因此在国际劳动力市场上有很好的声誉。在世界教育市场上，人们更加认可这些可以被劳动力市场普遍认知认可的有质量保证的职业资格证书，所以这些模式的职业教育就更容易作为一种产品进行输出，在教育国际交流与合作过程中占据主动。

我国的高职教育明确"以就业为导向",但是现行的劳动资格证书或行业职业证书与高职院校的教育体系互不兼容。两种证书由不同的部门开发,互不相通。由于历史原因,劳动部门开发的职业资格证书很多时候给人一种含金量不高的印象,在国内都通行困难,更不用说在国际上的通行度了。其实早在20世纪60年代初,刘少奇就提出了将劳动就业制度与教育制度结合起来的构想,这在当时属于与中国国情完全符合的原创思想,属世界首创。遗憾的是,由于众所周知的原因,这一制度最终未能实施。1993年开始推行的职业资格证书,指的是当时的劳动与社会保障部管理的,被人们俗称为"工人考级"的职业资格证书,与高职院校的学历证书形如两条平行的轨道。而近些年,高职院校主动引入劳动部门的职业技能证书,但仅仅是形式上多了一张证书,并没有解决根本问题。一些高职院校引进的"国际职业资格证书"因为质量有保证,倒确确实实帮助学生在劳动力市场上获得先机。高职教育既要体现"高等教育"的属性,还要具备"职业教育"的特点,不单纯是一种学历教育。人才培养的质量要以就业市场的适恰性为评价标准。

当前中国高职教育急待解决的几个重要问题是:研究制订高职教育质量标准;汇同劳动部门制订国家高技能人才职业资格标准;贯通高职教育与国家职业资格证书的桥梁;建立起以职业资格证书为载体的就业准入制度。

目前,全国1200多所高职院校开设了很多名称相同的专业,课程名称也相近,但人才培养的规格却相去甚远,给企业用人造成不少麻烦。这与我们没有统一的高职教育质量标准有关。职业教育与学术教育不同,学术教育更看重知识的创新,而职业教育就需要强调标准的统一。当前各高职院校花费大量的时间、精力去做市场调研,开发专业;但没有行业的支持,这些信息往往是不全面的,有时甚至是错误的。各所学校孤军奋战,实际上浪费了大量资源,并在低层次上无谓重复。因此首先,要真正建立职业资格制度,全面实行劳动就业准入制度,这是高职长期适应技术、市场和就业需求的一种手段。要以国际通行的做法,利用行业、企业资源,整合国内有影响的几所职教研究所的研究力量,做好各行各业的职业能力标准。其次,一方面要对高职院校加大经费投入,保证学校具备人才培养的必要条件,另一方面要加强人才培养的质量监控,改变现在的大一统评估模式,按专业进行质量评估,建立起高职教育的质量标准。第三,要有目的地选择中国的优势行业、特色行业,建立具有中国自主创新品牌的职业资格证书制度,建立我国与国际接轨的职业资格质量标准、认证制度及认证机构,并随着中国企业"走出去"步伐的加快、中国高职院校境外办学的推进把有关领域的职业资格证书推向国际市场。专业人员执业资格的国际标准制定与认定，已成为当前国际竞争的制高点。第四，教育部门和劳动部门要有效协调沟通，完善学历证书、培训证书和职业资格证书制度，实施职业证书与学历证书相沟通、从业资格证书与学历证书相衔接，这也是吸引国外留学生的重要方面。

当然在制订这些标准的时候，要参照世界职业分类的概念，借鉴发达国家的职业资格证书制度，使我们的教育标准和职业资格证书标准从制订之初，就具有与国际接轨的平台，得到国际认可。

三、尽快健全职业教育的体系，优化院校国际交流的平台

中国高职院校目前均定位在专科层次，根据"对等交流"的外事原则，对于更广泛更深入地参与国际交流与合作，寻找优质合作伙伴，开展科研合作都是严重的障碍。

世界各国的职业教育均经历了一个由低到高的发展过程，这一过程总是和经济发展的程度、产业结构对人才规格的需求和劳动者受教育程度息息相关。发达国家的职业教育是随着工业文明一同发展起来的，目前均形成了完整的职业教育体系，且搭建了与普通教育之间的立交桥，可以满足学习者不同时期不同层次的需求。职业教育作为一个体系，理论上就应该有一个由低到高的层次。早在1985年，《中共中央关于教育体制改革的决定》中就指出，要逐步建立起一个从初级到高级、行业配套、结构合理又能与普通教育相互沟通的职业技术教育体系。时隔二十五年，这一设想尚未实现。如果说当年提出建立一个完整的职业教育体系在客观条件和理论准备上还不充分的话，那么今天的中国完全具备建立一个完整的职教体系的各种条件。中国的经济发展极其不平衡，在中西部地区还处于工业化中期的同时，中国东部沿海地区经过三十年的快速发展，已经进入工业化后期，开始将制造业企业向中西部地区转移，加大附加值高的高新技术产业、现代服务业等的投入。产业升级的同时就需要人才规格的提高。因此完善从初级到高级的职业教育体系对于培养适合于中国不同地区发展的人才有现实的需要，也符合世界职业教育发展的规律。

另一个不容忽视的新现象是，随着社会对实用技能型人才需求日益旺盛，国外职业教育开始受到国内高考落榜生、中专生、职业高中毕业生（俗称"三校生"）的青睐。中国出国留学生群体的目标院校已经从研究性大学向普通职业院校扩散。一些国家已经瞄准了这一巨大的生源市场。比如加拿大职业学校施行"双录取"制度，一方面学生有能力通过雅思6.5分考试方可录取，

另一方面没有语言成绩也可以获得预录取通知书，到申请学校或学校指定的语言培训机构学习达到所申请专业的语言成绩即可。澳大利亚高等职业技术学校的录取标准是：只要申请人拥有中国政府所承认的相当于高中毕业水平的证书即可，如中专毕业证书、职高毕业证书。① 国外完善的职业教育体系，以及与普通教育的立交桥都对中国学生和家长具有很大的吸引力。当前，中国高职院校与中职、本科之间的衔接很不通畅，只有5%的学生可以通过对口单招进入高职院校，而高职院校也只有5%的学生可以通过专升本考试进入本科阶段学习，严重束缚了高职院校的发展。长此以往，不仅高职的毕业生会通过自费留学的方式进入国外高一级学府，相当一部分"三校生"也将成为国外职业院校的招收对象。

因此无论从职业教育自身良性发展的需求，还是高职院校国际交流与合作的空间，都有必要尽快健全职业教育体系。我们一再强调我们的教育不能实现产业化，这无疑是符合现在中国国情的，但是我们面对的国际上的竞争却是发达国家利用自己的优势真正把教育作为一种产业在经营，在这样的大背景之下，我们的教育主管部门应该从国际化人才培养的高度去促进这种高等职业技术教育宏观系统分层的形成，允许那些办得好、有实力、特色明显的高等职业院校举办技术应用型的本科甚至研究生教育，使他们具有与国际上相同性质的高等职业技术教育进行合作交流的资质与实力，使中国高职教育在更高的层面上与世界发达国家或地区的职业教育实现学分互换、课程互通和学历互认，也为中国质优的高职院校走向世界打下基础。当然这种促成不能是简单地跨越，而应该是循序渐进地提升；不是翻版的普通本科教育，而是技能型人才培养目标的深化。同时政府应该给予政策上的相应扶持，保证完整的职业教育体系与普通高等教育体系享有同等的地位。

四、保证国际合作质量，大力推进中外合作办学

1. 尽快建立一套评价外国教育机构的制度，并建立中外合作办学第三方质量认证制度

虽然囿于信息的不公开与不透明，无法获得全面、准确的统计数据，但从中外合作办学比较活跃的几个省的统计数据来看，高职院校的中外合作办学近年来的确突飞猛进，这其中当然不乏优质的合作项目，但也存在不少问题。核

---

① 《出国留学新出路，国外职业学校》. www. tech. net. cn/page/N039/2010020200020. html.

心问题在两个方面，一是机构引进时的资质评价，二是项目运行过程中的质量保障。

教育主管部门近两年暂缓了对高职院校合作办学项目和机构和备案编号申请，但并没有拿出改进方案，以至各地对于政府主管部门的政策有捉摸不定的感觉。阿尔特巴赫（Altbach）在 *Chinese Higher Education in an Open-Door Era*（《开放时代的中国高等教育》）一文中曾经提出这样的建议："中国应该建立一套运作制度来评价希望进入中国的外国教育机构，包括全面的质量评价以了解这些外国学术机构在主办国的地位。这样的一套体系需要由中国研究者或者在客观的外国专家的支持下去评价潜在的外国合作伙伴。"① 这套运作制度的确需要教育主管部门尽快拿出。在前文的叙述中，笔者已经多次提及高职院校对于信息来源不畅、信息可信度不高、国外教育机构的资质判断困难有诸多抱怨，众多高职院校都希望教育主管部门在此方面要有所作为。

另一方面，目前中外合作办学的质量保障主要通过申请过程中的专家评议和政府审批把关，后续项目的运行情况无人问津。"重入门审批"、"轻过程管理"的现象始终没有改变。正在全国四省试行的本科层次的中外合作办学质量评估也没能走出中国近年来大学评估的套路，由教育主管部门亲自操刀，自己审批立项的项目再经过自己评估，其大致结果可想而知。中外合作办学是我国教育与国际接轨的"试验田"，可以大胆地在采取国际通用的质量认证制度，以独立的、非政府的、非营利的民间组织进行第三方认证的方式进行。对于运行不好的项目坚决予以退出，保护更多受教育者的利益。中外合作办学要切实从重审批转向重质量、重效果上来。

2. 以政策或评估的杠杆确保优质教育资源的引进

调查数据显示，在中外合作办学中，"新建紧缺专业"、"引进原版教材"、"改进原有专业"、"培养锻炼师资"并没有得到充分体现，而这些恰恰是国家希望引进的优质资源和中外合作办学的主要目的，因此有必要以政策或评估的方式加以引导。比如可以根据地方经济发展、产业结构变化的趋势，将紧缺专业以推荐目录的方式公布，并在项目审批和专业建设中给予扶持政策。明确要求中外合作办学项目费用支出中单列专业建设、合作专业师资培养费用，且不低于学费收入的一定比例，保证学费收入的相当一部分能再用于教育教学的投

---

① Altbach. P. G. , Chinese Higher Education in an Open-Door Era. *International Higher Education*, No. 45, 2006.

入中来。明确规定专业核心课程引进原版教材的比例。

3. 更大胆地开放教育服务市场

虽然高职院校已经在人才培养模式、专业设置、课程开发等方面作出了很大努力，也取得了不错的成效，但是"有人无岗、有岗无人"的现象依然在一定范围内存在，内地高职院校不顾自身办学实力，简单拷贝"国家示范性建设院校"的专业教学计划，千校一面，没有特色的现象正越来越严重。高等教育中的诸多"顽疾"，高职院校无一幸免。体制内的改革短期内很难有本质改变。高职院校的发展要有实质性的突破，体制外的冲击会是一个有效的方式。笔者认为可以大胆尝试吸引境外教育机构或投资集团独资办学、中外合作投资办学。正如经济领域中有"三资企业"一样，职业教育领域也应该可以大胆试行"三资"模式，允许国外资本不仅投资，而且办学。通过外资独立或合资办学，不仅能引进优质教育资源，还会在办学竞争的过程中，促进职业教育形成主动适应经济发展需要的职业结构变化的应对机制、学校发展更加注重特色和比较优势的打造。随着未来国内生源的减少，各国教育国际交流日益丰富，劳动力市场的国际化程度随着经济全球化的发展更加突出，无论发达国家还是发展中国家学生选择国外教育机构自由度的不断提高，尽早把高职院校放在市场中接受检验、经历锻炼，有利于解决当前高职院校人才培养的"产销不对路"矛盾，有利于提高高职院校的市场竞争力，有利于推动职业教育资源的海外输出。正如经济领域的市场竞争一样，教育市场的竞争也会越来越充分和透明，因此要用市场化的手段和政策对待职业教育。

目前中国还不允许国外大学在中国设立分校，只能通过与中国教育机构合作办学。但职院校是我国高等教育的实验田，应有勇气、有决心、有胸怀，通过高职教育的对外开放、引入竞争机制，通过高职院校的充分市场竞争来寻找高等教育改革的突破口。当然对于引进高校的认证、监管是不容忽视的问题，尤其是涉及教育主权的内容需要借鉴各国经验，认真筹划。

4. 通过中外合作办学积累教育国际交流合作的经验

从发展的观点看，中外合作办学不仅承担着引进优质教育资源的任务，随着国家实力的增强、教育水平的提高，师资的专业能力和外语水平的提高，中外合作办学机构（项目）还将承担起传播中国文化，积累海外办学经验，以及吸引留学生、境外办学的重任。因为在英语还是世界通行度最高的语言的现实情况下，我们要实现教育"走出去"，除了汉语专业外，比较可行的方法是用英语教学而非用汉语教授专业课，而高职院校的中外合作办学项目就储备了很好的条件：（1）培养了本土的双语教学师资；（2）课程设置、评价体系、教材使用、教学方法、管理体制与国际接轨；（3）中方建立了与外方的学分转换、学分互认的教学机制，对于吸引发展中国家学生前来学习，获得双方证书是很好的办法。因此有必要根据发展变化的情况对《中外合作办学条例》中，"在中国境内合作举办"，"以中国公民为主要招生对象"两条的界定做补充修改和完善。鼓励在中国境内的中外合作办学机构和项目招收外国留学生，鼓励条件成熟的中外合作办学项目到境外办学。

五、从政策资金上给予支持，鼓励高职院校开展国际交流与合作

"高职院校要在国际上形成中国高等教育的品牌，就必须有一批能够活跃在国际舞台上的高职院校，这需要国家政策方面和资源条件方面的支持与保障。"[①] 目前高职还没能摆脱"高收费的二流教育"的社会认识，这一现状与国际通行的高职教育发展模式是背道而驰的。开展国际交流与合作首先需要经费投入，各级政府、教育行政主管部门要站在国际合作与竞争的高度，在政策上，资金上给予高职院校相应的支持。

增加政策性的补助经费，鼓励高职院校开展国际交流与合作。可以借鉴当前高校"质量工程"建设的思路，地方教育主管部门拿出一定的经费，以"项目申请"和"成果奖励"两种方式对于高职院校的国际交流与合作进行经费资助。"项目申请"可以包括：举办高层次国际学术会议、教师在国际学术会议主题发言、引进海外高层次人才、海外办学、地区紧缺专业师资海外培训、学生海外经历、重要文化交流、招收学历留学生等。"成果奖励"可以包括：中外合作办学精品专业、中外合作办学精品课程、优秀双语教材、国际化优秀教学团队、双语名师等。

目前国家公派留学生主要集中在研究生群体，对本科生、专科生未出台相应的留学政策。国家留学基金管理委员会每年资助的在职入选人员也绝大多数局限在研究型大学和科研院所，对高职骨干老师的培养没有列入计划。建议在国家留学奖学金中专门列出一定数量的高职院校师资培养专项，在政府来华留学奖学金中专设职业教育奖学金专项。借鉴美国西蒙法案的思路，制定不同类型院校大学生的留学资助政策。保证各类型高校的学生都可以享受到国家政策的支持。

---

① 马树超等著：《中国高等职业技术教育 历史的抉择》，高等教育出版社 2009 年版，第 72 页。

六、以教育国际交流为载体，提升国家软实力，实现国家利益

"软实力"（Soft Power）的概念最早是由美国前国防部长助理、哈佛大学肯尼迪学院教授约瑟夫·奈（Joseph S. Nye, Jr）提出。在这位美国前任助理国防部长看来，硬实力是以军事和经济为内容，而软实力则是文化上的吸引力，或者说服力。约瑟夫·奈说："软权力（使得他者期望你所期望的目标）吸引民众，而不是迫使他们改变。"① 实际上，中国能否顺利实现和平发展的远景，不仅取决于我们的经济和军事实力，而且取决于我们的软实力能否得到进一步提升。

教育交流被归为国家软实力，且在软实力的显示方面起着不可替代的作用。近代以来，欧美国家的软实力，在很大程度上，是由其教育交流形成的。一方面，欧美国家凭借自己的经济、科技、教育优势，吸引了全球各地的学生、学者。这些人潜移默化地接受了许多西方文化的规则和价值观。另一方面，20世纪末以来，欧美国家通过跨国教育，直接到其他国家进行教育输出，在更大的范围里扩大了欧美文化的影响力，传播了西方的文化传统、思维方式、意识形态、政治制度和价值观等等。

目前，中国在教育交流方面主要还是接受者和消费者的角色，处于"被别人化"的状态。从国家战略的角度考虑，扩大教育交流和"走出去"的步伐，不仅可以把中国悠久的历史和伟大的文明传播出去，也是让更多人理解我们的思维方式和价值取向的途径。事实上，中国对于非洲的教育支援已经探索了一些成功的经验。孔子学院在全球的推广也可圈可点。正如美国学者杨（Yang R.）指出的那样，"与中国作为经济和政治势力崛起相承，中国的软实力建设已经开始同时进行。中国作为全球领导地位的出现已经使得这个问题显得更为迫切。高等教育领域成为中国有系统地规划软实力建设的政策核心"。② 而独具特色的中国高职教育已经具备服务于中国软实力提升的能力。

经过三十年探索的中国高职院校，因为始终服务于中国经济的快速发展，应该说与中国经济的崛起一样取得了跨越式的成就。不仅逐渐形成了独具特色的"校企合作、工学结合"的高技能人才培养模式，还积累了丰富的服务于地方经济发展及经济结构调整的经验。这些经验对于广大发展中国家来讲，尤

---

① 约瑟夫·奈著：《硬权力与软权力》，北京大学出版社2005年版，第6页。

② Yang R., China's Soft Power Projection in Higher Education, *International Higher Education*, No. 46. Winter. 2007.

其是亚洲地区中国周边国家极有启示和借鉴意义。中国的经济因其东西发展不平衡性，不同地区处于不同的经济发展阶段，不同地区的产业结构也存在多样的组合方式。因此，不同地区的高职院校，其发展战略、专业设置和课程安排异常丰富。这种丰富性有利于亚洲地区中国周边国家根据本国的经济发展程度、对人才需求的不同寻求合适的合作伙伴。职业技能培训也不必像研究型大学那样以理论为主的系统化专业教学，培训模块可以灵活组合成各种长短不同学制的课程方案会极具吸引力。高等职业技术教育因其就业导向的人才培养目标，因此在教育交流中更易被其他国家接受。当然，地理上的便利节约了双方的成本，价格的低廉也是重要的竞争优势。同时，同属儒家文化圈，对于分享着中国文化遗产的人和那些受其文化影响的其他亚洲国家来说，中国文化能唤起共同的兴趣和倾向。这些都有利于中国高职院校的国际交流。

中国——东盟自由贸易区从 2010 年 1 月 1 日起全面启动，标志着由中国和东盟 10 国共同组成的，拥有 19 亿消费者、近 6 万亿美元国内生产总值和 4.5 万亿美元贸易总额的区域，开始步入零关税时代。这是世界上人口最多的自由贸易区，是全球第三大自由贸易区，也是由发展中国家组成的最大自由贸易区。可以想见，这个自由贸易区也会极大地促进区域内的人员流动、企业流动、教育交流。新加坡通过"TOP10"计划，致力于把自己打造成为研究型人才的地区培养中心。中国政府要利用好自己的比较优势，抓住这一有利时机，尽快制订出支持鼓励性政策，协调好国内相关部门的配套服务，加强与东盟各国的教育协商，加强对本国高职教育的宣传和推介，促进高职院校在本区域内的教育输出，努力把自己打造成为技能型人才的地区培养中心。通过这个载体，提升中国的软实力，实现国家利益。

胡锦涛总书记指出："当前世界正在发生深刻而复杂的变化，我们正面临着一个机遇和挑战并存的局面。我们必须加强国际合作，共同把握机遇，携手应对挑战，推动世界经济平衡有序的发展。这是世界各国人民的共同愿望，也是时代的必然要求。"[①] 就是说，在改革开放的道路上，我们没有退路可言，只有把握机遇，应对挑战，政府要切实担负起应尽的责任，为高职教育的进一步发展创造国际国内的良好环境。

---

① 胡锦涛：《加强全球合作，促进共同发展》，《人民日报》2005 年 10 月 26 日。

第二节　高职院校层面的建议

高职院校国际交流与合作的根本目的是促进院校自身建设，提高人才培养质量，最终提升院校竞争力。借鉴国内国际经验，针对我国高职院校国际交流与合作目前存在的问题，本节将从四个方面入手，提出促进高职院校国际交流与合作的若干建议。

一、高职院校领导要面向未来、面向国际，树立开放办学的理念

未来十年，随着生源数量的减少，中国高职院校不可避免地面临一个重新洗牌的过程。2010年，全国有73所高职院校可以单独命题招生。国家也正在讨论专科招生不再参加全国统一高考的可行性。各种迹象表明，危机已经来临，竞争正在加剧。但是当前不少高职院校还没有紧迫的竞争压力和危机意识，还没有自觉把自身放在一个开放的教育市场背景下思考学校的未来发展。世界瞬息万变又紧密相联，任何一个组织一个个人都不能只关注眼前、只关注身边，否则会错失机遇。高职院校的领导既要着眼当前学校的生存，更要面向未来学校的发展；既要关注区域经济的动态，更要关注国际市场的变化。高职院校的领导要以更开放的胸怀、更高远的谋略设计学院的发展战略。要认真分析当前及今后发展所面临的环境，充分意识到全球化、市场化、知识化的社会所带来的机遇和挑战，充分认识到建立多种合作伙伴关系的必要性，充分认识到国内国外两个市场、两种资源的重要性，把国际资源的引进、利用、转化纳入学校的战略规划之中，把国际交流与合作作为促进院校发展的一个重要途径，把国际化发展确立为学院发展的战略之一。相对于国内资源，高等院校的国际性资源具有其内在的特殊性。这种特殊性表现为：首先，它是以国际交流与合作为基础形成的资源，是一种非行政手段分配的资源，因此会有更大的空间和更多的可能；第二，它是在合作双方基于自身的发展目标而开展的互利和自愿的合作基础上获得的；第三，它必须能够融入或者内化为高等院校的有效资源，才能对院校的发展产生推进作用。①

整体看来，高职院校在不同的发展时期关注不同的发展重点，制定不同的发展战略。一般而言，一所高职院校的发展要经历一个立足脚跟的区域发展战

---

① 李毅：《高等院校国际性资源的探析》，《高教探索》2007年第4期，第70~71页。

略，谋求竞争比较优势的国内发展战略和赢得国际声誉的国际发展战略。陈玉琨教授指出，"发展不仅意味着数量的增加，质量与效益的提高，更意味着适应性的提高。'入世'后，我国的各级各类教育将在全球化的大背景中求生存谋发展，因而在发展的指导思想上要面向经济的全球化，着眼于国际大市场的供需状况，合理地配置教育资源，调整高等教育与职业技术教育的专业设置、培养目标与课程体系"。① 高职院校领导要克服畏难情绪，摆脱传统观念，面向世界、胸怀本土，明确发展战略，积极采取行动。

二、因地制宜，选择有效的促进国际交流与合作的发展路径

每所学校因为资源不同、发展目标不同，会制定不同的发展战略。高职院校的发展战略应该是各高职院校寻求自身恰当定位和发展前景的重要问题。当前我国部分高职院校尽管提出了国际化办学的愿景，但还未形成一种发展战略，愿景处于游离状态，缺乏战略思维；也有些高职院校已经提出国际化的发展战略，但不能成为群体的共同追求，没有院系、职能部门的积极响应，更不能形成自上而下的共同行动；还有一些高职院校虽然没有提出国际化的发展战略，但师生员工在国际交流与合作中切实受益，从而从个人目标和组织目标两方面自觉地朝这个方向努力。根据前文所述，处于不同发展阶段的高职院校，都可以通过国际交流与合作达到促进院校发展的目的，但应该因地制宜，充分分析学校的内外部条件，选择不同的发展路径。

比如，如果学校的师生员工在国际交流与合作方面尚未达成共识，此时一味强调愿景和系统规划，可能会适得其反。学校可以结合自身实际，围绕学校发展目标，在有市场需求、有发展动力、有一定基础的方面，有选择地进行交流合作，并且坚持不懈地开展下去，不断挖掘项目的内涵，拓展项目的外延，跟进项目的效果，并以此为突破口争取配套政策的落实、相应机制的形成。以国际交流与合作的实际效果来争取认同和共识，不能一味的贪大求全，否则反而会在没有形成共识的前提下，分散精力，不能集中优势，从而导致交流与合作的后续效果低下，产生副作用。在调研中，有学校已经反映中外合作办学项目因为生源的原因面临停办，国教院面临解散的现状。也有学校反映教师境外培训因为缺乏培训效果考核，没有实质培训任务，已经成为教师福利待遇的一种标志。学生海外交流因为学校没有配套补助经费，成为有钱孩子的专利。校

---

① 陈玉琨：《经济全球化与我国高等教育的改革》，《中国高等教育》2001 年第 1 期，第 31 页。

际互访因为没有重点、没有目标、没有跟进，热热闹闹但大都是睡眠协议。引进的外教因为双方沟通不到位，反而成为学生教学投诉的焦点。这些案例告诫我们，任何一个项目都可能有正反两方面的作用，对项目的选择要有战略思考，对项目的实施更要有成效意识。尽可能保证，做一个项目，成功一个项目，产生一定积极影响。从而争取更多教职员工认识到国际交流与合作在促进学校发展方面的积极作用。只有观念上的认同，才会导致行动上的配合或主动支持。

对一些有一定国际交流与合作基础的院校而言，整合资源、提高质量、促进改革是关键。不同的国际交流与合作项目要有相互支持、相互推进的作用，国际交流与合作项目要有意识地融入到学校的整体工作中，在融合的过程中会打破原有平衡、原有运行模式，会出现矛盾，也才能寻找对策，建立新的平衡。比如根据前文的统计数据，很多高职院校已经聘请了外籍语言教师，举办了中外合作办学项目，开展了教师境外培训，这三者之间本身就可以互动，也应该纳入学校整体工作中。中方教师境外培训之前的语言培训和文化习俗培训交给外籍教师负责；外籍语言教师除了学生的课堂教学外，还应把参加学生和教师的课外活动也列为一项重要工作；境外培训教师在教育理念的更新、双语授课能力的提升、专业能力的提升、国际化内容融入课程的程度甚至是国际化课程的开发使用可以通过中外合作办学项目的交流或教学改革得到检验；中外合作办学项目中与中方不同的教学方法、教材体例、考核方式，如何借鉴到普通班的教育教学改革之中，等等。总之，首先项目之间要尽可能彼此关联，而非独善其身，否则投入大产出低；其次要让每一个项目逐渐成为学校整体工作的一部分，成为促进学校发展的一种可调配资源，而非游离其外。比如，外教不应该是教师队伍中的特殊人群，而是我们整体师资队伍的一个必不可少的组成部分，正如高职院校本来就应该有比例适当的专职教师和兼职教师一样。不同的教师只是各自分工不同，运用不同资源的优势达到共同的人才培养目标。中外合作办学专业要纳入学校整体专业建设考虑，无论是师资培养、教材建设、质量保障等，都要成为体系中的一份子。目前不少院校的国教院已然是一个独立王国，主观客观地把自己独立于学院主体工作以外，虽然从数据上可以反映一所院校国际交流与合作的量化指标，但已经把国际交流与合作由手段、途径异化为目的本身了，并没有起到真正推动学校整体发展的目的。个别高职院校虽然已经有海外交流生，甚至是学历留学生，如果把这些海外学生完全单独编班、单独管理、单独教学，那么就会出现校园里的确有国际学生，但中外方学生几乎形同陌路，没有形成有效互动的现象。这是对国际资源的极大浪费。提高国际交流与合作的效益，进而通过这一途径，从局部向整体推进学校的发展是此类院校努力的方向。

对一些已经明确制订国际化发展目标的院校来讲，在这些院校里，国际交流与合作的重要性和必要性已经取得一定共识，需要将工作重心转移到基层组织，构建起以院系为主体，以专业为基础，以教师和学生为主角的全方位的国际交流与合作的工作体系，发挥每个人和每个基层组织的积极性和创造性，使国际交流与合作成为每个部门工作不可分割的一部分，成为每位成员自身素质提升的一个平台，提高系统运行效率。利用国际平台开展教学、科研和社会服务，形成特色树立国际品牌。要做到以国际平台提升大学三项职能水平的目标。为此，学校需要做的首先是创新体制机制，从办学理念和管理方式上与国际接轨，形成全方位的对外开放格局。其次是加强政策引导，从目标设定和资源配置上向国际化迈进，加强特色锻造，品牌宣传。选择优势专业，集中资源，突出重点。这种突出重点的做法建立在一个广阔的国际交流与合作的平台和校内比较良好的国际化办学氛围的基础之上，不同于国际交流与合作起步阶段的院校有重点的突破策略。因为任何一所大学用于发展的资源都是稀缺的。只有将稀缺的资源集中起来，重点发展基础好的优势专业，才能更好地形成特色，凝聚成核心竞争力。第三要创造条件进行教育输出，因为教育输出既是对学校教育质量的考查，也是对学校国际竞争力的检验。同时，教育国际交流与合作的双向互动会更好地促进院校发展，学校不仅要满足内部发展需要，不断学习借鉴，消化吸收，改造创新，还要在市场竞争中接受检验，设定目标，找到差距，提高应对不断变化的外界环境的能力。只有适应力提高了，竞争力才能进一步提高。

学校无论大小、无论区域、无论专业、无论发展现状都可以开展不同形式的国际交流与合作，关键是要合理定位学校的发展方向，明确学校的资源需求，从而找准国际交流合作项目，服务于学校的发展目标，而不是分散学校的精力，浪费学校的有限资源。

三、加强院校自身内涵建设，提升合作能力

高职院校在主动应对国际化趋势、积极开拓国际交流与合作渠道的同时，应该重视自身内涵建设，为国际交流与合作提供保障，不断提升对外合作能力；当然国际交流与合作也会反过来促进院校的自身内涵建设。这是一个双向互动的过程。

1. 进一步完善运行机制，提高管理水平

我们与世界一流高职院校的差距不仅在人才培养模式、专业设置理念、课程开发框架、质量保障体系、师资队伍水平方面，更深刻地表现在学校的运行机制和管理水平上。高职院校内部目标不明、机制不顺、职责不清、协调不够、政令不畅、效率不高，这些都是学校管理中的硬伤，也是大家普遍认可的问题，严重制约着学校的发展。高职院校要主动借鉴世界一流职业院校的经验，以国际交流与合作为抓手，加强管理理论的学习和运用，大胆突破一些运行机制中的障碍，提高管理能效，为更好地开展国际交流与合作奠定基础。

2. 加强国际化师资的培养

师资队伍的培养，既是高职院校发展的核心竞争力，也是中国高等职业技术教育走向世界的关键所在。当前我们要着力打造一支既懂专业又能熟练运用外语的国际化师资队伍。国际化师资的培养无外乎引进和培养两种途径。

高职院校的引智工作必须结合高职院校自身的发展特点和人才培养的要求，实现几方面的转变：一是从单纯的语言教师引进向专业教师引进；二是单纯从教育机构引进向注重行业技师引进；二是从单纯教学师资的引进向教学师资、管理专家并重的引进；三是从目标分散、流动性很大的引进向目标集中、相对稳定的方式转变。

培养方面，途径很多。学校要大力支持教师首先考取高水平的国际职业资格证书，可以选送优秀教师攻读海外学位或在跨国企业挂职锻炼，加强与国际行业协会的联系，大力支持教师参加这些协会的活动，了解行业内的国际动态等。加大国际化"双语双师"教学团队的建设是另一种培养国际化师资的有效途径。专职的理论教师、兼职的实践教师的双语培养，引进国外院校的专业教师相对长期稳定地驻校工作、引进跨国企业的技术骨干兼职参与教学，共同组建教学团队。四川标榜和上海医高专的实践证明，这是一条有效的培养国际化师资的途径，也是有效地带动专业国际化发展的渠道。但经验也表明，如果只是引进，没有培养本土的双语教师，这种优势仍然不会内化为学校自身的竞争力。学校也可以有重点地选择一些学校特色的、适合走国际化路线的专业，选择优秀的年轻教师进行专项语言培训或选拔外语教师进行专业培训。

当然国际化师资的培养绝不单纯指"专业"＋"外语"，也不可能一蹴而就，全面开花。既要打好基础，鼓励教师加强外语能力，拓宽教师海外交流进修渠道，鼓励教师在课程中引入国际元素；同时又要有所选择，有所侧重地培养一批国际化领军人才。因此，学校要分层次制订好师资培养的详细计划，对学院、专业、人才需求有重点地进行规划。国际化师资队伍的建设要与专业建设、人才培养、特色培育密切结合。师资交流是国际交流中最活跃的因素，师资能力的提升自然会提高国际交流与合作的层次。

3. 构建多层次的国际化课程体系

课程的国际化是高等教育国际化的重要模式之一。经济合作与发展组织曾归纳了9种国际化课程的类型：（1）具有国际学科特点的课程（比如国际关系、欧洲法律等）；（2）传统/原始学科领域的课程通过国际比较方法得以扩大（比如国际比较教育）；（3）培养学生从事国际职业的课程（比如国际商务、管理、会计）；（4）外语教学中的有关课程，讲授、学习特定的相互交流沟通问题，培养跨文化交流与处事技能；（5）科际课程（Interdisciplinary programs），比如超过一个国家的地区研究；（6）旨在培养学生获得国际专业资格的课程领域（比如建筑师）；（7）合作授予的学位或者双学位课程；（8）课程必修部分由海外当地教师授课；（9）包含有专门为海外学生设计的内容的课程。①

有一种观念认为，国际化课程就是为那些要出国的学生或准备进入跨国企业的学生而准备。进入21世纪，世界早已像一个村落。正如对文盲的定义，已从"不识字"转变为"不会运用计算机"。因此如果我们提供的教育还只有本土的信息、没有世界的资讯、没有全球的观念，这种教育本身就是残缺的。国际化课程的目标就是要培养学生在国际化和多元文化的社会工作生活环境中的生存和竞争能力。既然我们生活的社会已经像个村落，那么国际化课程就不再是可有可无，而成为必须。虽然不同层次教育机构课程国际化的要求、目标、形式和措施有所区别，但课程国际化的趋势是共同的。

高职院校要构建国际化的课程体系，一是做好课程分类，提出不同课程的国际化发展目标。从课程内容看，除一些反映本国民族或本地文化、知识、技能等特色的课程和涉及意识形态的课程内容外，其余课程均应逐步实现国际化，达到国际化标准，与国际接轨。尤其是应用技术领域、高新技术领域更要推进课程国际化的进程。因为高职院校学生就业领域大多集中在应用技术领域和现代服务业领域。从操作层面上看，每个专业所服务和面向的行业、企业有所不同，那些涉外专业一定要通过国际交流与合作提升专业设置的起点、课程

① 李延成：《高等教育课程的国际化：理念与实践》，《外国教育研究》2002年第7期，第47～51页。

开发的先进性。而一些仅服务于地方的专业可在内容上更多地保留本土的特点。比如欧盟很多国家的大学，校内用英文授课的比例正逐年加大。学校决定一门课程是否用英文授课的前提就是针对就业市场的需求，如果这个专业的就业市场是面向全球的，就尽可能开发英语授课，一方面保证国内学生的就业竞争力，另一方面吸引国际学生就读。但如果专业的就业面向仅是为当地服务，则保留用本国语授课。这种思路也值得中国的高职院校借鉴。

长远来看，课程的国际化既能给那些没有去国外留学的学生提供接受国际化教育的机会，也能提高课程对外国留学生的吸引力。也是国际交流合作能力提升的最好体现。

4. 突破瓶颈，积极促进学生国际交流

学生国际交流的途径与瓶颈都显而易见。从途径来看，海外升学、海外实习、合作院校短期交换生、姐妹校互访、国际大赛、文化交流活动等，高职院校要积极寻求学生国际交流的多种渠道。满足不同类型学生的不同需求。同时也要积极开辟国内资源，让更多的学生不出国门就具有国际体验。比如和合作院校达成互换学生协议书，对于来校的外籍师生，利用中外结伴、文化活动等让更多的学生参与其中。充分利用外籍教师资源，开展校园文化活动。还应该努力承担地区的国际性活动的相关工作，比如国际展会、国际赛事等。学生参与国际交流的瓶颈主要有两个，一是语言，二是经费。虽然进入高职院校的大部分学生英语水平不高，学习兴趣低，但学校仍不应短视地放低学生外语课程的教学要求。因为无论承认与否，英语已然是一种世界语言。我们从新加坡、印度的经验中发现，语言的优势在很大程度上已经成为竞争的先发优势。而从我国台湾地区对英语的重视程度来看，从中国更深刻地融入世界经济一体化的趋势看，忽视英语教学实际上就是放弃了参与国际竞争。当然语言能力不局限于英语，也包括其他专业所需的第二语言。至于经费，为了促进学生的国际交流，当然可以争取到外部支持是最理想的方案。同时可以最大可能地通过友好学校的互免政策减轻学生的负担，吸引校友捐款设立奖励基金，从学生学费中拨出一定比例的专款，作为学生海外交流的基金。

5. 加强与跨国公司的深度"校企合作"

我国对外开放的政策、高速增长的经济和巨大的市场吸引了全球许多跨国公司前来投资。为跨国公司输送技能人才成为不少高职院校的目标之一。当前，高职院校要努力把单纯的向跨国企业输送人才转变为"校企合作"，利用跨国公司的行业前沿技术标准改造高职院校的专业标准，利用跨国公司的技术平台锻炼师资。要实现这个目标，首先要提高人才培养质量，跨国公司期望获得的是具有国际化理念、能在国际间流动、能够进行跨文化沟通的技能人才。因此，高职院校要把跨国界的、跨文化的全球性观念和技能融合到教学中去。换句话说，满足跨国公司高技能人才要求的过程必然会促进高职教育自身的国际化，也是提高合作能力的过程。

四、创造条件，推进教育"走出去"

1. 招收留学生

随着中国综合国力的增强，中国对海外学生的吸引力越来越大。同时经济的快速增长也让独具特色的中国高职教育赢得了声誉，尤其在东南亚地区，更是认同度颇高。因此，当前高职院校可以充分评估自身实力，吸引留学生来校交流和就读。可以结合本校具有中国特色专业吸引海外学生，也可以招收外国学生就读中外合作办学项目，利用合作办学的国际资源共享的平台，帮助学校积累经验，实现中外合作办学从输入到输出的转换。还可以针对高职教育人才培养的特点，开发优势专业的国际化课程资源包，招收海外学生。

2. 境外办学

有学者指出，目前我国高职教育之所以在国际上扮演跟随者和消费者的单一角色，一方面缘于向教育发达国家学习的动力，另一方面也有其无奈——受制于教育发展水平、国际化水平低这一现实状况。但是，中国的高职教育在国际化过程中不能长期处于被动与弱势地位。我国的高职院校应该主动地争取在国际市场上扮演多种角色，在教育的国际贸易中既充当进口国，也充当出口国，并力求"进出口"平衡。针对其他发展中和欠发达国家教育市场，可以利用我国制造业发达、和高职发展的经验积极开拓"南南合作"。目前中国的高职院校还没有境外办学的经验，除了需要国家政策的支持外，高职院校自身要在中外合作办学过程中，注意学习积累和借鉴国外教育机构开拓国际教育市场的策略，制订周密而有效的国际目标市场开拓计划，并建立强有力的市场开拓的支持与执行体系。部分先行的高职院校一方面要加强研究，另一方面只有通过实践才能更好地总结经验，提高竞争力。

第三节　联动机制层面的建议

一、发挥民间组织的作用，联动政府和院校

民间组织开展工作具有政府部门所不具备的一些便利条件和灵活机制，国际通行的外事规则都是由民间组织在政府部门之间开展一些舆论的宣传和铺垫工作，在国内民间组织则发挥着政策建议、执行监督、意见反馈、信息沟通的作用。世界各国的非政府教育机构在扮演着越来越重要的角色，尤其是教育国际交流与合作方面更是突出。我国由于长期以来大政府小社会的制度原因，民间组织的发展一直不瘟不火。但有一个例外，那就是中国教育部直属的全国性社团组织——中国教育国际交流协会。该协会自 1981 年成立，开展了大量工作，也在各地建立了二级协会，还有四个专业工作委员会，分别是地方协会专业工作委员会，民办教育专业工作委员会，市级协会专业工作委员会和高等职业技术教育专业工作委员会，应该说已经有了一个比较合理的架构体系，但是目前高等职业技术教育专业工作委员会的作用有待进一步加强。至少可以从以下几个方面发挥作用：

1. 相关信息的收集、汇总、分析和发布

当前有关教育国际交流与合作的各种信息分散在国家、省、市各部委、司局甚至处室。就拿需要政府审批的中外合作办学机构和项目来讲，没有哪个渠道可以确定查询到全国高职院校目前中外合作办学的具体情况。目前所做的最大范围的中外合作办学研究也因为总体信息缺乏，仅以 11 省市为样本①。因此要收集、统计、整理、分析有关数据，几乎是一件不可能精确完成的事情。拿本研究开展的"高职院校国际交流与合作情况调研"来说，这里涵盖的内容要比中外合作办学复杂丰富得多，但因为几乎没有渠道可以搜集到全面的、权威的数据，本研究只好选择采取抽样的方式，尽可能地区的覆盖面广一些，院校种类全面一些，尽最大可能让样本具有代表性。信息的严重短缺和不权威甚至混乱不仅给学者的研究工作带来极大的不便、有时甚至是误导。这些混乱的数据不利于政府的宏观指导、中长期规划和政策把握，也不利于各校之间的信息、经验共享。每所院校、每个省市都只好依靠自己去独自摸索，本可以节

---

① 李盛兵，王志强：《中外合作办学 30 年——基于 11 省市中外合作办学分析》，《华南师范大学学报（社会科学版）2009 年第 4 期，第 96～99 页。

省的时间、精力，本可以省却的弯路、挫折，本不需要重复支付的"成本"、"学费"，都因为信息不畅通、不准确而重复无谓地浪费着。

可以建立一个信息管理平台，这个平台专门负责对各方信息进行收集、汇总、分析和发布。这里包括追踪世界各国教育国际交流的政策变化、策略变化，职业技术大学的国际交流动态，也包括国内高职院校的国际交流与合作的实践。只有信息公开、透明、畅通，才有利于政府部门做出基于客观事实的正确决策，也才有利于处于国际交流与合作起步阶段的高职院校快速弥补经验不足的劣势，还有利于中国高职院校作为一个整体形象在国际交流和合作过程中与对方处于平等对话的地位。这个信息平台的正常运行，不仅需要政府各部门的支持，还需要广大高职院校给予配合。

2. 为高职院校的国际交流与合作提供专业培训和服务

国际交流与合作本身就形式多样，又涉及到国内、国外政治、经济、外交、文化、法律、风俗等各方面的专业内容，当前绝大多数高职院校从事国际交流与合作的工作人员都不具备此项工作的专业素养。正如前文调研所反映的情况，不少院校认为从事此项工作的人员专业素养对于学校国际交流与合作的影响很大。民间组织可以组织起相关的专业培训，提高院校专职人员的专业素养，其目的也是为了提高院校的国际交流与合作的能力，从而共同提升中国高职教育的国际合作层次。同时民间组织还应该提供高水准专业化的服务，比如交流合作项目的咨询、项目材料申报的规范性文本、协议签订的注意事项、产生纠纷后的处理建议等。这些都是相应政府主管部门无暇顾及而高职院校又极其迫切需要的规范性、专业化服务。使高职院校能用相对较少的投入，迅速提升运作水准。这种服务作用也可以进一步延伸至国外有意向的院校、机构、企业或组织。方便他们更直接地了解中国高职教育国际交流与合作的政策，中国高职院校的特色和需求信息。

3. 整合内、外部资源，提高国际交流与合作的有效性

一方面可以把国际交流与合作策略相近的高职院校进行整合，以集体的智慧更有效地参与国际交流与合作，提高效率，提高质量，提升交流合作水平。因为有着相同需求和策略的高职院校，他们的目标、期望会更加相近，他们在国际交流与合作中面临的问题也会更接近，因此共享经验、共谋出路，只会使资源的利用率更高。另外一方面，可以把国外资源进行整合，很多中西部地区的高职院校国际交流与合作迟迟无法启动，其中一个原因就是信息途径。越是经济发达地区，资讯的传播速度就越快。因为有更多的信息，也就有比较选择

的可能，从而使国际交流与合作减少盲目性。但即使这样，依靠单个学校在世界范围内寻找合适的交流合作机会也是比较困难的。民间机构可以把国外的优质的教育教学资源进行整合，把对于中国职教需求的资源进行整合，让国内高职院校各取所需。

4. 及时分析现状及发展趋势，提供政策建议

一个民间组织能否得到政府的重视和院校的信赖，关键在于是否通过自己独立的工作和思考，提供权威的数据，用专业的视角进行深入的分析，从而给政府和院校提出具有前瞻性的建议。他们应该不仅是信息的桥梁，专业的代表，更应该给政府提供决策参考。

二、因地制宜，实施区域性教育国际交流整体规划

中国有一个与世界上很多国家都很不相同的国情，那就是由于自然资源禀赋、历史发展机遇、政策因素影响等主客观原因，造成地区之间社会经济发展的不平衡，有些地区甚至差异很大。因此要像新加坡那样从全国的范围内整体调控布局高校的发展、人才培养的规模，显然难度太大。但是各个地方政府完全可以就区域内的实际情况，做好宏观规划，甚至可以统筹考虑相似经济发展水平的区域内不同省份的发展重点。新加坡、中国台湾地区今天高职教育国际化的经验完全值得一个经济相对发达、经济结构趋同或互补的地区借鉴。

以长三角地区为例，"过去15年，中国长三角地区已成为亚太地区经济发达地区之一，形成了具有较强国际竞争力的外向型经济示范区和一个世界性的新型制造业基地。区域内上海向国际经济、金融、贸易、航运中心不断迈进，对周边地区产生强大辐射和带动作用。江浙两地依托产业的分工不同，不断完善各自的产业链并加快外向型产业的发展。至2008年上半年，这一地区以占全国2%的陆地面积和约10%的人口数量，创造了全国26%的GDP，完成了全国37%的外贸出口额，吸引了全国52%的实到外资"。① 但这种发展是建立在高投入、低产出、高消耗、低效益的粗放型经济增长方式上的，目前长三角地区已逐渐进入工业化后期，一些传统产业已经衰落，低成本劳动力优势渐渐丧失，另一些新兴产业正在兴起，总部经济格局初显端倪。2008年爆发的国际金融危机更加剧了长三角实现产业转型升级的迫切性。当前长三角地区的产业发展已经向"微笑曲线"的高端迈进，朝着承接世界服务业转移，经

---

① 姚寿广：《金融危机下高等职业技术教育可持续发展面临的问题与对策》，《国际教育交流》2009年第14期，第26~28页。

济增长向制造业和服务业双驱动的方向过渡。因此尤其需要产业链中高端的经营、管理、物流和外贸人才。伴随着区域外向型经济日益融入世界经济，该区域高等教育国际化已成为发展的大趋势，高职教育的开放与国际化也成为必然。上海市、江苏省、浙江省分别都出台了一系列推进教育国际化的政策措施。如在 2010 年 3 月推出的《上海教改规划纲要》征求意见稿中，上海市明确提出要建成国际教育交流中心城市，建立全市统一的留学生课程库和学分互认制度，增强对留学生的吸引力。同时，完善留学生奖学金制度和资助政策，探索建立留学生勤工助学和医疗保险等制度。① 从 2009 年开始，长三江教育联动发展研讨会每年召开一次。在区域经济一体化的迹象越来越明显的背景下，要实现区域优势互补的共同发展目标，长三角区域的教育主官部门完全可以形成合力，根据地方经济发展和产业结构调整的需要，加紧做好国际化人才培养的整体规划，有针对性地引进职业技术培训项目，引进新兴产业中涉及的专业、学科的国外优质资源，整合区域内高职院校的教学资源，使某些单独由一个院校难以承担的项目通过资源整合统一协调的方式开展起来，并逐渐扩大受益面，形成合力，分工协作，产生倍增效应，增加国际交流与合作的效率和效果，更好地为区域经济发展服务。各个学校和办学机构本身的层次、专业结构与培养特色等有着差异。如果能够在政府的协调下，进行资源整合，不仅可以避免盲目竞争，还可以大大缩短"交流——了解——信任——合作"这样一个常规的合作流程，更重要的是可以进行资源共享，优势互补，共同提高教育合作的效率与质量。

中国目前已经形成了诸如珠三角、环渤海等经济发展区，这些地区都有比较整体的经济发展规划，但缺乏教育整体发展规划，尤其是教育国际交流合作的整体规划。对于中国这样区域经济发展不平衡的国家来讲，以区域为单位开展教育国际交流的整体规划，不失为一种整合资源、节约成本、整体推进的有效策略。

三、借助与先行高职院校的国内交流，带动弱势学校的国际交流

中国东西部的发展差异很大，不仅体现在经济社会发展水平上，还体现在教育发展水平上。高职院校首先起步于东部沿海中心城市，也正是因为适应东部经济率先崛起的需要。虽然有个别例外，但高职院校的发展总体上与地区经

---

① 资料来源：《上海拟试点高中国际课程专题新闻发布会举行》，http：// www. jsjyt. gov. cn/html/xwzx/jyyw/bmlf/76150. html.

济发展成正相关。高职院校的国际交流与合作也同样具有这种正相关性，经济外向型程度高的地区，高职院校的国际交流与合作就更活跃。西部高职院校的发展明显落后于东部，国际交流与合作的愿望和能力明显弱于东部，国际交流与合作的类型和效果也明显弱于东部。

随着制造业由东部向中西部转移，中西部地区对于高职毕业生的需求会越来越大，而这一轮产业转移绝不仅仅是简单的工厂搬迁，而是在新的起点上的发展。为了响应国家号召实施西部大开发战略，进一步推动西部地区高职教育的发展，2006 年 1 月，教育部组织了 11 所东部示范性高职院校与西部 19 所高职院校进行人才培养和专业建设的对口支援工作，此后百所示范高职院校都有支援西部高职院校建设的任务，这是一项非常好的政策。教育部应进一步发挥示范院校的示范作用和辐射作用，把东西部对口支援的范围扩大，内涵提升。可以明确要求示范院校在建设经费中划拨一定比例的费用，用于支援西部高职院校的国际交流与合作。西部高职院校在经费较少、信息渠道较窄的情况下，完全可以借助东部高职院校现有的国际交流与合作的平台，培养师资、交流学生、引进课程、改造专业、建立联系。教育主管部门可以制订政策鼓励中心城市与农村、东部与西部高职院校以现有的中外合作办学项目联合招收中外合作办学学生，或者允许东西部高职院校学分互换，让更多的学生享受到优质教育资源，以国际平台促进东西部高职院校的协调发展。

四、发挥职教集团优势，提高国际交流合作的效率

在国际交流与合作中，目前出现了另一种新的趋势，即以大学联盟或教育联盟的方式共享国际资源、共塑国际品牌。比如澳大利亚 8 所顶尖大学组成的八校联盟，采取国际化战略，以"国际公认的、处于引领地位的精英大学"为目标，提高知名度和进行国际推广。[①] 2009 年，首批进入"985 工程"的 9 所高校形成了"九校联盟"，此举被称为标志着"我国研究型大学开始具有抱团参与国际竞争的品牌意识"[②]。其实，在高职教育领域，教育集团的概念早在上世纪 80 年代初就已经形成，但当时尚不完善。到了 21 世纪，国务院在《关于大力发展职业教育的决定》（国发〔2005〕35 号）中明确提出要"推动公办职业学校资源整合和重组，走规模化、集团化、连锁化办学的路子"后，

---

① 徐岚，卢乃桂：《市场化背景中的澳大利亚八校联盟及其启示》，《高等教育研究》2010 年第 1 期，第 96 页。

② 同上：第 98 页。

职教集团作为一种新的职教发展模式得到了大力发展。目前国内主要有两种类型的职教集团：一种是以行业为纽带的职教集团，因为与行业有着传统的联系，因此有比较明显的优势；另一种是区域性职教集团，这种职教集团并不与某个特定的产业或行业保持固定的联系，主要以区域为单位进行经济布局而产生的职教集团。这些职教集团规模越来越大，职业教育服务社会经济的能力大为彰显。江苏省于 2002～2007 年间，在商贸、建筑、纺织、服装、化工、机电、现代服务业等九大领域共组建了 11 个职教集团，融合了 300 余所职业院校与 400 多家企业和科研院所。河南于 2004～2005 年，共组建了农业、公路交通、信息技术、财经、卫生、建筑、旅游、机电、工艺美术等 9 个省级职教集团，吸纳成员单位 289 家，其中职校 166 个，行业协会 7 个，企业 108 个，科研机构 8 个。① 北京、上海、天津、湖南、云南、浙江、福建、广东、河北等多个省市职教集团数量和规模发展均很迅猛。

在前文的调研中，很多高职院校都表达了这样的想法，即在国际交流与合作中，常常是一所高职院校单兵作战，不能做到资源共享。以职教集团为载体，开展国际交流与合作是一种经济有效的合作共赢方式。首先，体现在寻求合作伙伴方面。行业类职教集团通常包括高职院校、中职院校、行业内知名企业和科研院所。因其独特的行业背景，院校国际交流与合作的目标相对比较聚焦，除了一些同行业的国外院校外，一些知名的跨国企业也是职教集团成员的目标合作对象。可以把职教集团内部优质资源进行重组，形成一个行业人才培养和科研的品牌，凭借职教集团的办学规模和科研实力，吸引国外教育界、产业界更多的合作伙伴。区域性职教集团因为集中了一个特定区域的各行业的职业院校，因此适应性更广。该区域的发展规划就是这些职业院校未来国际交流与合作的风向标。区域政府部门对于辖区内的人力资源储备会更加关心，高职院校要主动争取政府部门的指导和帮助，寻求与区域经济发展相适应的国际交流与合作的项目。多所学校联动，共同打造友好的、合作的、外向型的职教氛围。

其次，体现在共享职教集团内部的国际资源方面。比如一所学校的国际学术讲座，完全可以开放给职教集团所有成员单位；一所学校开发的双语教材，可以提供给同行业内的其他学校；学生国际交流的国外学校可以互通；校内国际化活动可以共享；来华交流的留学生也可以到职教集团内其他学校修学；职

---

① 余秀琴：《职教集团化的可行性理论分析》，《职业技术教育》2007 年第 10 期。

教集团成员学校和成员企业以及科研院所的员工可以结队进行海外培训，共同进行科研攻关。通过一两所国际活动相对丰富的学校带动职教集团内中外文化交流。

最后，条件成熟的职教集团，完全可以包装成整体形象进行海外宣传，招收海外留学生，也可在适当的时候在国外合作设立教育机构，塑造国际品牌。

总之，要利用职教集团的内部合作减少资源竞争中的短视行为，整合有限职业教育资源，实现资源的最佳配置和效益最大化，提升整个职教集团的教育水平。

结　语

　　中国高职教育短短三十年的发展历程，国际交流与合作在其中发挥了重要作用。广泛的学习借鉴，形式多样的交流合作，使中国高职院校从视野上一下走到世界前沿，虽然理念的转变还需假以时日，模式的形成还需实践检验，但是在较短的时间内在办学模式、运行机制和教学内容上都有所创新和突破，不能不说得益于眼界的开阔。

　　广大高职院校在经历梯度发展之后，来到一个重要的历史时期，在经济全球化的背景下，经历了粗放式发展的中国，经济结构急待转型、产业升级刻不容缓，国际竞争更加激烈，适应中国经济社会进一步发展的人才必然是具备国际视野、能够参与国际竞争的。直接服务于经济建设的高职院校必然将国际交流与合作作为提高人才培养质量、提升学院发展水平的一条重要途径。其实，相当一部分高职院校已经将国际化作为自己的发展战略。有学者指出，"从历史的与现实的分析可以看出，高等职业教育有可能成为我国整个教育改革的战略突破口，有可能发展成为世界高等教育领域的'中国品牌'"①。

　　虽然国际交流与合作对于高职院校的发展具有重要意义，也有不少成功的案例，但不可否认的是，整体上讲，中国高职院校国际交流与合作还存在着诸多内外部制约因素。因此政府层面要提供制度支持，重点解决当前高职教育发展中与国际惯例不接轨的、阻碍国际交流与合作顺利开展的体制障碍，加强高职院校国际交流与合作的经费支持、政策扶持和质量监控。院校层面，领导要带头转变观念，明确组织发展战略，明确国际交流与合作的发展方向，选择适合校情的发展路径并采取有针对性的措施整合各方资源，使国际交流与合作成为学院整体工作的有机组成部分，修炼内功，提升合作能力。另外，要发挥区

---

　　① 马树超等：《中国高等职业教育　历史的抉择》，高等教育出版社 2009 年版，第 56 页。

域、校际、职教集团、民间组织的作用，形成联动机制，提高高职院校国际交流与合作的效率。

　　正如新近发布的《国家中长期教育改革和发展规划纲要（2010～2020年)》公开征求意见稿第十六章中指出的那样，要借鉴先进的教育理念和教育经验，促进我国教育改革发展，提升我国教育的国际地位、影响力和竞争力。中国高职院校不仅要通过国际交流与合作增强自身实力，提高人才培养质量，还肩负着在交流与合作中展示中国实力，提升国际地位，参与国际竞争的重任。

附录一

高职高专院校国际交流与合作情况调研问卷

尊敬的受访者：

首先非常感谢您在百忙之中接受我们的问卷调查！该问卷调查系江苏省"十一五"规划课题——《高职院校国际交流与合作研究》的一项基础调研，所采集的数据仅限于研究之用。再次对您的支持深表感谢！

二〇〇八年十月

贵校校名： _____

贵校负责国际交流与合作的部门： _____

请在以下各题合适的选项中的"［ ］"内打"√"

1. 贵校的国际交流与合作表现在以下哪几个方面？

［ ］（1）计划内招生的合作办学项目

［ ］（2）招收短期留学生

［ ］（3）与国（境）外院校间师生互访

［ ］（4）招收攻读学历留学生

［ ］（5）参与国际组织的交流与合作项目

［ ］（6）引进国外职业资格证书体系

［ ］（7）境外办学

［ ］（8）参与政府间合作项目

［ ］（9）与国（境）外院校教师学术科研合作

［ ］（10）教师境外语言培训

［ ］（11）教师境外专业培训（包括管理者）

［ ］（12）与国（境）外企业深度合作

［ ］（13）聘请外籍语言教师

［ ］（14）聘请外籍专家

[   ]（15）承担国（境）外专业人员专项培训

[   ]（16）与外方院校学分互换/互认

[   ]（17）招收在校生的国（境）外非学历培训课程

[   ]（18）参加国际学术会议

[   ]（19）开展学生海外实习项目

[   ]（20）组织国际学术会议

[   ]（21）其他

2. 您认为以下因素对高职院校开展国际交流与合作的影响有多大？

	很大	比较大	不太大	不大
（1）院校所处地区	[ ]	[ ]	[ ]	[ ]
（2）院校的专业结构	[ ]	[ ]	[ ]	[ ]
（3）院校的师资队伍	[ ]	[ ]	[ ]	[ ]
（4）领导观念	[ ]	[ ]	[ ]	[ ]
（5）地方政府的支持力度	[ ]	[ ]	[ ]	[ ]
（6）政策法规	[ ]	[ ]	[ ]	[ ]
（7）信息渠道	[ ]	[ ]	[ ]	[ ]
（8）工作经费	[ ]	[ ]	[ ]	[ ]
（9）院校自身发展水平	[ ]	[ ]	[ ]	[ ]
（10）院校此工作人员个人能力	[ ]	[ ]	[ ]	[ ]

您认为上述因素中，对贵校来讲，最重要的是：_____

3. 您认为对于贵院来讲，国际交流与合作的意义主要在于：（可选多项）

[   ]（1）引进优质教育资源　　　　[   ]（2）教育教学改革的催化剂

[   ]（3）带来经济收益　　　　　　[   ]（4）增加世界理解

[   ]（5）培养社会、地区紧缺人才　[   ]（6）加快学校国际化进程

[   ]（7）以国际先进标准设置专业　[   ]（8）更新教育理念

[   ]（9）学习先进的教育管理经验

[   ]（10）培养具有国际视野的师资队伍

[   ]（11）改进学校运行机制

[   ]（12）改革课程体系

[   ]（13）提高学院声誉

[   ]（14）培养具有国际素质和国际劳动力市场就业能力的学生

[   ]（15）其他_____

请把您的所选项，按照重要程度排序：

_____

4. 在中外合作办学中，会遇到各种困难和问题。在贵校的实践中，以下哪些是？（可多选）

[　]（1）资金　　　　　　　　[　]（2）领导观念

[　]（3）政策审批　　　　　　[　]（4）政策的稳定性

[　]（5）招生　　　　　　　　[　]（6）生源质量

[　]（7）就业　　　　　　　　[　]（8）外汇

[　]（9）税收　　　　　　　　[　]（10）文化冲突

[　]（11）教育主权　　　　　 [　]（12）外方教育质量

[　]（13）语言　　　　　　　 [　]（14）国外学历、学位证书的认可

[　]（15）其他_____

请将您认为是困难的，按照困难程度由大到小排序：

_____

5. 您认为外方院校或机构与贵院合作办学的主要动机是？（可多选）

[　]（1）国内教育能力过剩　　　　　[　]（2）获得经济收益

[　]（3）扩大国际知名度　　　　　　[　]（4）文化输出

[　]（5）建立海外生源基地　　　　　[　]（6）价值观输出

[　]（7）政治利益　　　　　　　　　[　]（8）无私援助

[　]（9）其他

6. 您认为通过中外合作办学，贵校实际获得的主要收益是什么？（可多选）

[　]（1）学习先进的教育理念　　　[　]（2）学习先进的管理理念

[　]（3）学习先进的教学方法　　　[　]（4）改进原来的专业

[　]（5）新建紧缺专业　　　　　　[　]（6）引进原版教材

[　]（7）营造国际化的校园氛围　　[　]（8）培养锻炼师资

[　]（9）提高人才培养质量　　　　[　]（10）带来经济收益

[　]（11）给学生提供更多的入学机会 [　]（12）提升学校的显性指标

7. 您对贵校国际交流与合作的现状的评价是？

[　]很满意　　[　]较满意　　[　]一般　　[　]不太满意　　[　]很不满意

8. 贵校对国际交流与合作重视程度，您的评价是？

[ ] 很满意　　[ ] 较满意　　[ ] 一般　　[ ] 不太满意　　[ ] 很不满意

9. 您对贵校目前中外合作办学项目的评价是？

[ ] 很满意　　[ ] 较满意　　[ ] 一般　　[ ] 不太满意　　[ ] 很不满意

10. 您认为高职院校国际交流与合作的前景：

[ ] 很好　　　　　　[ ] 一般　　　　　　[ ] 不会太好

11. 您认为高职院校国际交流与合作对学校发展的作用是：

[ ] 将发挥重要作用　　　　[ ] 有更好，但作用不会太大

[ ] 可有可无，面子工程

12. 请问您本人接受过与国际交流与合作工作领域相关的培训吗？

[ ] 有　　　　　　[ ] 没有

13. 请问贵院对于国际交流与合作的经费是否单独编列进年度预算？

[ ] 是　　　　　　[ ] 否

14. 请问目前高职教育国际交流与合作存在的问题和建议？

参考文献

中文文献

(一) 中文译著

1. ［法］爱弥尔·涂尔干著，李康译：《教育思想的演进》，上海人民出版社 2006年版。

2. ［加］莱斯特·B·波尔逊等著：《开发援助中的伙伴关系—国际开发委员会报告书》，商务印书馆 1975 年版。

3. ［加］许美德，潘乃容主编：《东西方文化交流与高等教育》，南京师范大学出版社 2003 年版。

4. ［加］许美德著，许洁英译：《中国大学 1895～1995：一个文化冲突的世纪》，教育科学出版社 1999 年版。

5. ［捷］夸美纽斯著，傅任敢译：《大教学论》，教育科学出版社 1999 年版。

6. ［美］伯顿·克拉克著：《高等教育新论—多学科的研究》，浙江教育出版社会 2001年版。

7. ［美］D·赫尔雷格尔等著，俞文钊，丁彪等译：《组织行为学》，华东师范大学出版社 1999 年版。

8. ［美］艾尔·巴比著，邱泽奇译：《社会研究方法》，华夏出版社 2005 年版。

9. ［美］伯顿·克拉克著：《探究的场所—现代大学的科研和研究生教育》，浙江教育出版社 2001 年版。

10. ［美］戴维.波普诺著，李强等译：《社会学（第十版)》，人民教育出版社 2004年版。

11. ［美］德里克.博克著，徐小洲译：《走出象牙塔—现代大学的社会责任》，浙江教育出版社 2001 年版。

12. ［美］菲利普·G·阿特巴赫著，人民教育出版社教育室译：《比较高等教育：知识、大学与发展》，民教育出版社 2000 年版。

13. ［美］弗雷德里克·E·博德斯顿著，王春春，赵炬明译：《管理今日大学》，广西师范大学出版社 2006 年版。

14. ［美］汉森著，冯大鸣译：《教育管理与组织行为》，上海教育出版社 2004 年版。

15. ［美］克拉克·克尔著，陈学飞等译：《大学的功用》，江西教育出版社 1993 年版。

16. ［美］克拉克．克尔著，王承绪译：《高等教育不能回避历史—21 世纪的问题》，浙江教育出版社 2001 年版。

17. ［美］肯尼黑．F. 沃伦著，王从虎等译：《政治体制中的行政法》，中国政法大学出版社 2005 年版。

18. ［美］罗伯特．G.．欧文斯著，窦文霖等译：《教育组织行为学》，华东师范大学出版社 2001 年版。

19. ［美］罗伯特．M. 赫钦斯著，汪利兵译：《美国高等教育》，浙江教育出版社 2001 年版。

20. ［美］舒尔茨著：《人力资本投资》，商务印书馆 1990 年版。

21. ［美］威廉·维尔斯曼著，袁振国译：《教育研究方法导论》，教育科学出版社 1997 年版。

22. ［美］亚伯拉罕．弗莱克斯纳著，徐辉等译：《现代大学论—美英德大学研究》，浙江教育出版社 2001 年版。

23. ［美］约翰·E·丘伯，泰力·M·默著，蒋衡等译：《政治、市场和学校》，教育科学出版社 2003 年版。

24. ［美］约翰·S·布鲁贝克著，王承绪等译：《高等教育哲学》，浙江教育出版社 2001 年版。

25. ［美］约瑟夫·奈著：《硬权力与软权力》，北京大学出版社 2005 年版。

26. ［日］吉田茂著，李杜译：《激荡的百年史》，陕西师范大学出版社 2005 年版。

27. ［瑞典］胡森（Husen，T.）等著，张斌贤等译：《教育大百科全书（第 4 册）》，西南师范大学出版社；海南出版社 2006 年版。

（二）中文编著

1. 陈学飞著：《当代美国高等教育思想研究》，辽宁师范大学出版社 1996 年版。

2. 陈学飞著：《高等教育国际化：跨世纪的大趋势》，福建教育出版社 2002 年版。

3. 陈英杰著：《中国高等职业教育发展史研究》，中州古籍出版社 2007 年版。

4. 戴晓霞，莫家豪，谢安邦主编：《高等教育市场化》，北京大学出版社 2004 年版。

5. 《邓小平同志论教育》，人民教育出版社 1990 年版。

6. 《邓小平文选（第二卷）》，人民出版社 1994 年版。

7. 丁刚著：《中国教育的国际研究》，上海教育出版社 1996 年版。

8. 龚思怡著：《高校中外合作办学模式与运行机制的研究》，上海大学出版社 2007 年版。

9. 顾建新著：《跨国教育发展理念与策略》，学林出版社 2008 年版。

10. 顾明远，薛理银著：《比较教育导论——教育与国家发展》，人民教育出版社 1996 年版。

11. 国家教育发展研究中心编：《2004 年中国教育绿皮书》，教育科学出版社 2004 年版。

12. 何东昌主编：《中华人民共和国重要教育文献》，海南出版社 1998 年版。

13. 贺国庆著：《德国和美国大学发达史》，人民教育出版社 1998 年版。

14. 贺国庆著：《外国高等教育史》，人民教育出版社 2006 年版。

15. 黄建如著：《比较高等教育：国际高等教育体系变革比较研究》，社会科学文献出版社 2008 年版。

16. 姜蕙著：《当代国际高等职业技术教育概论》，兰州大学出版社 2002 年版。

17. 匡瑛著：《比较高等职业教育：发展与变革》，上海教育出版社 2006 年版。

18. 李梅著：《高等教育国际市场：中国学生的全球流动》，上海教育出版社 2008 年版。

19. 联合国教科文组织编，赵中建编：《教育的使命：面向二十一世纪的教育宣言和行动纲领》，教育科学出版社 1996 年版。

20. 联合国教科文组织由雅克·德洛尔任主席的国际二十一世纪教育委员会报告：《教育：财富蕴藏其中》，教育科学出版社 1996 年版。

21. 刘洪一等著：《中国高等职业教育改革与发展研究：以深圳职业技术学院为例》，高等教育出版社 2008 年版。

22. 罗文基著：《教育、训练与人力发展》，高雄复文图书出版社 1986 年版。

23. 吕鑫祥著：《高等职业技术教育研究》，上海教育出版社 1998 年版。

24. 马树超，郭扬编：《高等职业教育：跨越·转型·提升》，高等教育出版社 2008 年版。

25. 马树超等著：《中国高等职业教育 历史的抉择》，高等教育出版社 2009 年版。

26. 马早明著：《亚洲"四小龙"职业技术教育研究》，福建教育出版社 1998 年版。

27. 《"民国"80 年"中华民国"工业简介》，台湾"经济部"工业局 1991 年版。

28. 潘懋元著：《多学科观点的高等教育研究》，上海教育出版社 2001 年版。

29. 潘懋元著：《中国高等教育百年》，广东高等教育出版社 2003 年版。

30. 戚业国著：《民间高等教育投资的跨学科研究》，复旦大学出版社 2001 年版。

31. 王剑波著：《跨国高等教育与中外合作办学》，山东教育出版社 2004 年版。

32. 王宽著：《现代四大职教模式》，中国铁道出版社 2006 年版。

33. 王前新著：《高等职业教育人才模式构建》，汕头大学出版社 2002 年版。

34. 王英杰著：《美国高等教育的发展与改革》，人民教育出版社 1993 年版。

35. 魏杰著：《转型中国》，郑州大学出版社 2006 年版。

36. 邬大光著：《中国高等教育大众化问题研究》，高等教育出版社 2004 年版。

37. 吴康宁著：《教育社会学》，人民教育出版社 1998 年版。

38. 吴晓波著：《激荡三十年：中国企业 1978～2008（下）》，中信出版社 2008 年版。

39. 杨军红著：《来华留学生跨文化适应问题研究》，上海社会科学出版社 2009 年版。

40. 叶春生主编：《高等职业教育的探索与实践》，苏州大学出版社 1998 年版。

41. 翟海魂编著：《发达国家职业技术教育历史演进》，上海教育出版社 2008 年版。

42. 张岱年，程宜山著：《中国文化论争》，中国人民大学出版社 2006 年版。

43. 中国高等教育学会组编：《改革开放 30 年中国高等教育发展经验专题研究》，教育科学出版社 2008 年版。

44. 中国高等学会引进国外智力工作分会：《大学国际化：理论与实践》，北京大学出版社 2007 年版。

45. 周谈辉著：《中国职业教育发展史》，台北教育资料馆 1985 年版。

（二）学位论文

1. 安后暐：《美援对台湾职业教育的影响，民国三十九 – 五十四年》，台北国立台湾师范大学历史硕士学位论文，1998 年。

2. 曾繁相：《台湾经济转型与职业教育改革研究（1953～1989）》，福建师范大学博士学位论文，2008 年。

3. 陈娟：《20 世纪 90 年代以来新加坡高等教育国际化探析》，厦门大学生硕士学位论文，2007 年。

4. 陈雪芬：《高等学校本科生校际交流研究》，厦门大学硕士学位论文，2009 年。

5. 程家福：《新中国来华留学教育结构研究（1950～2007）》，华东师范大学博士学位论文，2009 年。

6. 冯国平：《跨国教育的国际比较研究》，华东师范大学博士学位论文，2009 年。

7. 谷峪：《试述新加坡高等职业技术教育的发展特色—兼谈对我国高职教育教学改革的启示》，东北师范大学硕士学位论文，2006 年。

8. 胡仁东：《大学组织内部机构设置研究》，华东师范大学博士学位论文，2007 年。

9. 江彦桥：《我国对外教育政策研究》，华东师范大学博士学位论文，2006 年。

10. 金永花：《外籍劳动力对韩国经济发展的影响研究》，吉林大学博士学位论文，2009 年。

10. 李敏：《教育国际交流：挑战与应答》，华东师范大学博士学位论文，2008 年。

11. 刘艳匪：《印度理工学院的 IT 人才培养研究》，西南大学硕士学位论文，2008 年。

12. 刘羽：《贵州高校留学归国人员管理研究》，贵州大学硕士学位论文，2008 年。

13. 沈磊：《加入 WTO 与我国人才国际流动》，华中师范大学硕士学位论文，2003 年。

14. 孙璐：《我国研究型大学国际交流与合作的问题及对策研究》，浙江大学硕士学位论文，2009 年。

15. 王佳音：《试述新加坡高等职业技术教育的发展特色—兼谈对我国高职教育教学改革的启示》，东北师范大学硕士学位论文，2006年。

16. 王剑波：《跨国高等教育理论与中国的实践》，华东师范大学博士学位论文，2004年。

17. 徐玫：《来华留学生管理工作探析——以JN大学为例》，华东师范大学硕士学位论文，2007年。

18. 闫温乐：《上海市高校国际交流与合作的问题及对策研究》，上海师范大学硕士学位论文，2006年。

19. 叶彩华：《新加坡高职教育人才培养质量管理研究》，厦门大学硕士学位论文，2008年。

20. 赵丽：《跨国办学的理论与实践研究》，华东师范大学博士学位论文，2005年。

21. 周生龙：《我国高职院校对外交流与合作有效途径之思考》，山东大学硕士学位论文，2008年。

22. 邹瑞睿：《新加坡国立理工学院职业教育研究》，西南大学硕士学位论文，2008年。

（三）期刊

1. ［美］菲利普·G·阿特巴赫，简·奈特：《高等教育国际化的前景展望：动因与现实》，《高等教育研究》2006年第1期。

2. ［美］菲利普·G·阿特巴赫：《全球化与大学—不平等世界的神话与现实》，《北京大学教育评论》2006年第1期。

3. ［美］菲利普·G·阿特巴赫著，郭勉成译：《跨越国界的高等教育》，《比较教育研究》2005年第1期。

4. ［美］曾满超，王美欣，蔺乐：《美国、英国、澳大利亚的高等教育国际化》，《北京大学教育评论》2009年第4期。

5. ［美］曾满超，于展：《中日高等教育国际化问题研究》，《教育发展研究》2008年第21期。

6. ［泰］查拉斯·斯旺威拉：《高等教育对研究与知识的贡献—从竞争与合作的互补性角度分析》，《教育发展研究》2008年第1期。

7. 白汉刚：《区域经济社会发展与职业教育的关系研究》，《职教论坛》2007年第7上期。

8. 蔡真亮：《扩大国际交流与合作 促进高等教育国际化发展》，《黑龙江高教研究》2005年第3期。

9. 陈昌贵等：《中国研究型大学国际化调查及评估指标构建》，《北京大学教育评论》2009年第10期。

10. 陈学飞：《改革开放以为大陆公派留学教育政策的演变及成效》，《复旦教育论坛》

2004 年第 2（3）期。

11. 陈玉琨：《经济全球化与我国高等教育的改革》，《中国高等教育》2001 年第 1 期。

12. 崔庆玲：《来华留学教育的历史发展及原因分析》，《高等教育研究》2006 年第 6 期。

13. 董秀华：《国外教育集团发展与运行简析》，《开放教育研究》2002 年第 2 期。

14. 冯大鸣：《美国国家教育战略的新走向——"美国教育部 2002～2007 年战略规划"评析》，《外国教育研究》2004 年第 1 期。

15. 葛道凯：《加强国际交流与合作，大力推动中国特色职业教育发展》，《国际教育交流》2009 年第 12 期。

16. 关晶：《30 年中国职教国际交流合作成果简介》，《职业技术教育》2008 年第 10 期。

17. 关晶：《改革开放三十年我国职业教育国际交流与合作的回顾及展望》，《江苏技术师范学院学报》2008 年第 7 期。

18. 郭玉贵：《全球化背景下美国教育政策的战略调整（摘要）》，《中国高等教育评估》2005 年第 4 期。

19. 韩震：《教育交流与国家软实力的提升》，《教育研究》2008 年第 11 期。

20. 何天淳：《积极推进高等教育的国际交流与合作》，《求是》2003 年第 9 期。

21. 贺继明：《高职教育国际化发展战略的探析》，《教育与职业》2009 年第（5 中）期。

22. 胡志平：《大力发展来华留学生教育提高我国高校国际交流水平》，《中国高教研究》2000 年第 3 期。

23. 黄大卫：《国际交流与合作在建设研究型大学中的作用》，《东南大学学报（哲学社会科学版）》2005 年第 9 期。

24. 姜大源：《中德职业教育合作的成果》，《德国研究》1996 年第 3 期。

25. 姜光辉，姜佩珊：《美国社区学院的国际化趋势及其对于我国的借鉴》，《世界职业技术教育》2009 年第 1 期。

26. 姜维：《目前我国高职教育国际化路径的问题与对策》，《中国高教研究》2006 年第 5 期。

27. 江彦桥：《教育输入的质量保证—马来西亚的实践及其对教育输入国的借鉴意义》，《全球教育展望》2004 年第 8 期。

28. 孔月红等：《新加坡高等职业教育的特色及其启示》，《职业教育研究》2009 年第 8 期。

29. 李春红：《20 世纪 80 年代以来我国教育市场对外开放进程回眸》，《辽宁教育研究》2005 年第 2 期。

30. 李盛兵等：《中外合作办学 30 年—基于 11 省市中外合作办学分析》，《华南师范大学学报（社会科学版）》2009 年第 4 期。

31. 李盛兵：《大学国际化评价指标体系初探》，《华南师范大学学报（社会科学版）》2005 年第 12 期。

32. 李霆鸣：《新加坡高职教育国际化特征》，《职教论坛》2008 年第（2 上）期。

33. 李亚东等：《跨境教育的本土质量保障与认证：上海的探索》，《教育发展研究》2006 年第（8A）期。

34. 李延成：《高等教育课程的国际化：理念与实践》，《外国教育研究》2002 年第 7 期。

35. 李岩松：《高等教育国际合作的新趋势——大学国际联盟的产生及其影响》，《北京大学学报（哲学社会科学版）》2009 年第 3 期。

36. 李毅：《高等院校国际性资源的探析》，《高教探索》2007 年第 4 期。

37. 林金辉等：《中外合作办学条件中优质高等教育资源的合理引进与有效利用》，《教育研究》2007 年第 5 期。

38. 林维明等：《关于高等教育国际交流与合作的思考》，《广州大学学报（社会科学版）》2003 年第 12 期。

39. 凌健：《新加坡的大学国际化改革特点及其启示》，《比较教育研究》2007 年第 7 期。

40. 刘昌明：《印度软件业的兴起与软件人才国际化》，《国际人才交流》2004 年第 6 期。

41. 刘春生，谢勇旗：《台湾职业教育的特色及启示》，《职业技术教育》2003 年第 28 期。

42. 刘道玉：《大学教育国际化的选择与对策》，《高等教育研究》2007 年第 4 期。

43. 刘国福：《近三十年中国出国留学政策的理性回顾和法律思考》，《浙江大学学报》2009 年第 5 期。

44. 刘建同：《30 年中国职业教育对外交流与合作》，《职业技术教育》2008 年第 10 期。

45. 刘建同：《关于世界银行两个职业教育贷款项目的回顾与总结》，《中国职业技术教育》2004 年第 2 期。

46. 刘思安：《我国高等学校聘请外国文教专家的历史沿革》，《黑龙江高教研究》2003 年第 2 期。

47. 吕福军等：《高校开展国际交流有关问题探讨》，《辽宁工程技术大学学报》2005 年第 1 期。

48. 吕林海：《解读高等教育国际化的本体内涵——基于概念、历史、原因及模型的辨析与思考》，《全球教育展望》2009 年第 10 期。

49. 欧阳忆耘：《从新加坡高等教育的发展与改革看教育基本规律的作用》，《高教探索》1997 年第 3 期。

50. 潘懋元：《中国当前高等教育发展中的若干问题》，《大学教育科学》2004 年第4 期。

60. 曲恒昌：《论比较优势与我国高教服务出口的潜力》，《北京大学教育评论》2004 年第 7 期。

61. 施翠芬等：《中美合作教学班与普通班护生批判性思维能力的比较研究》，《护理研究》2009 年第 5 期。

62. 孙健等：《基于资源观的大学发展战略初探—以印度理工学院为例》，《高等工程教育研究》2008 年第 3 期。

63. 覃壮才：《中国教育服务贸易承诺减让表解读》，《比较教育研究》2002 年第 4 期。

64. 王璐等：《广东高等教育国际化发展的特点及问题分析》，《高教探索》2006 年第 2 期。

65. 魏能涛：《中国出国留学潮 25 年决策揭密》，《北京档案》2004 年第 8 期。

66. 巫铭昌等：《台湾技职校院国际学术合作策略分析研究—现象的反思》，职业技术教育》2008 年第 34 期。

67. 徐风：《印度理工学院—精英的摇篮》，《东南亚、南亚信息》2000 年第 3 期。

68. 徐小洲：《亚太地区跨国教育的发展态势与政策回应—中国、澳大利亚、马来西亚的案例比较》，《高等工程教育研究》2005 年第 2 期。

69. 杨德广：《从经济全球化到教育国际化的思考》，《河北大学学报（哲学社会科学版)》2000 年第 4 期。

70. 杨锐：《对当代世界全球化特征及其在高等教育中影响的批判性分析》，《高等教育研究》2001 年第 1 期。

71. 余祖光：《中德职业教育合作成果与展望》，《中国职业技术教育》1996 年第 12 期。

72. 张德启：《塑造世界公民：美国高等教育国际化进程中的林肯计划》，《全球教育展望》2009 年第 10 期。

73. 张民选：《新加坡案例：拓展国际教育，建设世界校园》，《高等教育研究》2004 年第 3 期。

74. 张秋萍等：《跨国合作办学的国际比较》，《教育发展研究》2002 年第 9 期。

75. 赵俊峰：《跨境教育—高等教育国际化的重要途径》，《外国教育研究》2009 年第 1 期。

76. 周满生等：《走向全方位开放的教育国际合作与交流》，《教育研究》2008 年第 11 期。

77. 周满生：《从教育服务贸易到跨境教育—第二届教育服务贸易论坛侧记》，《教育研究》2004 年第 6 期。

二、外文文献

（一）外文书籍

1. Altbach P. G. , *Tradition and transition*：*The International Imperative in Higher Education*, 青岛：中国海洋大学出版社，2008.

2. Altbach P. G. , *International Higher Education* ：*Reflections on Policy and Practice.* 青岛：中国海洋大学出版社，2008.

3. Arum S. , and J. Van de Water, The Need for a Definition of International Education in

U. S. Universities. In C. Klasek (ed.) *Bridges to the Futures*：*Strategies for Internationalizing Higher Education*, Illinois：Association of International Education Administrators, 1992.

4. Davies John L. , University Strategies for Internationalization in Different Institutional and Cultural Settings：A Conceptual Framework, In P. Blok (ed.), *Policy and Policy Implementation in Internationalization of Higher Education*, Amsterdam：European Association for International Education, 1995.

5. De Wit H. , *Internationalization of higher education in the United States of America and Europe*：*A Historical, Comparative and Conceptual analysis*, Westport, CT：Greenwood Press, 2002.

6. G. Keller, *Academic Strategy*, John Hopkins University Press, 1983.

7. Hans de Wit, *Strategies for Internationalisation of Higher Education*, *A Comparative Study of Australia, Canada, Europe and the United States of America* , Amsterdam：EAIE, 1995.

8. Hans de Wit, *Internationalization of Higher Education in the United States of America and Europe*, London：Greenwood Press, 2002.

9. J. Knight and Hans de Wit (eds.), *Internationalisation of Higher Education in Asia Pacific Countries*, Amsterdam：EAIE, 1997.

10. J. L. Davies, University Strategies for internationalisation in different institutional and cultural settings：a conceptual framework, In P. Blok (Ed.) *Policy and policy*, 1995, *implementation in the internationalisation of higher education*, EAIE Occasional Paper 8.

11. James J. F. Forest & Philp G. Altbach, *International Handbook of Higher Education*, The Netherlands, Springer, 2006.

12. Knight J. , Internationalization：Elements and Checkpoints, *Research Monograph* No. 7, Ottawa：Canadian Bureau for International Education, 1994.

13. OECD, *Internationalization and Trade in Higher Education*：*Opportunities and Challenges*, Paris：OECD, 2004.

14. Rui Yang, *Third Delight*：*The Internationalization of Higher Education in China*, New York & London：Routledge, 2002.

15. Ruth Hayhoe, *China's Universities and Open Door.* Armonk. NY：M. E. Sharpe,

Inc. , 1989.

16. William D. , International financing of Education, In Husen, T. and Postlethwaite, N. (eds.), *International Encyclopedia of Education*, 2nd Edition, Pergamon Press, 1994.

（二）外文期刊

1. Altbach P. G. , " A world-class country without world-class higher education: India' 21st century dilemma", *International Higher Education*, No. 40, Summer, 2005.

2. Altbach. P. G. , "Chinese Higher Education in an Open-Door Era", *International Higher Education*, No. 45, 2006.

3. Chitnis S. , "The transformation of an imperial colony into an advanced nation: India in comparative perspective", *Higher Education*, Feb. 2000.

4. Dunn Lee. and Wallace, Michelle, "Australian Academics Teaching in Singapore: Striving for Cultural Empathy", *Innovations in Education and Teaching International*, 2004.

5. Hans de Wit, "Changing Rationales for the Internationalization of Higher Education", *International Higher Education*, Number 15, Spring, 1999.

6. Hans Van Dijk, "The Internationalization Cube: A Tentative Model for the Study of Organizational Designs and the Results of Internalization in *Higher* Education", Higher *Education Management*, 9 (1), 1997.

7. Jane Knight, "Cross-Border Education: Not Just Students on the Move", *International Educator*. Mar/Apr: 15, 2, 2006.

8. Jane Knight, "New Rational Driving Internationalization", *International Higher Education*, Winter, 2005.

9. Jane Knight, "New Typologies for cross border higher education", *International Higher Education*, Winter, 2005.

10. John L. Davies, "Issues in the Development of Universities' Strategies for Internationalization", *Millennium* , 11 (3), 1998.

11. Knight J. , "Updated Internationalization Definition", *International Higher Education*, 33 Fall: 2, 2003.

12. Knight J. , "Internationalization Brings Important Benefits as Well as Risks", *International Educator*, Nov/Dec, Vol 16, No 6, 2007.

13. Peter S. , "Globalization and Higher Education: Challenges for the 21st Century", *Journal to Studies in International Education*, 4 (3), 2006.

14. Philip G. Altbach, "Chinese Higher Education in an Open- Door Era", *International Higher Education*, No. 45, Fall, 2006.

15. Philip G. Altbach, "Higher Education Crosses Borders", *Change*; Mar/Apr, 2004.

16. Thompson, Edmund R. "Chinese Perspectives on the Important Aspects of an MBA

Teacher", *Journal of Management Education*, 26, 2002.

17. XU B IN, Multinational Enterprises, "Technology Diffusion and Host Country Productivity Growth", *Journal of Development Economics*, (62), 2000.

18. Yang R. , "China's Soft Power Projection in Higher Education", *International Higher Education*, No. 46. Winter, 2007.

后 记

　　本书是在我的博士论文基础上修改完成的。本书不仅是我个人的劳动成果，也倾注了诸位师友的心血，特别是我的博士导师戚业国教授。是老师一次次不厌其烦地耐心点拨让我在迷惘困顿中找到方向，在焦虑失望中重拾信心。从论文的选题、框架的设计、材料的选择，到结构的调整、最后的定稿，老师在我这个愚笨的学生身上花费了太多的时间和精力。也正是这些细致入微的指导，让我对老师渊博的学识、敏锐的思维、宽大的胸怀和忠厚的性情更加钦佩。因自己能力不及，常感无颜以对，再次深深地感谢老师用最大的宽容和最大的耐心扶着我圆了儿时的梦想。

　　感谢在华师大四年学习生涯中给我关心的每位老师，也感谢华师大与美国宾夕法尼亚大学举办的这个联合培养博士项目。读博期间，我有幸在这所著名的常春藤大学学习三个月，感谢这段超越了我梦想的学习和生活经历，让我受益匪浅。在宾大教育学院学习期间，聆听了 Alan Ruby, John Deflaminis, Joni Finney, Sharon Ravitch 等知名教授的授课，领略了时任中国驻美大使周文重访问宾大时的风采，亲眼见证了第一位祖籍非洲的美国总统的选举过程，亲身体验了沃顿商学院的企业家讲堂，真实地感受到宾大图书馆无处不在的服务，有机会收到"2009 国际比较教育学会（CIES）第 53 届年会"主题发言的邀请……这种种经历让我具有从未有过的自信，也让我体验到从未有过的快乐。

　　感谢深圳职业技术学院刘洪一校长，素昧平生，一句"我再忙，知道年轻的博士为研究而来，我都会尽我所能帮忙"让我感动不已，刘校长"顶天立地"的治学态度及办学理念让我记忆犹新。感谢教育部中学校长培训中心副主任刘莉莉博士的引荐，让我有幸认识四川国际标榜职业学院的阎红院长。阎院长亲自在校门口等我到晚上十点，谈到凌晨还不忍话别，让我至今每每想到她那纯净而坚定的眼神都倍感温暖。感谢在寒假期间还接受我访谈的上海医药高等专科学校国际交流中心的王昕主任，王主任对国际交流与合作的不少独到见解给我启发良多。感谢上述三所个案学校的各位领导、老师和同学们，能够得到你们的帮助和指教，才让我有机会收集到许多一手资料，有可能完成这篇论文的一个重要部分。

在论文的撰写过程中，来自山东、江苏、安徽、广东、河北、浙江等近20所高职院校的领导和国际交流与合作工作负责人接受了我的访谈。对于所有这些为我的研究及论文写作作出重要贡献的人士表示由衷的感谢！

还要感谢我所在单位——南京化工职业技术学院的尤建国书记、徐建中院长，我的工学矛盾非常突出，你们的宽宏与呵护常让我感念在心。感谢我的同事们，你们给予我莫大的支持和鼓励。对此，我无以为报，惟牢记在心，更加努力以不负期望。

感谢李海芬、叶翠微、易泓、胡仁东、唐安奎、于维涛、杜瑛、姜尔林、王斌林、黎志华、李卫东、周春良、柴旭东、卢辉钜、张会敏、刘莹莹、王徐波、郑玉莲、何苗、阮克雄、王利、贺俊等咸门师兄师姐师弟师妹们对我的帮助和鼓励，这个温暖的大家庭让我感到追梦的旅途上充满友爱和温情。

最后要感谢我的家人这么多年来无怨无悔的支持。我是何等的幸运，与爱人陈黔宁相识，给我最坚定的支持、一个温馨的家和一个聪颖快乐的儿子。当我把25万字的草稿送给已是古稀之年的父亲过目的时候，心中忐忑不安，唯恐辜负了三十多年来父母亲深沉的关爱。父亲逐字逐句看完文稿后说"我为你骄傲"的那一刻，我的眼泪夺眶而出，不曾说过，但全身心地感谢生我养我的父母。

随着博士论文的完成，我一路坎坷的求学生涯即将划上句号，回顾这一路风雨兼程，由衷地感到圆梦的路上有太多的艰辛，每一段路都不好走，但回头看时，这一路的风景因为曾经的坚持和付出而格外的珍贵和美好，这一路的艰辛凝聚着太多人的呵护和关爱。无法一一道尽生命中这一段艰苦而奇妙的历程，无法一一感谢这一路给予我关爱和支持的亲朋，在此一并致以深切的谢意。

本书的付梓得益于教育部高等学校社会科学发展研究中心的资助。本人不揣浅陋，出于工作和兴趣选择了这一课题进行研究。由于本人才疏学浅，本书可能存在诸多疏漏之处，恳请学界同仁和读者朋友批评指正。

黄华

2011 年 1 月 26 日